westermann

Benjamin Franz

PRAXIS PÄDAGOGIK

Islam und Schule

Konfliktsituationen meistern –
Handlungsstrategien entwickeln –
Schulleben gestalten

Wegen der besseren Lesbarkeit wird im Buch ohne diskriminierende Absicht bei Schülerinnen und Schülern sowie Lehrerinnen und Lehrern die männliche Form gewählt.

westermann GRUPPE

© 2019 Bildungshaus Schulbuchverlage
Westermann Schroedel Diesterweg Schöningh Winklers GmbH, Braunschweig
www.westermanngruppe.de

Das Werk und seine Teile sind urheberrechtlich geschützt. Jede Nutzung in anderen als den gesetzlich zugelassenen Fällen bedarf der vorherigen schriftlichen Einwilligung des Verlages. Für Verweise (Links) auf Internet-Adressen gilt folgender Haftungshinweis: Trotz sorgfältiger inhaltlicher Kontrolle wird die Haftung für die Inhalte der externen Seiten ausgeschlossen. Für den Inhalt dieser externen Seiten sind ausschließlich deren Betreiber verantwortlich. Sollten Sie daher auf kostenpflichtige, illegale oder anstößige Inhalte treffen, so bedauern wir dies ausdrücklich und bitten Sie, uns umgehend per E-Mail davon in Kenntnis zu setzen, damit beim Nachdruck der Verweis gelöscht wird.

Druck A[1] Jahr 2019
Alle Drucke der Serie A sind im Unterricht parallel verwendbar.

Redaktion: Michael Venhoff
Illustration: Gisela Fuhrmann
Umschlag: Esther Sejtka
Herstellung: York Publishing Solutions, Pvt. Ltd., India
Druck und Bindung: westermann druck GmbH, Braunschweig

ISBN 978-3-14-162187-7

Inhalt

Der Islam in Schule und Gesellschaft – welchen Beitrag dieses Buch leisten soll 6

1 Vier Leitgedanken zum Islam in Schule und Gesellschaft 10

2 Ein Blick auf Deutschlands muslimischen Migrationshintergrund – wer kam wann und warum? 16
2.1 Migrationshintergrund – Klärung des Begriffs und was bei seiner Verwendung beachtet werden sollte 16
2.2 Migrationshintergrund in Zahlen 20
2.3 Migration – Begriffsklärung und Gründe für Migration 21
2.4 Kriegsbeute, Gastarbeiter, Flüchtlinge – von den ersten Muslimen auf deutschem Boden bis zur Flüchtlingskrise 22
    2.4.1 Von „Beutetürken", dem alten Fritz bis zur Nachkriegszeit – der Zuzug von Muslimen in der Zeit vom 17. Jahrhundert bis 1955 22
    2.4.2 „Die Gastarbeiter kommen" – die Anwerbung von Arbeitsmigranten von 1955–1973 25
    Einschub: Die Rolle der Institution Schule zur Zeit der Gastarbeiter(kinder) 28
    2.4.3 Ölkrise, Anwerbestopp, Familiennachzug und die Folgen 29
    2.4.4 Erste Zuzüge von Muslimen im Kontext von Flucht und Asyl bis 2015 30
    2.4.5 Die „Flüchtlingskrise" 2015 32

3 Integration – was man darunter verstehen kann und was Schule damit zu tun hat 36
3.1 Integration – Versuch einer Begriffsklärung 37
3.2 Wo Schule bei der Integration konkret eine Rolle spielt – die vier Ebenen der Sozialintegration 40

4 Was weiß man empirisch über Migration und Islam in Deutschland? Sechs wissens- und bedenkenswerte Erkenntnisse zur Thematik 43

5 Grundwissen Islam 49
Exkurs: Ein Blick auf das Alevitentum – ein Beitrag von Cemalettin Karataş, Sprecher der niedersächsischen alevitischen Gemeinden 64
Exkurs: Ein Blick auf das Jesidentum – ein Beitrag von Dr. Andreas Flick, Pastor der Evangelisch-reformierten Gemeinde Celle 64

6 Was ist Religion und warum sind Menschen religiös? – ...und was hat Kultur mit alldem zu tun? 67
Ein Beitrag von Dr. Ingrid Wiedenroth-Gabler, Wissenschaftliche Direktorin am Seminar für Evangelische Theologie und Religionspädagogik der TU Braunschweig 67
6.1 Annäherungen an den Kulturbegriff 67
6.2 Annäherungen an den Religionsbegriff 69
6.3 Interreligiöse Kompetenz hilft Begegnungen gestalten 71

7 Was tun? Was tun! – wenn Schul- und Unterrichtsorganisation auf islamische Glaubensvorstellungen treffen 74
7.1 Warum kommt es zu Überschneidungssituationen? 75
7.2 Was Sie tun können, wenn Sie spontan zum Handeln gezwungen sind 77
7.3 Wichtig: Die Standpunktbestimmung 80
7.4 Wenn Glaubensvorstellungen auf Schulpraxis treffen. Wie umgehen mit Überschneidungssituationen? 82
 7.4.1 Kopftuch, Burka und Burkini – Kleidungsvorschriften im Islam und ihre (möglichen) Auswirkungen auf Schule 82
 7.4.2 Sport- und Schwimmunterricht 90
 7.4.3 „Mein Kind nimmt nicht teil…" – Klassenfahrten 94
 7.4.4 Ramadan 98
 7.4.5 Feste feiern, wie sie fallen – Opferfest, Ramadan und muslimische Schüler in der Weihnachtszeit 105
 7.4.6 „Ist das auch halal?" – Speisevorschriften und die Frage von Lebensmitteln in der Schule 110
 7.4.7 „Weil Sie eine Frau sind…!" – der Handschlag, die Rolle der Frau und die Frage der Gleichberechtigung 116
 7.4.8 Elternarbeit mit muslimischen Familien: Strukturen, Erziehungsstile/-ziele, Türöffner und Stolpersteine 119
 7.4.9 Das Gebet und die Frage nach Gebetsräumen 130
 7.4.10 Sexualkundeunterricht 134
 7.4.11 „Jude", „Hobbymuslim", „Ungläubiger" – die Abwertung anderer und ethnisch-politische Konflikte in der Schule 139

8 Salafismus und Radikalisierungsprävention als Herausforderungen und Aufgaben für Bildungseinrichtungen ... 147
8.1 Was es mit Salafismus auf sich hat ... 148
8.1.1 Innere Differenzierung im salafistischen Spektrum ... 149
8.1.2 Salafismus und Islamismus – Abgrenzung und Zusammenhang ... 151
8.2 Was den Salafismus für junge Menschen interessant macht ... 151
8.3 Hat sich mein Schüler radikalisiert? – Anzeichen für eine Radikalisierung und ein typischer Radikalisierungsverlauf ... 154
8.3.1 Anzeichen im Schülerverhalten für eine mögliche Radikalisierung ... 155
8.3.2 Ein klassischer Radikalisierungsverlauf ... 157
8.3.3 Häufig verwendete Begriffe der salafistischen Szene ... 158
8.4 Eine Biographie aus dem Spektrum des Salafismus: „Terrormädchen" Safia S. ... 159
8.5 Handlungsempfehlungen zur Arbeit mit gefährdeten Schülern ... 161
8.6 Professionelle Hilfe bei Radikalisierung: Beratungsangebote für Pädagogen und Eltern ... 165

9 Zehn Handlungsempfehlungen für Ihre tägliche Arbeit mit muslimischen Schülern und Eltern ... 167

10 Rollenspiele zur Simulation und Vorentlastung von Überschneidungssituationen ... 175

ANHANG ... 181
Ein Glossar wichtiger islamischer Begriffe ... 181
Musterlösung des unangekündigten Tests aus Kapitel 5 ... 186

Literatur- und Quellenverzeichnis ... 188

Der Islam in Schule und Gesellschaft – welchen Beitrag dieses Buch leisten soll

„Kein Weltfrieden ohne Religionsfrieden" – diese These formulierte einst der Theologe Hans Küng. Nur wenn es die Religionen schaffen, friedlich miteinander auszukommen, sei Frieden auf Erden möglich. Für Schulen in einer von Migration geprägten, multikulturellen und multireligiösen Gesellschaft kann in Anlehnung an Küng konstatiert werden „Kein Schulfrieden ohne Religionsfrieden". Nicht erst durch die Zuwanderung der letzten Jahre hat die nationale, ethnische, kulturelle und religiöse Heterogenität in hiesigen Klassenzimmern zugenommen. Das geht nicht immer konfliktfrei ab. Speziell der Islam scheint in diesem Zusammenhang eine Rolle zu spielen und Lehrkräfte vor Fragen und Herausforderungen zu stellen. Keineswegs zwangsläufig, jedoch scheinbar zunehmend, bedingen religiöse Vorstellungen, Bedürfnisse und Handlungen muslimischer Schüler und Eltern die Arbeit von Lehrkräften. Beispiele finden sich zahlreich – hier eine kleine Auswahl:

- Die Einhaltung des Fastens im Ramadan erschwert Schülern die Mitarbeit im Unterricht, das Mitschreiben von Klassenarbeiten und die Teilnahme am Schulsport. Die Schüler sind weniger leistungsfähig und häufig erschöpft. Teilweise fasten schon Kinder im Grundschulalter.
- Muslimische Schülerinnen nehmen aus religiösen Gründen nicht an Klassenfahrten teil.
- Schülerinnen weigern sich mit Verweis auf religiöse Gebote, am Sport- und/ oder Schwimmunterricht teilzunehmen.
- „Von einer Frau lasse ich mir gar nichts sagen." – Schüler oder Väter stellen die Autorität von Frauen infrage oder lehnen sie ab.
- Schüler oder Väter verweigern Lehrerinnen den Handschlag, teilweise in schroffer, konfrontativer Form.
- Die Auseinandersetzung mit bestimmten Unterrichtsinhalten und wissenschaftlichen Erkenntnissen, beispielsweise in den Fächern Biologie und Geschichte, wird abgelehnt. Ob Evolutionstheorie, Sexualkunde oder Themen, die das Judentum betreffen (deutsche Geschichte, Nahostkonflikt) – manche Schüler verweigern die Mitarbeit, wollen keine entsprechenden Texte lesen oder verlassen ohne Erlaubnis den Klassenraum.
- Schüler fordern einen Gebetsraum und Gebetszeiten während des Unterrichts sowie eine Freistellung vom Unterricht für die Verrichtung des Freitagsgebets.
- Einzelne Schüler oder Schülergruppen werten andere Schüler ab und üben Gruppendruck auf diese aus, beispielsweise weil diese nicht fasten, kein Kopftuch tragen, keine „guten Muslime" oder „Ungläubige" seien.

- Schülerinnen oder Mütter erscheinen vollverschleiert in der Schule.
- Das Grundgesetz und andere demokratisch legitimierte Gesetze werden religiösen Geboten gegenüber als nachrangig bezeichnet.

Möglicherweise hat Sie eine solche oder eine ähnliche Erfahrung dazu bewogen, dieses Buch zu erwerben. Dann werden Sie vielleicht gemerkt haben, dass die Handhabung solcher Situationen mitunter recht schwierig sein kann. Sie treffen einen in der Regel ohne Vorankündigung und zwingen unvermittelt und unvorbereitet zu einer Reaktion. Dabei hat die Lehrkraft vielerlei zu bedenken: In Anbetracht des Grundrechts auf freie Religionsausübung gilt es zunächst, die religiösen Bedürfnisse eines Individuums zu bedenken. Gleichzeitig muss austariert werden, ob, und wenn ja wie, die unterrichtlichen und schulorganisatorischen Abläufe mit den Glaubensvorstellungen der Schüler oder Eltern in Einklang gebracht werden könnten. Die Lehrkraft muss entscheiden, an welcher Stelle ein Kompromiss gefunden werden kann, wo sie zu Mehraufwand bereit ist, was nicht mehr leistbar ist, und gegebenenfalls auch, wie mit nicht tolerablem Verhalten umgegangen werden kann. Daneben stellt sich die Frage, was es mit dem Anliegen auf sich hat? Hier braucht es fundiertes Wissen über islamische Glaubensvorstellungen. Zuletzt sollte die Situation auch noch derart gehandhabt werden, dass beide Seiten mit der Lösung zufrieden sind und eine weitere gute Zusammenarbeit zwischen Lehrkraft, Schüler und Eltern auch in der Zukunft möglich ist. Es wird deutlich, dass dies hochgradig sensible und komplexe Situationen sind, die die Lehrkraft zu meistern hat.

Eine alle Beteiligten zufriedenstellende Lösung ist nicht nur im Sinne des Schulfriedens wichtig. Derartige Fragestellungen haben auch eine gesamtgesellschaftliche Dimension. Die Fragen von Integration und der Rolle des Islam in Deutschland stellen sich nicht erst seit der starken Zuwanderung ab Sommer 2015. Wegmarker dieses schon länger währenden Diskurses sind die Anschläge vom 11. September 2001, die Leitkultur-Frage, die Sarrazin-Debatte, die Frage, ob der Islam zu Deutschland gehört, die Flüchtlingskrise sowie die Problematik des Salafismus und islamistischen Terrorismus. Der gesellschaftliche Frieden hängt maßgeblich von einem guten Zusammenleben mit den vielen in Deutschland lebenden Muslimen ab.

Dabei kommt der Schule eine besondere Bedeutung zu: Sie ist *der* Ort, an dem das Zusammenleben in einer religiös-ethnisch-national-kulturell heterogenen Gesellschaft am besten eingeübt werden kann. Wo sonst, wenn nicht in der Schule, diesem Ort der unentrinnbaren Nähe von verschiedenen Kulturen, Religionen, Weltanschauungen und sonstigen Hintergründen? Bedenkt man die Alternative zum Integrationsauftrag für Schulen, stellt sich die Frage, wie unsere Gesellschaft in Zukunft aussehen würde, wenn Offenheit, Dialogfähigkeit, Ambiguitätstoleranz, gleichzeitig auch demokratische Werte und kulturelle Standards nicht frühzeitig, fortwährend und pädagogisch kompetent vermittelt werden. Es ist eine anspruchsvolle, anstrengende und gesellschaftlich bedeutende Aufgabe, die den Lehrkräften obliegt.

Dieses Buch soll Sie bei Ihrer pädagogischen Arbeit unterstützen und dabei helfen, dass Sie den zuvor dargestellten oder ähnlichen Situationen nicht unvorbereitet gegenüberstehen. Es bietet die Möglichkeit, Handlungssicherheit für Ihre tägliche Arbeit mit Schülern und Eltern islamischen Glaubens zu entwickeln, die Sie in die Lage versetzt, vorausschauend mögliche Schwierigkeiten zu vermeiden, situativ adäquat zu handeln, wenn eine Konfliktsituation entstanden ist, und langfristig eine reibungslose Zusammenarbeit sicherzustellen. Mit diesem Buch können Sie sich gezielt über Themen informieren, die im Zusammenhang mit der Glaubenspraxis von Muslimen für die Schule relevant werden können.

Dazu werde ich Ihnen grundlegende Sachinformationen bieten, die zusammengenommen ein möglichst vollständiges Bild zeichnen sollen: Wieso leben Muslime in Deutschland? Wer kam wann und aus welchen Gründen? Und wie sahen die gesellschaftlichen Rahmenbedingungen aus? Diesen Fragen werden zunächst beantwortet, bevor im Anschluss zu klären versucht wird, was unter dem in der Migrationsdebatte omnipräsenten Begriff der Integration zu verstehen ist. In den anschließenden Kapiteln geht es dann um gesichertes, empirisch belegbares Wissen zum Thema Islam und Migration. Zunächst stelle ich Ihnen wissens- und bedenkenswerte wissenschaftliche Erkenntnisse vor und lege anschließend im fünften Kapitel dar, was Lehrkräfte zum Thema Islam wissen müssen. Dabei werfen wir mit den Gastbeiträgen von Cemalettin Karataş und Andreas Flick auch Blicke auf das Alevitentum und das Jesidentum. Beide Religionsgruppen werden durch viele Schüler in unseren Klassenzimmern repräsentiert und dabei immer wieder im Islam verortet, denn meist erscheint eine Zugehörigkeit dazu vom Namen, dem Aussehen und dem nationalen Hintergrund offensichtlich. Ob das richtig ist, wird in den Beiträgen erläutert.

Aber warum müssen wir uns überhaupt mit Religion auseinandersetzen? Warum sind Menschen religiös und welche Rolle spielt Kultur in diesem Zusammenhang? Diese Fragen klärt die Religionspädagogin Ingrid Wiedenroth-Gabler in ihrem Gastkapitel, bevor es ab Kapitel 7 Praxisorientierung pur gibt: Wir betrachten Konfliktsituationen aus dem Schul- und Unterrichtsalltag. Zu jedem Abschnitt skizziere ich jeweils mögliche Problemfelder, beleuchte sowohl die religiöse, als auch die schulische Perspektive, zeige konkrete und vielfältige Möglichkeiten zur Handhabung der Konfliktsituationen auf und biete Denkimpulse zur Reflexion und Bestimmung Ihres persönlichen Standpunkts. In einem gesonderten Kapitel betrachten wir die Phänomene Islamismus, Salafismus und Radikalisierung, die leider auch immer wieder in der Schule eine Rolle spielen. Oft sind es Pädagogen, die die Anzeichen dafür bei jungen Menschen als erstes wahrnehmen. Was es damit auf sich hat, wie eine klassische Radikalisierung verläuft und wie man als Pädagoge reagieren kann, wenn sich Schüler möglicherweise radikalisieren, wird im achten Kapitel geklärt. Anschließend finden Sie zehn generelle Handlungsempfehlungen, die sich in der Arbeit mit muslimischen Schülern und Eltern bewährt haben. Diese Handlungsempfehlungen basieren auf über zehn Jahren Auseinandersetzung mit dem Thema „Islam und Schule". Sie sind praxiserprobt, ohne großen Aufwand umzusetzen und gleichzeitig enorm erfolgreich. Um die theoretische Auseinandersetzung mit dem Bereich „Islam und Schule" praktisch zu ergänzen, biete ich Ihnen abschließend die Möglichkeit, sich mittels Rollenspielen mit verschiedenen Themen eigenständig auseinanderzusetzen, Konflikte auf diese Weise vorab erleben und gedanklich vorentlasten zu können und eigene Umgangsmöglichkeiten zu entwickeln. Sollte es im Schulalltag tatsächlich zu einer Konfliktsituation kommen, können Sie auf dieses Erfahrungswissen zurückgreifen.

In Anbetracht der Fragestellungen, die mit dem Islam verbunden sind, frage ich mich, wie sich die Dinge hierzulande entwickeln werden. Wie wird unser Land, wie wird unsere Gesellschaft, in zehn, 20 oder 50 Jahren aussehen? Leben wir in einer friedlich-freiheitlichen multikulturellen und multireligiösen Gesellschaft? Was passiert, wenn Integration scheitert? Ich bin sicher, dass sich der gesellschaftliche Frieden nicht zuletzt an der Frage der Integration von und des Zusammenlebens mit Muslimen entscheiden wird. Vielleicht gelingt es, mit diesem Buch einen Beitrag dazu zu leisten. Ich hoffe es sehr!

Vier Leitgedanken zum Islam in Schule und Gesellschaft

Qua Dienstverpflichtung ergibt sich für Lehrkräfte eine unmittelbare Nähe zu den gesellschaftlichen Megathemen Religion und Islam. Egal, ob Sie diesbezüglich offen, skeptisch oder ablehnend eingestellt sind, müssen Sie sich höchstwahrscheinlich irgendwann in ihrer Laufbahn mit religiös begründeten Anfragen von muslimischen Schülern oder Eltern befassen. Im Rahmen meiner Tätigkeit als Lehrer an einer Haupt- und einer Gesamtschule, als Dozent an verschiedenen Universitäten und als Fortbildner an Schulen befasse ich mich seit mehr als zehn Jahren mit der Frage, wie Lehrkräfte mit solchen Anforderungssituationen umgehen können. Dabei habe ich aufgrund wiederkehrender Anfragen und Aussagen die Erkenntnis gewonnen, dass es hilfreich ist, in Bezug auf verschiedene Punkte Klarheit zu schaffen, damit meine Zuhörer – in diesem Fall Sie, liebe Leserinnen und Leser – und ich von gemeinsamen Annahmen ausgehen. Hierfür habe ich vier Leitgedanken formuliert, die hinsichtlich des Verhältnisses von Islam, Schule und Gesellschaft so etwas wie eine gemeinsame Grundlage darstellen sollen, von der aus wir die Thematik in diesem Buch betrachten. Dabei geht es mir nicht um Ideologie oder politische Botschaften. Viel eher versuche ich einen sachlichen Blick auf die Realität. Ich hoffe, dieser ist mir gelungen und Sie können mitgehen. Wenn Sie diesbezüglich Anmerkungen haben, würde ich mich freuen, wenn Sie über meine Facebookseite „Islam und Schule" Kontakt mit mir aufnehmen und wir in einen Austausch treten.

Leitgedanke 1: *Der Islam ist ein Teil Deutschlands – aber wir müssen klären, welche Teile des Islam nicht zu Deutschland gehören dürfen*

Ich hätte natürlich auch etwas provokanter schreiben können: „Der Islam gehört zu Deutschland." Dieser Satz, ursprünglich vom damaligen Bundespräsidenten Christian Wulff anlässlich der Feier des Tages der Deutschen Einheit 2010 geäußert, hat das Land bewegt und bewegt es noch Jahre später. Einerseits hat er Wulff großen Zuspruch eingebracht, vor allem von Muslimen, die sich erstmals höchstinstanzlich anerkannt und wertgeschätzt fühlten. „Die Worte des Präsidenten sind ein klares, deutliches und wichtiges Signal für alle Muslime in Deutschland", erklärte der Zentralratsvorsitzende Aiman Mazyek (zit. nach: Waz online, 2010) und der Vorsitzende der Türkischen Gemeinde in Deutschland, Kenan Kolat, rühmte die „sehr eindeutigen Botschaften" (zit. nach: faz.net, 2010) in Wulffs Rede. Der Schriftsteller Freidun Zaimoglu lobte Wulffs Bekenntnis zum Islam als

Teil Deutschlands gar als „wunderbar" (zit. nach: Waz online, 2010). Doch gleichzeitig bezogen hochrangige Politiker eine Gegenposition zu Wulffs Aussage. Der damalige Innenminister Hans-Peter Friedrich, immerhin seinerzeit Vorsitzender der Deutschen Islam Konferenz, sagte: „Dass der Islam Teil unserer Kultur ist, unterschreibe ich nicht." (zit. nach: faz.net, 2010). Friedrichs bayerischer Amtskollege, Joachim Herrmann, erklärte: „Unsere Grundwerte gründen klar in der christlich-abendländischen Tradition." Es gebe „überhaupt keinen Anlass, den Islam in unsere Werteordnung zu integrieren" und fügte hinzu, dass dies „nicht machbar" wäre (zit. nach: Drobinski, Preuß, 2010). Auch die Äußerung Angela Merkels „Der Ansatz für Multikulti ist gescheitert, absolut gescheitert" (zit. nach: Spiegel Online, 2010), die sie nicht mal zwei Wochen später tätigte, kann als Replik auf Wulffs Bekenntnis zur Zugehörigkeit des Islam zu Deutschland verstanden werden.

Der Islam gehört zu Deutschland? Diese Frage wurde damals mitnichten geklärt. Auch Jahre später lief die Debatte nicht minder kontrovers weiter: Direkt nach seinem Amtsantritt im Frühjahr 2018 erklärte Innenminister Horst Seehofer eindeutig, dass er Wulffs Satz für falsch halte: „Nein. Der Islam gehört nicht zu Deutschland." (zit. nach: faz.net, 2018) Und auch dieses Mal erregte das den Widerspruch der Kanzlerin, die nun aber mit einem Bekenntnis zum Islam aufwartete. In ihrer Regierungserklärung im März 2018 sagte Merkel: „(...), so richtig ist es auch, dass mit den 4,5 Millionen bei uns lebenden Muslimen ihre Religion, der Islam, inzwischen ein Teil Deutschlands geworden ist." (Merkel, 2018) Und so gegensätzlich wie die Positionen der Politiker, waren auch die Positionen in der Gesellschaft und in den Medien. Möglicherweise exemplarisch hierfür sind die Schlagzeilen der Bild-Zeitung und der taz. Während erstere titelte: „Islam-Streit – Frau Merkel, darum liegen Sie falsch!" (Bild vom 23.03.2018), konnte man in der taz lesen: „Deutschland ist ohne Islam undenkbar" (Thurner, 2018). Man sieht, die Islam-Debatte ist polarisiert, sie erregt die Gemüter und wird uns vermutlich noch einige Zeit begleiten. Dass diskutiert wird, ist wichtig und richtig, jedoch sollte man sich dabei nicht in Wortklaubereien und Erörterungen zum „gehört zu", „Muslime ja, aber Islam nein" oder zur historischen Rolle des Islam verheddern.

Der Islam als Teil Deutschlands? Schauen wir zunächst auf unumstößliche Fakten: Offiziell leben 4,4–4,7 Millionen Muslime in Deutschland (Stichs, 2016). Viele davon sind hier geboren, viele besitzen die deutsche Staatsangehörigkeit[1]. Der Anteil der Muslime in Deutschland wird zukünftig wachsen. Der Islam ist, wenn nicht täglich, dann regelmäßig Gegenstand der Medienberichterstattung. Ebenso ist er seit Jahren Faktor in der politischen Debatte. Im Straßenbild sieht man Menschen, die durch ihre Bekleidung als Muslime zu erkennen sind. Frauen mit Kopftuch sind in deutschen Städten ein geläufiger Anblick. In Imbissen oder

---

[1] Leider findet sich keine aktuelle Zahl. Zur Orientierung: 2008 hatte gut die Hälfte der seinerzeit in Deutschland lebenden Muslime, d. h. 1,7 bis 2,0 Mio. Personen, die deutsche Staatsbürgerschaft inne (Haug et al., 2008, 78).

Supermärkten findet man den Hinweis, dass Speisen halal, also nach islamischen Speisegeboten zubereitet sind. Auch in Schulen ist der Islam wahrnehmbar. Mindestens eine Millionen Schüler in Deutschland sind Muslime. Islamischer Religionsunterricht ist in vielen Bundesländern Bestandteil des Fächerkanons. Und letztlich sind religiöse Fragestellungen bisweilen Bedingung der Arbeit von Lehrkräften.

Diese schlichte Aufzählung verschiedener Fakten verdeutlicht, dass der Islam in vielen Bereichen im gesellschaftlichen Leben in Deutschland ein relevanter Faktor ist. Er ist ein Teil Deutschlands. Also sollte man in der Islam-Debatte einen Schritt weiter gehen, nicht die Frage des *Ob* diskutieren, sondern konkret die mit dem Islam verbundenen Herausforderungen erörtern. Die Frage muss lauten: „Welcher Islam gehört zu Deutschland – und welcher nicht?" Es gibt unakzeptable und mit dem Grundgesetz unvereinbare Erscheinungsformen dieser Religion. Meines Erachtens müsste Folgendes diskutiert und geklärt werden: Wie bekämpfen wir den islamistischen Terrorismus? Wie kann man verhindern, dass sich der Salafismus zu einem jugendkulturellen Phänomen entwickelt? Wie verhalten sich Muslime zu Fragen der Gleichberechtigung, zu Homosexualität, die im Islam als Sünde gilt, oder zur Demokratie (in Kapitel 4 finden Sie bedenkliche wissenschaftliche Erkenntnisse dazu)? Was kann es für unsere Gesellschaft bedeuten, dass in der Kairoer Erklärung der Menschenrechte im Islam, dem islamischen Äquivalent zur Allgemeinen Erklärung der Menschenrechte, eben diese Menschenrechte unter den Vorbehalt der Scharia gestellt werden und dort keine Gleichberechtigung von Mann und Frau, kein Recht auf freie Wahl der Religion oder kein Recht auf freie Wahl des Ehepartners garantiert wird? Wie kann verhindert werden, dass sich der Antisemitismus, der in der islamischen Welt eine gewisse Verbreitung erfahren hat, auch hier etabliert? Wie kann verhindert werden, dass Israel-Fahnen und Davidsterne in deutschen Städten verbrannt werden, wie es im Rahmen von Anti-Israel-Demonstrationen geschah? Wie kann man verhindern, dass es in manchen Communities eine Paralleljustiz mit Scharia-Richtern gibt? Und, mit Blick auf Schule, wie kann verhindert werden, dass beispielsweise Mädchen weniger Zugang zu Bildungsangeboten (Sport-/Schwimmunterricht, Klassenfahrten) haben und islamischer Glaube zu einer Differenzkategorie wird? Damit die Frage der Zugehörigkeit des Islam zu Deutschland nicht dieses Kontroverspotential besitzt, müssen solche Problemlagen klar benannt werden, um dann einen gesamtgesellschaftlichen Umgang damit entwickeln zu können – zusammen mit Muslimen. Darüber hinaus sollte eine Vision entworfen werden, wie ein multikulturelles bzw. multireligiöses Deutschland mit wahrnehmbarem muslimischem Anteil konkret aussehen soll. Um all das zu tun, ist es wichtig, dass man sich keinen Sand in die Augen streut und negiert, dass der Islam Teil des gesellschaftlichen Lebens geworden ist und es auch bleiben wird.

Leitgedanke 2: *Der Migrationsprozess ist unumkehrbar – es gibt muslimische Deutsche*

Immer wieder bemerke ich bei Diskussionen zum Thema Islam, dass von Deutschen und Muslimen gesprochen wird, als handele sich dabei um zwei unterschiedliche Gruppen. Dies passiert sowohl Politprofis, als auch betont kultursensiblen Menschen und sogar deutschen Muslimen selbst. Gut ist das nicht, denn Sprache konstruiert Denken und Wirklichkeit. Und korrekt ist es auch nicht, denn gut die Hälfte der Muslime hierzulande besitzt die deutsche Staatsbürgerschaft. Es gibt muslimische Deutsche! Viele Muslime sind hier geboren und leben zum Teil bereits in der vierten Generation in Deutschland mit Berlin, Köln, Hannover oder Braunschweig als Heimatstadt – und nicht Kabul, Tunis oder Ankara. Dieser Prozess ist unumkehrbar (eine Ausnahme bilden Flüchtlinge, bei denen sich noch zeigen wird, von welcher Dauer ihr Aufenthalt in Deutschland sein wird) und daher ist es umso wichtiger, dass wir sprachlich keinen Gegensatz konstruieren, den es tatsächlich nicht gibt. Eine Nicht-Anerkennung dieser Tatsache könnte auch ein Wir-Die-Narrativ födern, das zu Ausgrenzung und Rückzug in Subgruppen, möglicherweise sogar zu einer Radikalisierung und einer Ablehnung der deutschen Gesellschaft führen kann. Meiner Einschätzung nach ist es eminent wichtig, dass man jungen Menschen mit Migrationshintergrund fortlaufend vermittelt, dass sie selbstverständlich als ein Teil dieser Gesellschaft betrachtet werden. Das würde auch jenen helfen, Identifikation aufzubauen, die sich selbst primär als Türke, Tunesier oder Muslim, aber nicht als Deutscher sehen.

Leitgedanke 3: *Religionsausübung und Religionsunterricht sind grundgesetzlich geschützt – Religion und Schule sind nicht voneinander zu trennen*

„Ich finde, Religion hat in der Schule nichts zu suchen." Diese Aussage höre ich immer wieder bei Diskussionen zum Thema „Islam/Religion und Schule". Sicher, diese These kann man ebenso vertreten wie ihr Gegenteil. Dass Religion in Schule präsent ist, kann man gut finden oder ablehnen. Jedoch ist eine Auseinandersetzung über diese Frage in Bezug auf das Thema dieses Buches nicht zielführend. Entscheidend sind in diesem Zusammenhang zwei Regelungen aus den Grundrechtsartikeln des Grundgesetzes. Hier wird zum einen in Artikel 4 die ungestörte Religionsausübung gewährleistet, wo es heißt: „Die Freiheit des Glaubens, des Gewissens und die Freiheit des religiösen und weltanschaulichen Bekenntnisses sind unverletzlich. Die ungestörte Religionsausübung wird gewährleistet." Zum anderen ist der Religionsunterricht – als einziger Unterricht überhaupt – durch das Grundgesetz gesichert. Hierfür sorgt Artikel 7, Absatz 3, in dem es heißt: „Der Religionsunterricht ist in den öffentlichen Schulen mit

Ausnahme der bekenntnisfreien Schulen ordentliches Lehrfach. Unbeschadet des staatlichen Aufsichtsrechtes wird der Religionsunterricht in Übereinstimmung mit den Grundsätzen der Religionsgemeinschaften erteilt."

Das Grundgesetz wurde 1948 verfasst und am 23.05.1949 erlassen. Man kann davon ausgehen, dass die Mütter und Väter des Grundgesetzes beim Abfassen dieser Passagen – oder bei deren Übernahme, denn Artikel 7 wurde nahezu wörtlich aus der Weimarer Reichsverfassung von 1919 übernommen – das Christentum als Bezugsreligion im Sinn hatten. An eine (wahrnehmbare) Präsenz des Islam war in dieser Zeit nicht zu denken. Trotzdem gilt selbstverständlich, dass allen Religions- und Weltanschauungsgemeinschaften, die sich im Laufe der Zeit in Deutschland angesiedelt haben, entsprechend des grundgesetzlichen Gleichheitsgrundsatzes unabhängig vom Bekenntnis derselbe verfassungsrechtliche Status zusteht. Einfacher ausgedrückt: Die Religionsfreiheit gilt für Christen, Muslime und andere Religions- und Weltanschauungsgemeinschaften. Was das für Schulpraxis und gesellschaftliche Abläufe bedeutet, wird die Zeit zeigen. Hier gab und gibt es mitunter große Herausforderungen. Die Religionsfreiheit ist nämlich kein Supergrundrecht, das andere Grundrechte überlagert und kein Persilschein für jede Art von religiös begründetem Verhalten. In Anbetracht der Präsenz des Islam, bei dem eine partielle Unvereinbarkeit der Glaubenslehre mit dem Grundgesetz festgestellt werden kann, wird definiert werden müssen, wo gegebenenfalls das Ende der Religionsfreiheit erreicht ist. Derartige Fragen haben die Gerichte in der Vergangenheit beschäftigt und werden das meiner Einschätzung nach auch die nächsten Jahre tun.

Eine Folge der oben zitierten Grundgesetzartikel ist, dass in vielen Schulen mittlerweile auch ein islamischer Religionsunterricht im Stundenplan steht. Artikel 7,3 bezieht sich nicht allein auf christlichen Religionsunterricht. Solange dieser Artikel so im Grundgesetz steht, ist es aus Gründen der Gleichberechtigung geboten, dass die vielen muslimischen Schüler in Deutschland einen eigenen Religionsunterricht bekommen, und nicht an anderen Unterrichtsangeboten teilnehmen oder in Nebenräumen an anderen Aufgaben arbeiten. Ich gehe aber davon aus, dass die Frage nach der Form des Religionsunterrichts in Deutschland mit dem derzeitigen Organisationsmodell nicht abschließend und für alle Zeit beantwortet ist.

Leitgedanke 4: *Schule ist DER Ort für Integrationsarbeit – wo sonst?*

An kaum einem anderen Ort in dieser Gesellschaft begegnen sich täglich so viele Menschen mit unterschiedlichen nationalen, ethnischen, kulturellen, religiösen und weltanschaulichen Hintergründen wie in unseren Schulen. Was sich außerhalb von Schule in verschiedene Milieus oder einzelne Kollektive ausdifferenziert, ist dort auf engstem Raum beieinander. Schule ist der Ort der unentrinnbaren Nähe zu anderen Kulturen und Weltanschauungen, der Kristallisationspunkt der

Gesellschaft. In diesem Zusammenhang kommt der Arbeit der Lehrkräfte eine besondere Bedeutung zu. Denn nirgendwo anders lässt sich ein gemeinsames Miteinander leichter und spielerischer vermitteln. Insofern muss Schule, neben der Bildungsarbeit, die in der Bildungsrepublik Deutschland nicht zu gering bewertet werden kann, zu *der* gesellschaftlichen Instanz für Integrationsarbeit werden. Wo sonst, wenn nicht in der Schule? Und wie sähe die deutsche Gesellschaft in der Zukunft aus, wenn das gemeinsame Miteinander in unserer pluralen, multiweltanschaulichen Gesellschaft nicht vom frühestmöglichen Zeitpunkt an gelebt wird? Mir ist aus meiner eigenen Arbeit als Lehrer bewusst, dass das leicht gesagt, aber in Anbetracht des Schulalltags mit viel Mühe und Aufwand verbunden ist.

Für die Bildungspolitiker in diesem Land bedeutet das, dass sie alles dafür tun müssen, dass Schule nicht zum Reparaturbetrieb für gesellschaftliche Fehlentwicklungen wird. Priorität muss der Bildungsauftrag haben. Wird dieser vom Erziehungsauftrag überlagert, hat das langfristig fatale Folgen für die gesamte Gesellschaft. Die wichtigsten Rohstoffe Deutschlands sind Bildung, Geist und Innovation. Wir können es uns schon aus ökonomischen Gesichtspunkten nicht erlauben, dass Schulen in sozialpädagogische Einrichtungen verwandelt werden, in denen viel erzogen und nebenbei ein bisschen gelernt wird. Vor allem aber mit Blick auf den gesellschaftlichen Frieden können wir uns nicht erlauben, dass die Integration von Menschen mit Zuwanderungsgeschichte scheitert. Eine Spaltung der Gesellschaft entlang von Ethnien oder Religionen ist hochgradig gefährlich für das friedliche Zusammenleben in einem Land. Insofern plädiere ich dafür, dass Integrationsarbeit ein selbstverständlicher Teil der pädagogischen Arbeit wird, wenn das erforderlich ist. Dieses Buch soll Sie mit den folgend dargebotenen Informationen und Tipps bei dieser Arbeit unterstützen.

2 Ein Blick auf Deutschlands muslimischen Migrationshintergrund – wer kam wann und warum?

Lamar, Enes, Nour, Muhammet-Musab, Omar, Emely, Halide, Hilal, Fabian, Sude, Devin, Julia, Lewen, Jannik, Mazen, Marcel, Kardelen, Ashley, Yad, Medine, Juliano – diese Namen untertiteln ein Klassenfoto, welches meine örtliche Tageszeitung anlässlich von Einschulungsfeiern vor einiger Zeit veröffentlicht hat. Die meisten Namen der Kinder lassen darauf schließen, dass sie über einen Migrationshintergrund verfügen. Ein Wort, das in der öffentlichen Debatte, wie auch im schulischen Kontext, häufig verwendet wird. Im folgenden Abschnitt möchte ich klären, wie der Begriff definiert ist, und welche Stolpersteine sich bei der Verwendung des Begriffs auftun können.

2.1 Migrationshintergrund – Klärung des Begriffs und was bei seiner Verwendung beachtet werden sollte

> **Definition Migrationshintergrund**
>
> Gemäß der Definition des Statistischen Bundesamts hat eine Person einen Migrationshintergrund, „wenn sie selbst oder mindestens ein Elternteil nicht mit deutscher Staatsangehörigkeit geboren wurde. Im Einzelnen umfasst diese Definition zugewanderte und nicht zugewanderte Ausländerinnen und Ausländer, zugewanderte und nicht zugewanderte Eingebürgerte, (Spät-) Aussiedlerinnen und (Spät-) Aussiedler sowie die als Deutsche geborenen Nachkommen dieser Gruppen."
>
> Quelle: Statistisches Bundesamt, 2018

Diese Definition wurde im Jahr 2016 neu formuliert und löste eine andere, langjährig genutzte Definition ab, nach der eine Person einen Migrationshintergrund hat, wenn sie selbst oder mindestens ein Elternteil nach 1949 auf das Gebiet der Bundesrepublik Deutschland zugewandert ist. Mit der neuen Definition ist das Kriterium des Zeitpunkts der Zuwanderung ungültig. Ebenso ist nun ausgeschlossen, dass Kinder deutscher Eltern, die im Ausland geboren werden und deren Eltern keinen Migrationshintergrund haben, dann mit diesem Merkmal in die Statistik einbezogen werden. Dies betraf im Jahr 2015 ca. 25 000 Personen. Beide Definitionen haben überein, dass ein Migrationshintergrund nicht auf die Kindeskinder übertragen und daher auch nicht zum dauerhaften Merkmal einer Familie wird.

2.1 Migrationshintergrund – Klärung des Begriffs

Der Terminus Migrationshintergrund ist ein statistischer Ordnungsbegriff zur Erfassung der Personen, die selbst oder deren Eltern nach Deutschland eingewandert sind. Vor der Einführung des Begriffs im Rahmen des Mikrozensus 2005 wurde statistisch lediglich zwischen Inländern und Ausländern unterschieden. Und obwohl es „nur" ein Ordnungskriterium der amtlichen Statistik ist, ist der Begriff teilweise stark umstritten. Es gibt Stimmen, die anführen, dass der Begriff aufgrund seiner negativen Konnotation stigmatisierend ist und Diskriminierung fördert. Personen mit Migrationshintergrund äußern mitunter, dass sie die Zuschreibung von außen stört. Ihnen werde ein Merkmal gegeben, das keine Relevanz für eigene Lebensführung hat. Infolge der Kritik an diesem Begriff haben sich immer wieder Initiativen gebildet, die versucht haben, andere Begriffe als Alternative zu etablieren. Dabei sind Formulierungen entstanden, wie „Migranten und ihre Nachkommen", „Menschen aus Einwandererfamilien", „Personen mit Zuwanderungsgeschichte", „Mehrheimische" oder „Diverskulturelle".

Ich plädiere für einen ungezwungenen Umgang mit dem Begriff „Migrationshintergrund". Er sagt letzlich nur aus, dass Zuwanderung in der Familienbiographie eine Rolle gespielt hat. Doch wichtig ist, dieses Wort präzise und differenziert anzuwenden. Im Folgenden möchte ich zwei Probleme darlegen, die in der Verwendung des Begriffs immer wieder vorkommen.

Unpräzise Verwendung und verengte Vorstellung:
Insbesondere im Kontext Schule/Bildung ist Migrationshintergrund ein häufig verwendeter Begriff. Während des Referendariats oder bei Unterrichtsbesuchen habe ich öfters den Satz gehört: „Wir haben hier viele Schüler mit Migrationshintergrund." Meist nickten die Zuhörer in Folge dieser Aussage mit leicht betroffenem Gesichtsausdruck. Der Satz, so schien es mir, wurde ohne eine weitere Erläuterung verstanden: Das Unterrichten ist an dieser Schule wohl etwas schwieriger, hochgesteckte Lernziele sollte man nicht erwarten, sondern eher niedrig angesetzte, und das Einhalten des Ordnungsrahmens ist auch nicht immer gewährleistet. In jedem Fall scheint es Probleme zu geben, die irgendwie mit einer bestimmten Gruppe von Schülern zusammenhängen. Hier wird „Migrationshintergrund" wie eine allgemeingültige Diagnose behandelt, die in der Regel unhinterfragt verstanden wird. Meines Erachtens ist es wichtig, hier präzise zu beschreiben, wo die Probleme liegen: Haben die Schüler eine andere Muttersprache als Deutsch? Gibt es viele Schüler, die in prekären Wohn- und Lebenslagen aufwachsen und wenn ja, wie sehen diese Bedingungen genau aus? Gibt es Schüler, die aufgrund von Gewalterlebnissen und Fluchtmigration traumatisiert sind? Oder solche, die einen ungeklärten Aufenthaltsstatus haben? Zeigen manche Schüler abgrenzendes Verhalten, das kulturell oder religiös konnotiert ist? Und, wichtig bei der Analyse, wie genau wirkt sich das auf den Unterricht und das Schulleben aus?

Mit der unpräzisen Begriffsverwendung geht das Problem einher, dass die Gruppe von Menschen mit Migrationshintergrund in der diskursiven Verwendung des Begriffs oft wie ein monolithischer Block erscheint. In meinen Seminaren führe ich in diesem Zusammenhang ein Denkspiel durch: *„Schließen Sie die Augen und stellen Sie sich die folgenden Dinge vor: Auto, Apfel, Polizist, Flugzeug, Schule, Lehrer, Schüler mit Migrationshintergrund – Stopp! Wie sieht der Schüler aus?"* In der Vorstellung der Allermeisten hat dieser Schüler mit Migrationshintergrund schwarze Haare und einen türkisch oder arabisch klingenden Namen, vielleicht war es auch eine Schülerin mit Kopftuch. Die Wenigsten stellen sich beim Stichwort Migrationshintergrund ein Kind mit österreichischen, französischen, schwedischen oder vietnamesischen Wurzeln vor. Dieses verengte Verständnis von Migrationshintergrund ist sicher dem Umstand geschuldet, dass Schüler mit türkischem oder arabischem Hintergrund stärker in den Schulen repräsentiert sind und auch medial mit dem Begriff Migrationshintergrund stärker in Verbindung gebracht werden, so beispielsweise bei der Debatte um Integration, die sich primär auf diese Zuwanderergruppe bezieht. Jedoch ist die Gruppe derer mit Migrationshintergrund mitnichten eine einheitliche, uniforme Gruppe – das wäre sie selbst dann nicht, wenn es sich um dieselbe Ethnie oder Nationalität handeln würde. Angeraten ist viel eher ein differenzierter und individueller Blick. Man kann die Gruppe „Menschen mit Migrationshintergrund" in vier Untergruppen aufteilen:

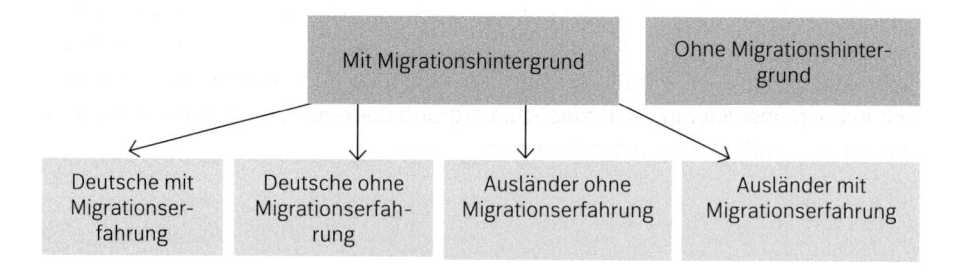

```
                    Mit Migrationshintergrund              Ohne Migrationshintergrund

  Deutsche mit         Deutsche ohne       Ausländer ohne       Ausländer mit
  Migrationser-        Migrationserfah-    Migrationserfahrung  Migrationserfahrung
  fahrung              rung
```

Deutsche mit Migrationserfahrung: Hier spricht man auch von Migranten der ersten Generation. Dazu gehören beispielsweise Personen, die im Rahmen der Arbeitsmigration in den 1950er- bis 1970er-Jahren oder als (Spät-)Aussiedler nach Deutschland gekommen sind, die sich hier niedergelassen und die deutsche Staatsbürgerschaft angenommen haben. Diese Personen sind Deutsche, die wissen, wie es ist, wenn man aus dem Ausland in die Bundesrepublik einwandert – mit allem, was dazu gehört, wie zum Beispiel dem Spracherwerb oder das Verstehen der kulturellen Codes und Gepflogenheiten der Aufnahmegesellschaft. Die Gruppe der Deutschen mit Migrationserfahrung umfasste 2017 5,23 Mio. Menschen (Statistisches Bundesamt, 2019).

Deutsche ohne Migrationserfahrung: Diese Personen sind Nachkommen von Zugewanderten und haben selbst nicht den Einwanderungsprozess vollzogen. Obwohl gegebenenfalls ein ausländisch klingender Name oder ein ausländisch anmutendes Aussehen vorliegen, kann es sein, dass diese Personen keinerlei Bindung zum Herkunftsland sowie zur Herkunftskultur und -sprache der Eltern haben. 2017 lebten 4,6 Mio. Deutsche ohne eigene Migrationserfahrung in Deutschland (ebd.).

Ausländer mit Migrationserfahrung: Hierunter fallen Personen, die im Ausland geboren und nach Deutschland zugewandert sind und nicht über die deutsche Staatsangehörigkeit verfügen. Aus schulischer Sicht sind dies zum Beispiel Schüler, die im Kontext von Flucht nach Deutschland gekommen sind. Die Gruppe der Ausländer mit Migrationserfahrung ist die größte Gruppe innerhalb der Menschen mit Migrationshintergrund. 2017 waren es 7,9 Mio. Personen (ebd.).

Ausländer ohne Migrationserfahrung: Dies sind alle in Deutschland ohne deutsche Staatsangehörigkeit geborenen Personen. Viele Schüler fallen hierunter, allerdings wird diese Gruppe mit dem Wegfall der Optionspflicht, bei der man sich ab einem bestimmten Alter für eine Staatsangehörigkeit entscheiden musste, und der Möglichkeit auf doppelte Staatsbürgerschaft zunehmend geringer. 2017 lebten 1,4 Mio. Ausländer ohne Migrationserfahrung in Deutschland (ebd.).

Beim Blick auf diese vier Gruppen ist wird deutlich, dass Migrationshintergrund nicht gleich Migrationshintergrund ist und dieses statistische Merkmal über das Ausmaß der Prägung von Migration für das Leben der Person, die dieses Merkmal trägt, zunächst nicht viel aussagt. Aus pädagogischer Sicht ist angeraten, sich mit dem individuellen Migrationshintergrund der einzelnen Schüler auseinanderzusetzen und die folgenden Fragen zu klären:

> *Ist der Umstand, dass ein Migrationshintergrund vorliegt, relevant für den Schüler?*

Es gibt Schüler, die diesen Hintergrund haben, ohne dass Bezüge zur Herkunft der Eltern oder des Elternteils bestehen. Dabei kann es sein, dass der Schüler nicht einmal mit dem Elternteil, von dem es das Merkmal geerbt hat, in einem Haushalt lebt oder es überhaupt kennt. Ist das der Fall, sollte der Umstand bei der pädagogischen Arbeit keine Beachtung finden. Andererseits gibt es Schüler, die den nationalen oder ethnischen Hintergrund der Familie stark betonen und sich damit in einem hohen Maß identifizieren. Das beispielsweise Türkisch-, Marokkanisch- oder Albanisch-Sein hat hier identitätsstiftenden Charakter. Es ist aus pädagogischer Sicht wichtig, dies zu wissen und es kann geschickt oder sogar geboten sein, damit zu arbeiten (siehe Kap. 9 Handlungsempfehlungen). Hieran schließt auch die folgende Frage an:

> *Inwiefern ist der Migrationshintergrund meines Schülers relevant für meinen Unterricht und die Gestaltung des Schullebens?*

Hat ein Schüler Migrations- oder Fluchterfahrung, gilt es herauszufinden, wie ihn das beeinflusst und wie es sich auf den Unterricht auswirken kann. Weist ein Schüler sprachliche Probleme auf, sollten unterstützende Maßnahmen initiiert werden. Ist er aufgrund von Gewalterfahrungen im Herkunftsland und Flucht traumatisiert, kann es erforderlich sein, sensibel auf Unterrichtsinhalte und -materialien zu achten. Allein die Erwähnung oder Behandlung von Krieg (im Geschichtsunterricht) oder die Darstellung von Panzern (auf Bildern in Lehrbüchern) kann an traumatische Erlebnisse erinnern. Berichtet wurde mir beispielsweise, dass das Thema Zauberer bei einem Grundschüler zu einem Zusammenbruch führte, weil er eine Darstellung sah, auf der ein Magier eine Frau durchsägt. Dieser Junge hat ähnliches im Rahmen einer Folterung in seinem Herkunftsland mit ansehen müssen. Von daher ist es ratsam, Inhalte und Materialien auf ihre mögliche Wirkung auf die Schüler zu überprüfen und zu überlegen, welche Frage- oder Problemstellungen sich aus dem Hintergrund der Schüler ergeben können.

2.2 Migrationshintergrund in Zahlen

In Deutschland hatten im Jahr 2017 19,3 Millionen Menschen einen Migrationshintergrund (Statistisches Bundesamt, 2018), was eine Steigerung um 4,4 % im Vergleich zum Vorjahr bedeutet und einem Anteil von 23,6 % an der Gesamtbevölkerung entspricht. Diese Zahlen sind in den letzten Jahren kontinuierlich gestiegen. So beträgt der Zuwachs zwischen 2012 und 2017 rund 4 Mio. Menschen (Statista, 2019). Aufgrund der demographischen Entwicklung und weiterer Zuwanderung ist zu erwarten, dass sich diese Entwicklung auch zukünftig fortsetzen wird. So gab es beispielsweise im Jahr 2016 einen Geburtenanstieg von 3 % bei Müttern mit deutscher Staatsangehörigkeit, wohingegen der Anstieg von Geburten bei Müttern mit ausländischer Staatsangehörigkeit bei 25 % lag (Statistisches Bundesamt, 2018, 2).
Die Bevölkerung mit Migrationshintergrund ist im Schnitt deutlich jünger als die Bevölkerung ohne Migrationshintergrund. In der Altersgruppe der Kinder unter fünf Jahren hat über ein Drittel einen Migrationshintergrund. Diese Umstände schlagen sich auch in den Schulen nieder. Zahlreiche Klassenzimmer sind hinsichtlich der nationalen, ethnischen, kulturellen und religiösen Hintergründe der Kinder und Jugendlichen heterogen und werden zukünftig noch heterogener. Dabei ist die landesweite Verteilung recht unterschiedlich: Während insgesamt 33 % der Schüler in Deutschland einen Migrationshintergrund haben (Statistisches Bundesamt, 2017), finden sich an manchen Schulen fast keine Kinder mit Migrationshintergrund,. An anderen Schulen haben dann wiederum bis zu 90 % der Schüler einen Migrationshintergrund, dies vor allem in westdeutschen Großstädten und Ballungsgebieten. Hinter dieser Entwicklung steht ein historischer Prozess, der im folgenden Kapitel dargestellt wird und die Fragen beantworten soll, woher die Kinder bzw. unsere Schüler und/oder ihre Eltern kommen und warum sie in

Deutschland leben. Der Fokus liegt hierbei auf dem Zuzug von Menschen aus mehrheitlich muslimischen Ländern. Zuvor wird dargestellt, was unter Migration zu verstehen ist und ein Überblick darüber gegeben, warum Menschen migrieren.

2.3 Migration – Begriffsklärung und Gründe für Migration

> **Definition Migration**
>
> Der Begriff Migration ist abgeleitet vom lateinischen Wort *migratio* oder *migrare*, was Wanderung bzw. wandern bedeutet. Der Begriff erfährt eine vielfältige Verwendung in verschiedensten Themengebieten, darunter Biologie, Chemie, Geologie, Astronomie, Seismik oder Informationstechnik. Die folgend aufgeführten Definitionen sollen umreißen, was im Sinne unseres Themas unter Migration verstanden werden kann.
>
> „Von Migration spricht man, wenn eine Person ihren Lebensmittelpunkt räumlich verlegt, von internationaler Migration, wenn dies über Staatsgrenzen hinweg geschieht."
>
> Bundesamt für Migration und Flüchtlinge, 2011
>
> „Migration ist der auf Dauer angelegte bzw. dauerhaft werdende Wechsel in eine andere Gesellschaft bzw. in eine andere Region von einzelnen oder mehreren Menschen."
>
> Treibel, 1999
>
> „[Migration ist] die biographisch relevante Überschreitung kulturell, juristisch, lingual und (geo-)politisch bedeutsamer Grenzen."
>
> Castro Varela/Mecheril, 2010

Führt man die zentralen Punkte der jeweiligen Definition zusammen, wird meines Erachtens am besten ersichtlich, was unter Migration im Sinne unseres Themas zu verstehen ist: Über Staatsgrenzen hinweg haben Personen ihren Lebensmittelpunkt räumlich, in dem Fall auf das Gebiet der Bundesrepublik Deutschland, verlegt, und dies in der Mehrheit auf Dauer angelegt. Hierbei wurden verschiedene Grenzen überschritten: Neben den politischen Grenzen des Herkunftslandes und Deutschlands, wurden im Rahmen des Migrationsprozesses auch sprachliche, kulturelle und juristische Grenzen überschritten.
Die Zuwanderung von Muslimen in die Bundesrepublik ist maßgeblich durch die Arbeitsmigration der 1950er- bis 1970er-Jahre und die Fluchtmigrationen der

1980er-/1990er- und der 2010er-Jahre geprägt. Jedoch gibt es darüber hinaus vielfältige Gründe, warum Menschen ihre Heimat verlassen. Zu den Migrationsformen nach Oltmer zählen beispielsweise auch (Aus-)Bildungsmigration zum Erwerb schulischer, akademischer oder beruflicher Qualifikationen, Elitenwanderung zur Aufnahme höhergestellter Tätigkeiten im Bereich Politik, Wissenschaft oder Wirtschaft, Heirats- oder Liebesmigration, Nomadismus, Sklaven- und Menschenhandel oder Wohlstandsmigration, beispielsweise bei Verlegung des Wohnsitzes in steuerlich günstigere oder klimatisch angenehmere Länder (vgl. Oltmer, 2010). Grundsätzlich streben migrierende Personen, mit Ausnahme von Zwangsmigration (bspw. bei Verschleppungen oder Sklavenhandel), nach einer Verbesserung ihrer Lebenssituation. Dabei unterscheidet man bei einer Betrachtung der Migrationsmotive nach Push-Faktoren und Pull-Faktoren:

Push-Faktoren: Hier handelt es sich um Umstände, die im Herkunftsland der Migranten ihre Ursache haben und einen Migrationsdruck entstehen lassen. Darunter fallen sozio-ökonomische Gründe (Arbeitslosigkeit, Perspektivlosigkeit, Armut, hohe Steuer- und Abgabenlast), politische Gründe (Unruhen, Krieg, Einschränkung von Menschenrechten, Diskriminierung) oder ökologische Gründe (Naturkatastrophen, Verknappung natürlicher Ressourcen).

Pull-Faktoren: Hier handelt es sich um Faktoren, die eine Sogwirkung entfalten können, d. h. die ein Gebiet, sei es eine Region oder ein Land, für Migranten attraktiv machen. Darunter fallen ökonomische Faktoren (gute Arbeitsmarktlage, gute Verdienstmöglichkeiten), gesellschaftliche Faktoren (Sicherheit, Frieden, Gewährung von Grundrechten, Bildungsmöglichkeiten, Sozialsystem) und politische Faktoren (einfache Möglichkeit von Einwanderung, Rechtssicherheit).

In der Regel führt eine Kombination von Push- und Pull-Faktoren zur Entstehung von Wanderungsprozessen.

2.4 Kriegsbeute, Gastarbeiter, Flüchtlinge – von den ersten Muslimen auf deutschem Boden bis zur Flüchtlingskrise

2.4.1 Von „Beutetürken", dem alten Fritz bis zur Nachkriegszeit – der Zuzug von Muslimen in der Zeit vom 17. Jahrhundert bis 1955

Die Migrationsbewegungen von Menschen aus dem islamischen Kulturraum, die unser gegenwärtiges Gesellschaftsbild prägen, begannen Anfang/Mitte der 1960er-Jahre mit dem Abschluss von Anwerbeabkommen mit mehrheitlich muslimischen Ländern zur Gewinnung von Arbeitskräften. Jedoch ist die Präsenz von

Muslimen hierzulande ein weitaus älteres Phänomen. Die ersten Begegnungen zwischen Deutschen und Muslimen auf deutschem Boden fanden bereits im 17. Jahrhundert im Zuge des Großen Türkenkrieges zwischen verschiedenen mitteleuropäischen Staaten und dem Osmanischen Reich (1683–1699) statt. Im Verlauf dieser Auseinandersetzung wurden türkische Muslime als Kriegsbeute, sogenannte „Beutetürken", auf das Gebiet des heutigen Deutschlands gebracht. Dort wurden sie in der Regel an einen Hof verschenkt oder verkauft, um als Lakai oder Zofe zu dienen. In Adelskreisen galt es als Prestigemerkmal, wenn man den Hofstaat mit „Beutetürken" schmücken konnte. Zudem wurden die „Beutetürken" einem Assimilationsprozess unterworfen, der in der „Türkentaufe" mündete. Fand zuvor eine Unterweisung in deutscher Sprache und christlicher Religion statt, sollte der Täufling schlussendlich die Abkehr vom Islam und die Zuwendung zum Christentum bekennen. Damit einher ging in der Regel auch die Änderung des Namens. Beispiele hierfür sind die Wandlungen von Mehmet Sadullah Pascha zu Johann Ernst Nikolaus Strauß, der später das erste Kaffeehaus Europas gründete; einem türkischen Offizier namens Hussein zu Friedrich Karl Wilhelm Benedict; dem Sohn eines türkischen Gouverneurs, der zu Ludwig Maximilian Mehmet von Königstreu wurde, der als ehemaliger Kammerdiener sogar in den Adelsstand erhoben wurde oder einer Türkin namens Rabia, die zu Sophia Wilhelmine Kayser wurde. Diese Beispiele zeigen, dass manche „Beutetürken" nach ihrer Freiwerdung die Möglichkeit zum sozialen Aufstieg hatten und diesen erfolgreich vollzogen.

Mitte des 18. Jahrhunderts, zu Zeiten König Friedrichs II. von Preußen – gemeinhin als Friedrich der Große bekannt –, fanden Bemühungen statt, die bestehenden politischen Kontakte zum Osmanischen Reich zu intensivieren. Nach der Aufnahme diplomatischer Beziehungen zu Sultan Mahmud I. kam es 1761 zu einem Freundschafts- und Handelsabkommen zwischen Preußen und dem Osmanischen Reich. Zudem wurden unter Friedrich II. muslimische Soldaten aus dem Osmanischen Reich in die preußische Armee aufgenommen, in der später auch bosnische Muslime dienten. Durch diese preußisch-osmanischen Kontakte entstand bereits im 18. Jahrhundert in Berlin eine kleine Kolonie von etwa 100 Türken. Friedrich II. sicherte Muslimen Glaubensfreiheit zu und verlieh seiner Haltung Ausdruck mit den Worten: „Alle Religionen sind gleich und gut, wenn nur die Leute, die sich zu ihnen bekennen, ehrliche Leute sind. Und wenn Türken und Heiden kämen und wollten hier im Land wohnen, dann würden wir ihnen Moscheen und Kirchen bauen."

Im Jahre 1866 erfolgte auf Weisung des späteren Kaisers Wilhelm I. die Errichtung eines islamischen Friedhofs für osmanische Gesandte und Angehörige des Militärs am Berliner Columbiadamm. Lange Zeit war er der einzige Friedhof für Muslime in Mitteleuropa. Später wurden dort auch im Ersten Weltkrieg gefallene türkische Soldaten beerdigt. Diese hatten auf Seiten der Mittelmächte gekämpft: Deutschland und das Osmanische Reich waren im Ersten Weltkrieg Verbündete. Mit dem Ende des Ersten Weltkriegs und dem damit einhergehenden Zerfall des Deutschen wie des Osmanischen Reichs endeten auch die Militärbeziehungen.

Dessen ungeachtet blieben einige Muslime auf deutschem Boden zurück und gründeten nach und nach die ersten islamischen Organisationen. So entstand unter anderem 1922 die „Islamische Gemeinde Berlin", der ca. 1 800 Muslime, darunter 20 Deutsche, angehörten. Diese Vereinigung markiert den Beginn des organisierten Lebens der Muslime in Deutschland. Während der 1920er- und 1930er-Jahre wurden dann weitere islamische Gemeinschaften gegründet, darunter das bis heute aktive „Zentralinstitut Islam-Archiv Deutschland", das eine der umfassendsten Dokumentensammlungen zum Thema „Islam" deutschland- und weltweit pflegt. Mit dem strukturellen Zusammenschluss der Muslime in Deutschland erfolgten auch diverse Moscheebauten, so unter anderem 1924 die noch heute bestehende Sehitlik-Moschee am Fehrbelliner Platz in Berlin.

Mit der „Machtergreifung" der Nationalsozialisten begann für die islamische Gemeinschaft in Deutschland und weltweit ein innerreligiöser Konflikt um die politische Ausrichtung. In Teilen der arabisch-muslimischen Welt, vor allem im Nahen Osten, wurde die nationalsozialistische Regierung begrüßt, da sich damit die Hoffnung verband, dass Adolf Hitler zum Ende des englischen und französischen Kolonialismus beitragen würde. Es entstand eine in Teilen sehr enge Verbindung zwischen Nationalsozialisten und Muslimen. Zu Hochzeiten kämpften etwa 250 000 Muslime für Wehrmacht und SS, gleichzeitig bekundeten Hitler oder auch Heinrich Himmler immer wieder Sympathie für den Islam (Motadel, 2018, o. S.). „Insbesondere Himmler war vom muslimischen Glauben fasziniert und zeigte sich wiederholt begeistert von der seiner Wahrnehmung nach engen Verwandtschaft zwischen Nationalsozialismus und Islam" (Motadel, 2017, S. 77), so der Historiker David Motadel in seinem Buch „Für Prophet und Führer". Exemplarisch für die enge Verbindung des Dritten Reichs und den islamistischen Antisemiten steht Mohammed Amin al-Husseini, der ehemalige Großmufti von Jerusalem, der sogar Mitglied der Waffen-SS wurde und engen persönlichen Kontakt zu Hitler pflegte. Nicht zuletzt durch die polarisierenden Aktivitäten al-Husseinis, der zeitweilig mit einem Stab von sechzig Arabern im Dienst der Nationalsozialisten agitierte, entwickelten sich Spannungen innerhalb der muslimischen Gemeinden in Deutschland. Gegnern der Pro-Nationalsozialistischen-Haltung standen Befürworter der NS-Politik gegenüber, die vor allem hofften, dass diese zum Ende des französischen und englischen Kolonialismus in der arabischen Welt beiträgt. (Kiefer, 2005, 36f.) Diese Spannungen lähmten das Leben der muslimischen Gemeinden in Deutschland, sodass nach dem Ende des Zweiten Weltkriegs praktisch keine Gemeindeaktivitäten mehr stattfanden.

Der erste Impuls für ein Aufleben des muslimischen Lebens in Deutschland ging im Wesentlichen von der indisch-pakistanischen Ahmadiyya-Bewegung aus, die sich 1955 von Großbritannien aus in Hamburg niederließ. In der Folgezeit wurden in mehreren Städten Niederlassungen eingerichtet und die Ahmadiyya entwickelte sich zu einem wichtigen Ansprechpartner für staatliche und kirchliche Institutionen in Islam-Fragen. Mittlerweile ist sie sogar in Hessen und Hamburg als Körperschaft des öffentlichen Rechts anerkannt.

2.4.2 „Die Gastarbeiter kommen" – die Anwerbung von Arbeitsmigranten von 1955–1973

Anfang der 1960er-Jahre begann die bis dato stärkste Phase der Zuwanderung von Muslimen nach Deutschland. Zu dieser Zeit, mehr als ein Jahrzehnt nach dem Ende des Zweiten Weltkriegs, boomte die bundesdeutsche Wirtschaft: die Investitionen stiegen, das Bruttosozialprodukt nahm rapide zu, manche Industriezweige konnten ihre Produktion verfünffachen, der Export vervielfachte sich und auf dem Arbeitsmarkt erreichte man Vollbeschäftigung. Symbolisch für diesen Aufschwung rollte 1955 der millionste VW Käfer vom Band und „Made in Germany" wurde zum weltweit geschätzten Qualitätssiegel. Viele Unternehmen konnten den Arbeitskräftebedarf zunächst aus der Beschäftigung von Flüchtlingen und Vertriebenen aus den ehemaligen deutschen Ostgebieten decken. Allerdings führten verschiedene Faktoren – wie der Aufbau der Bundeswehr und die Einführung der Wehrpflicht, aber auch die verstärkte Abriegelung und letztliche Schließung der deutsch-deutschen Grenze 1961 – zu einer Verknappung des Arbeitskräfteangebots. Es passte somit äußerst gut, dass Italien 1954 als erstes von mehreren Mittelmeerländern an die Bundesregierung mit der Bitte herantrat, junge Arbeiter nach Deutschland entsenden zu dürfen. Wie auch die anderen Anwerbestaaten Spanien, Griechenland, Türkei, Portugal, Marokko und Tunesien hatte die Regierung in Rom die Intention, mit der Entsendung von Arbeitskräften verschiedene innenpolitische Probleme zu lösen. Durch die erwarteten Geldsendungen in die Heimat wollte man die aus der deutschen Exportstärke entstandenen Devisenschwierigkeiten beheben und vor allem die heimische Arbeitslosigkeit verringern (vgl. Knortz, 2008). Insbesondere in Italien drohte diese aufgrund von sozialen Unruhen und einem Erstarken der kommunistischen Bewegung zu einem großen Problem zu werden. Auch Deutschland hatte politische Interessen, die nicht ausschließlich in der Gewinnung von Arbeitskraft lagen. Die Entsendeländer sollten durch die Geldtransfers der Arbeiter in die Heimat ihre Handelsbilanzdefizite gegenüber der Bundesrepublik verringern oder ausgleichen können, sodass diese weiterhin als Handelspartner und Abnehmer für Exportgüter zur Verfügung stehen. Andere Gründe waren das Bemühen um die Stabilität eines NATO-Partners, wie im Fall der Türkei, die Absicht, einen EWG-Mitgliedstaat zu integrieren oder, wie im Falle Jugoslawiens, die Absicht, den Ost-West-Konflikt zu entspannen. Alles in allem gab es eine klare Zielkohärenz zwischen Außenpolitik und Arbeitsmarktpolitik (vgl. ebenda).

Am 20. Dezember 1955 unterzeichnete der damalige Arbeitsminister Anton Storch in Rom die „Vereinbarung zwischen der Regierung der Bundesrepublik Deutschland und der Regierung der Italienischen Republik über die Anwerbung und Vermittlung von italienischen Arbeitskräften nach der Bundesrepublik Deutschland". Es folgten weitere Anwerbeabkommen mit Spanien (1960), Griechenland (1960), der Türkei (1961), Marokko (1963), Südkorea (1963), Portugal (1964), Tunesien (1965) und Jugoslawien (1968). Im Rahmen unserer Thematik sind insbesondere die Abkommen mit der Türkei, Marokko, Tunesien und Jugoslawien relevant, da diese ursächlich für eine größere und vor allem nachhaltige Migrationsbewegung von Muslimen nach Deutschland sind. Viele Kinder und Jugendliche in unseren Schulen oder deren Eltern sind Nachfahren in der zweiten, dritten oder vierten Generation der gemeinhin als „Gastarbeiter" bezeichneten Arbeitsmigranten.

Schon vor dem Abschluss des Anwerbabkommens mit der Türkei gab es eine Arbeitskräftemigration vom Bosporus in Richtung Bundesrepublik. 1960 beabsichtigte die türkische Militärregierung die Abwanderung von Arbeitskräften stärker zu regulieren, weswegen das deutsche Generalkonsulat in Istanbul empfahl, ein Anwerbeabkommen mit der Türkei in Erwägung zu ziehen. Dieser Vorschlag war zunächst umstritten. So sah die Bundesanstalt für Arbeitsvermittlung trotz des Arbeitskräftemangels nicht die Notwendigkeit, ein solches Abkommen zu vereinbaren, da der Bedarf an Arbeitern durch die anderen Anwerbeländer „hinreichend gedeckt" (zit. nach: ebenda, S. 112) werden könne. Anton Sabel, der damalige Präsident der Bundesanstalt für Arbeitsvermittlung, äußerte im September 1960, dass in keiner Weise die arbeitsmarktpolitische Notwendigkeit zur Anwerbung von türkischen Arbeitnehmern bestehe, er jedoch nicht beurteilen könne, „wie weit sich die Bundesrepublik einem etwaigen solchen Vorschlag der türkischen Regierung verschließen kann, da die Türkei ihre Aufnahme in die EWG beantragt hat und als NATO-Partner eine nicht unbedeutende politische Stellung einnimmt" (zit. nach: ebenda). Und auch die Bundesregierung war nicht zuletzt wegen kultureller Differenzen zur Türkei in Teilen skeptisch. Der damalige Arbeitsminister Theodor Blank lehnte eine Anwerbung von Türken ab, da er aufgrund der religiös-kulturellen Distanz Konflikte zwischen den türkischen Arbeitsmigranten und der einheimischen Bevölkerung befürchtete (vgl. ebenda).

Trotz der Skepsis kam es nicht zuletzt nach der Anmerkung seitens der Türkei, dass man sich mit Blick auf andere Anwerbeabkommen diskriminiert fühle, zu einem Abschluss. Am 30. Oktober 1961 wurde in Bad Godesberg die „Regelung der Vermittlung türkischer Arbeitnehmer nach der Bundesrepublik Deutschland" unterzeichnet. Doch nicht nur von der Wortwahl unterschied sich dieses Dokument von anderen Abschlüssen. Sprach man im Falle Italiens von einem Abkommen, vereinbarte man im Falle der Türkei eine Regelung. Zudem ging es hier nur um eine Vermittlung von Arbeitskräften, bei anderen Abkommen ausdrücklich um eine Anwerbung. Inhaltlich ist einer der wesentlichen Unterschiede die Tatsache, dass in der Regelung mit der Türkei eine Verlängerung der Aufenthaltserlaubnis über die Dauer von zwei Jahren ausdrücklich ausgeschlossen wurde und auch ein Nachzug von Familienangehörigen nicht vorgesehen war.

Nach einer Registrierung bei der türkischen Anstalt für Arbeit und Arbeitsvermittlung in Istanbul und dem Durchlaufen von Testverfahren zur Feststellung des Qualifikations- und Gesundheitsstands, wurden die Arbeitsmigranten mit Sonderzügen in die Bundesrepublik gebracht. Dort arbeiteten sie als un- oder angelernte Arbeiter in der Industrie, im Baugewerbe oder im Bergbau. Der Arbeitsalltag war in der Regel hart: Die Arbeitstage waren lang, die Arbeiten, die verrichtet wurden,

2.4 Kriegsbeute, Gastarbeiter, Flüchtlinge

waren schwer und schmutzig, oft wurde in Schichtarbeit und nach Akkordlohn gearbeitet. Und auch außerhalb der Arbeitsstätten waren die Lebensbedingungen der Gastarbeiter nicht derart, wie man für gewöhnlich mit Gästen umgeht. Viele wurden von ihren Arbeitgebern in barackenähnlichen Wohngebäuden untergebracht. Das folgende Zitat aus dem Industriekurier von 1955 veranschaulicht die prekäre Unterbringungssituation: „Die Vorteile, die ein Rückgriff auf Italiener mit sich bringt, sind, daß dadurch keine Wohnungsbauballung verursacht wird, sondern die Gestellung von Baracken im Allgemeinen ausreichen dürfte." (zit. nach: Gründler, 2005, o. S.). Und das Handelsblatt schrieb 1967 zur Wohnsituation der Arbeitsmigranten: „In einem Raum von mehr als 15 Quadratmetern hausen sechs türkische und griechische Gastarbeiter. Übereinander und eng zusammengerückt stehen die Betten; alle Männer liegen schon, obwohl es gerade erst halb neun ist. Aber was sollen sie in diesem Loch anderes anfangen? Nicht einmal genügend Stühle sind vorhanden, der Fußboden ist kahl und schmutzig (...) Man sucht nach Worten, um den Toilettenraum zu beschreiben. Auf dem Boden schwimmt eine einzige dreckige Lache, das Inventar besteht aus einer kalksteinernen Latrine ohne Besatz." (zit. nach: Finkelstein, 2006, S. 14) Und trotz der oftmals schweren Arbeits- und Lebensbedingungen kamen letztendlich Menschen in großer Anzahl: Waren 1956 nur rund 82 000 ausländische Arbeitskräfte in der Bundesrepublik beschäftigt, wurde 1964 der millionste Gastarbeiter, Armando Rodrigues de Sá aus Portugal, feierlich begrüßt – und mit einem Strauß Nelken, einer Ehrenurkunde und einem Moped beschenkt.

Die Arbeitsmigranten waren in der Regel alleinstehende Männer im Alter zwischen 20 und 40 Jahren und stammten meist aus ländlichen, strukturschwachen Gebieten, waren häufig ungelernt, mitunter Analphabeten, und verdienten daher in ihrer Heimat sehr wenig oder waren arbeitslos. Die Arbeitsaufnahme in Deutschland stellte für sie daher eine attraktive, einzigartige Möglichkeit zum Lohnerwerb dar. Mit ihrem vergleichsweise hohen Verdienst konnten sie ihre Angehörigen in der Heimat finanziell unterstützen und sich selbst kleine Summen ansparen. Und auch die Deutschen, hier vor allem die geringer qualifizierten, profitierten von den Gastarbeitern, war es ihnen doch nun leichter möglich, einen beruflichen und sozialen Aufstieg zu vollziehen. Es gibt Berechnungen, dass zwischen 1960 und 1970 rund 2,3 Millionen Deutsche von Arbeiter- in Angestelltenpositionen aufsteigen konnten (vgl. ebenda, 213). Von daher kann man die Stimmung in der Bevölkerung gegenüber den Ausländern als wohlwollend bezeichnen. Davon zeugen verschiedene Umstände: Zum Beispiel veranstaltete der WDR Mitte der 1960er-Jahre ein Preisausschreiben, in dem eine neue Formulierung anstelle des Begriffs „Gastarbeiter" gesucht wurde. Es gingen über 32 000 Vorschläge ein, die fast ausnahmslos auf eine positive Haltung gegenüber den Arbeitsmigranten schließen ließen (Meinhard, Schulz-Kaempf, 2015, S. 66).

Viele Großunternehmen mit muslimischen Arbeitern richteten Gebetsräume ein. Eindrücklich ist auch die Tatsache, dass 1965 eine Ramadan-Feier im Kölner Dom veranstaltet wurde. Was heutzutage ein Politikum wäre, war damals eine

2 Ein Blick auf Deutschlands muslimischen Migrationshintergrund

Geste der Aufgeschlossenheit und Neugierde und so feierten „mehrere hundert Mohammedaner" (zit. nach: Meier-Braun, 2012, S. 34), wie es damals in der lokalen Berichterstattung hieß, das zweitwichtigste islamische Fest in Deutschlands zweithöchster Kirche. Auch Leitfäden mit Hinweisen zum Umgang mit ausländischen Arbeitnehmern zeugen, obwohl sie in weiten Teilen sehr unbeholfen daher kommen („Der Südländer ist...", „Der Türke mag nicht..."), von einer positiven Grundhaltung, wollte man doch die Anderen verstehen und ihnen entgegenkommen. (vgl. hierzu bspw: Diözese Rottenburg, 1962, zit. nach: schulentwicklung.nrw.de) Der Migrationsexperte Meier-Braun spricht sogar von einer gewissen Gastarbeitereuphorie (ebenda, S. 37), die in Teilen der Bevölkerung herrschte.

Der Vereinbarung zur Anwerbung von Arbeitern aus der Türkei 1961 folgten weitere Abkommen mit Marokko (1963), Südkorea (1963), Portugal (1964), Tunesien (1965) und Jugoslawien (1968), um weiter Arbeitskräfte aus dem Ausland nach Deutschland zu holen. Zwischen 1968 und 1971 wurden so viele neue Arbeiter beschäftigt wie insgesamt in den 13 Jahren zuvor. Die Anzahl der Türken vervierfachte sich dabei zwischen 1967 (130 000 Menschen) und 1971 (600 000 Menschen) und stellte seit letztgenanntem Jahr den größten Anteil der nichtdeutschen Bevölkerung dar. 1973 lebten 3,9 Millionen Ausländer in der Bundesrepublik, was 6,4 % der Bevölkerung ausmachte. Die Zuführung von Gastarbeitern aus diesen Ländern war seitens der Bundesregierung als vorübergehende Lösung zur Deckung des Bedarfs an Arbeitskräften geplant. Rückwanderungen der Arbeiter in ihre Heimatländer wurden vorausgesetzt. Und auch die Arbeiter planten in der Regel keine dauerhafte Niederlassung in Deutschland. Beide Seiten, der Staat und die Arbeitsmigranten, setzten immer voraus, dass es sich bei dieser Migration und ein zeitlich begrenztes Phänomen handelt. Es herrschte eine beidseitige Rückkehrerwartung, weswegen auch niemand das große Erfordernis zur Initiierung von Integrationsmaßnahmen sah.

Einschub: Die Rolle der Institution Schule zur Zeit der Gastarbeiter(kinder)
Für die Frage der Integration waren das entscheidende Jahre. Die Auswirkungen des politischen Handelns – oder eher des nicht-Handelns – prägen unsere Gesellschaft noch gegenwärtig. Finkelstein schreibt dazu in ihrem Buch „Eingewandert: Deutschlands Parallelgesellschaften": „Die Möglichkeit, dass nicht-integrierte Gastarbeiter hier nicht-integrierte Kinder bekommen und diese dann gemeinsam das Fundament für ‚Parallelgesellschaften' legen, wurde indes damals noch nicht als ein ‚politischer Aspekt (...)' angesehen, dem es frühzeitig gegenzusteuern gelte." (Finkelstein, 2006, S. 16) Die Schülerzahlen ausländischer Schüler stiegen zwar von gut 35 000 Schülern im Schuljahr 1965/66 auf 385 275 im Schuljahr 1975/76, jedoch überlagerte die beidseitige Rückkehrerwartung weiterhin das Handeln von Migranten wie auch der Politik. So wurde die Schulpflicht für Kinder von Arbeitsmigranten 1964 von der Kultusministerkonferenz eingeführt, doch waren die Behörden „nicht besonders aktiv bei der Durchsetzung, falls diese Pflicht nicht erfüllt wird", wie es Hansen und Wenning in „Schulpolitik für andere Ethnien" beschreiben (Hansen, Wenning, 2003, S. 121).

Die Maßnahmen, die zu dieser Zeit in den Schulen ergriffen wurden, waren größtenteils rückkehrorientiert und nicht auf einen dauerhaften Verbleib in Deutschland und schon gar nicht auf Integration ausgerichtet. Es wurden Sonderklassen gebildet, umgangssprachlich „Türkenklassen" genannt, in denen neben der deutschen Sprache vor allem türkische Sprache, Landeskunde und Kultur unterrichtet wurde. Handan Cetinkaya-Roos, die selbst in einer Türkenklasse untergebracht war, schreibt dazu: „Als ich in eine „Türkenklasse" gehen sollte, machen meine Eltern sich stark für mich. Die berechtigte Frage, die Sie sich stellten: ‚Wie soll Handan in einer Klasse Deutsch lernen, in der kein deutsches Kind ist? Sollen die türkischen Kinder von italienischen Kindern Deutsch lernen?' Dank meiner Eltern durfte ich eine Regelklasse besuchen und musste nicht, wie viele andere türkische Kinder in eine ‚Türkenklasse' gehen. Denn diese Klassen wurden eingerichtet, da man davon ausging, dass die Familien wieder in ihr Heimatland zurückkehren. Man steckte alle ‚Nicht-Deutschen-Kinder' in eine Klasse, um sie gezielt zu fördern. Leider landeten die meisten Kinder aufgrund ihrer ‚nicht vorhandenen Deutschkenntnisse' gesammelt auf Hauptschulen! Meines Erachtens der größte Fehler, den man aus Sprachsicht machen konnte!!!" (Cetinkaya-Roos, 2018)

Und auch über Schule hinaus war es aus politischer Sicht schwierig, das Thema Integration auf die politische Agenda zu setzen. Das verhinderte neben der beidseitigen Rückkehrerwartung vor allem der Diskurs um den Begriff Einwanderungsland. Über Jahrzehnte war es politischer Konsens, dass Deutschland kein Einwanderungsland ist. Dieses Wort allein hatte schon Reizwirkung und provozierte heftige Abwehrreaktionen. Ein Bekenntnis dazu, dass Deutschland ein Einwanderungsland ist, war politisch heikel. Der Migrationsforscher Bade (1990, S. 8) sagt, das Wort stammt aus dem „Giftschrank amtlich tabuisierter Zeitbegriffe". Und Meier-Braun (2002, S. 2) nennt das fehlende Anerkennen der faktisch stattfindenden Einwanderung „eine lang gepflegte Lebenslüge". Für die Integration der Arbeitsmigranten und vor allem **ihr**er Kinder war das fatal. Wenning und Hansen (2003, S. 128) bringen die Problematik auf den Punkt: „Wenn ein Staat es ablehnt, die faktisch seit Jahrzehnten bestehende Einwanderungssituation als solche zu akzeptieren, ist es kaum möglich, eine Bildungspolitik zu betreiben, die von der vorherrschenden politischen Grundhaltung abweicht." Dies galt natürlich auch für andere politische Bereiche. Wieso in Bildung, Sprachförderung, Wohnungsbau oder kulturellen Austausch investieren, wenn die Arbeitsmigranten doch nur Gäste sind und irgendwann auch wieder gehen? Dies war eine Fehleinschätzung, die sich mit dem Anwerbestopp von 1973 noch verschärfen sollte.

2.4.3 Ölkrise, Anwerbestopp, Familiennachzug und die Folgen

Durch die sogenannte Ölkrise im Jahr 1973 – die Erdöl exportierenden Länder hatten vor dem Hintergrund des Nahostkonflikts beschlossen, die Fördermenge zu drosseln – trübte sich die Wirtschaftslage in westlichen Industriegesellschaften ein und viele Länder rutschen in die Rezession. Die Bundesregierung verhängte in der Folge einen Stopp bei der Aufnahme von Arbeitsmigranten. So hieß es in einer Anweisung des damaligen Bundesministers für Arbeit, Walter Arendt: „Es ist nicht auszuschließen, daß die gegenwärtige Energiekrise die Beschäftigungssituation in der Bundesrepublik Deutschland in den kommenden Monaten ungünstig beeinflußen wird. Unter diesen Umständen ist es nicht vertretbar, gegenwärtig weitere ausländische Arbeitnehmer über die Auslandsdienststellen der Bundesanstalt für Arbeit für eine Arbeitsaufnahme in der Bundesrepublik zu vermitteln. Nach Zustimmung durch das Bundeskabinett bitte ich [...] ab sofort die Vermittlung ausländischer Arbeitnehmer einzustellen." (zit. nach: Kostner, 2016, S. 115) Der Anwerbestopp schloss auch die Option auf eine erneute Arbeitsaufnahme in Deutschland von bereits hier tätig gewesenen Personen aus. Gleichzeitig ermöglichte die Bundesregierung aufgrund der Artikel 6 des Grundgesetzes (Schutz von Ehe und Familie) und Artikel 8 der Europäischen Menschenrechtskonvention (Schutz von Privat- und Familienleben) den Familiennachzug, was bedeutete, dass die Arbeitsmigranten ihre in den Herkunftsländern lebenden Angehörigen nachholen konnten. Die beiden politischen Maßnahmen, Anwerbestopp und Gewährung des Familiennachzugs, bedingten sich in besonderer und folgenreicher Weise: Für die Migranten, die bereits in Deutschland waren, erschien es nun nicht mehr möglich, erneut in die Bundesrepublik zurückkehren zu können, um dort zu arbeiten, wenn man das Land einmal verlassen hatte. Gleichzeitig bestand nun die Möglichkeit, die Familien nachzuholen. Eine 1975 beschlossene Kindergeldkürzung für im Ausland lebende Kinder schaffte weitere Anreise die eigenen Kinder nach Deutschland zu holen. Khorchide spricht in diesem Zusammenhang von einer Zäsur bei der Vorstellung von einem begrenzten Aufenthalt. Das mit dem Anwerbestopp verbundene Ziel der Bundesregierung, die Anzahl der in Deutschland lebenden Ausländer zu senken, wurde nicht erreicht – im Gegenteil. Es sank zwar die Zahl der Gastarbeiter, aber die ausländische Wohnbevölkerung stieg insgesamt an. Meinhard und Schulz-Kempf bezeichnen den Anwerbestopp als „Beginn der faktischen und kontinuierlichen Einwanderung" nach Deutschland (Meinhard, Schulz-Kaempf, 2015, S. 68).

2.4.4 Erste Zuzüge von Muslimen im Kontext von Flucht und Asyl bis 2015

Der gestiegene Anteil von Ausländern führte in den Jahren nach dem Anwerbestopp immer mehr zu Debatten über die Vor- und Nachteile von Zuwanderung. Das „Ausländerthema" rückte ins Zentrum der politischen Auseinandersetzung. Meinungsumfragen aus der zweiten Hälfte der 1970er-Jahre belegen einen Anstieg kritisch-ablehnender Haltungen innerhalb der Öffentlichkeit. Die Zahl derer, die angaben, dass Ausländer in ihr jeweiliges Herkunftsland zurückkehren sollten, stieg im Laufe der Jahre von 1978 bis 1983 von 39 % auf 80 % an. 43 % der

Befragten gaben an, sich durch den hohen Ausländeranteil bedroht zu fühlen (vgl. Meinhard, Schulz-Kaempf, 2015, S. 68). Die Bundesregierung versuchte in dieser Zeit einen weiteren Zuzug zu begrenzen und die Rückkehrbereitschaft der Migranten zu fördern. So verabschiedete sie 1983/84 das Rückkehrförderungsgesetz, was für eine Reduzierung der Anzahl der in Deutschland lebenden Ausländer sorgen sollte. Diesen Personen wurden die Auszahlung der Rentenversicherungsbeiträge und eine Rückkehrhilfe von 10 500 DM für eine Rückkehr in die Heimatländer angeboten. Laut Meier-Braun nahmen 250 000 Menschen dieses Angebot an. Für diejenigen, die in Deutschland bleiben wollten, wurden jedoch keine zukunftsorientierten Schritte zur Integration ergriffen. Konkrete Maßnahmen, wie sie beispielsweise der Kühn-Plan des damaligen Ausländerbeauftragten der Regierung, Heinz Kühn, enthielt, blieben aus. Dieser forderte beispielsweise eine Anerkennung der faktisch stattfindenden Einwanderungsprozesse, eine intensive Förderung von ausländischen Kindern und Jugendlichen im Bildungsbereich bei gleichzeitiger Vermeidung von segregierenden Maßnahmen, wie der Einrichtung von Nationalklassen, sowie Erleichterungen bei Einbürgerungen und der Teilnahme an kommunalen Wahlen (vgl. Meinhard, 2003, S. 38). Doch die Regierung blieb dabei, dass Deutschland kein Einwanderungsland ist, weswegen Bade die 1980er-Jahre als ein „für die Gestaltung der Problembereiche von Migration und Integration historisch verlorenes Jahrzehnt" (zit. nach: ebenda) bezeichnet.

Gleichzeitig stiegen die Zuzugszahlen. Dieses Mal nicht durch gewollten und gesteuerten Zuzug, sondern durch Migration im Kontext von Asyl. 1980 überstieg die Zahl der Asylbewerber zum ersten Mal in der bundesdeutschen Geschichte 100 000 Personen. Ursächlich hierfür waren unter anderem Konflikte in der islamischen Welt – wie die islamische Revolution im Iran mit der Machtergreifung Ayatollah Khomeinis (1979), die Militärinterventionen der Sowjetunion in Afghanistan (1979–1989), der Bürgerkrieg und die folgende politische Instabilität im Libanon (1975–1990), dem verschärften Kurdenkonflikt in der Türkei Mitte der 1980er-Jahre oder dem infolge des Bürgerkriegs zerfallenden Jugoslawiens Anfang/Mitte der 1990er-Jahre. Somit stieg die Zahl der in Deutschland lebenden Muslime vor allem durch den Zuzug von Asylbewerbern weiter an.

Die Stimmung in Deutschland gegenüber Ausländern veränderte sich in dieser Zeit spürbar. Traurige Synonyme hierfür sind die rassistisch motivierten Pogrome von Hoyerswerda, Mölln, Solingen oder Rostock-Lichtenhagen, die sogar Menschenleben kosteten. Diese Ereignisse wurden von einer heftiger werdenden ausländerpolitischen Debatte flankiert, wobei sowohl bei den Übergriffen als auch im Rahmen der Debatte Muslime nicht im Fokus standen. Politiker aller Couleur wählten teils drastische Formulierungen bei der Beschreibung der Problemlage. Herbert nennt die Asyldebatte der 1990er Jahre „eine der schärfsten, polemischsten und folgenreichsten Auseinandersetzungen der deutschen Nachkriegsgeschichte" (Herbert, 2001). So wurden auch fast zwangsläufig Asylregelungen verschärft. Sinnbildlich dafür steht der sogenannte Asylkompromiss, der 1993 aufgrund einer Vereinbarung von CDU/CSU, FDP und SPD im Bundestag

beschlossen wurde. Hier wurde nach Änderung des Artikels 16 des Grundgesetzes der Zugang zu politischem Asyl in Deutschland stark eingeschränkt. Fortan hieß es bzw. heißt es bis zum heutigen Datum: „(1) Politisch Verfolgte genießen Asylrecht. (2) Auf Absatz 1 kann sich nicht berufen, wer aus einem Mitgliedstaat der Europäischen Gemeinschaften oder aus einem anderen Drittstaat einreist (...). (3) Durch Gesetz, das der Zustimmung des Bundesrates bedarf, können Staaten bestimmt werden, bei denen auf Grund der Rechtslage, der Rechtsanwendung und der allgemeinen politischen Verhältnisse gewährleistet erscheint, daß dort weder politische Verfolgung noch unmenschliche oder erniedrigende Bestrafung oder Behandlung stattfindet. Es wird vermutet, daß ein Ausländer aus einem solchen Staat nicht verfolgt wird, solange er nicht Tatsachen vorträgt, die die Annahme begründen, daß er entgegen dieser Vermutung politisch verfolgt wird."
Die politischen Maßnahmen zeigten Wirkung. Die Asylantragszahlen sanken kontinuierlich und erreichten mit rund 28 000 einen Tiefstwert im Jahre 2008. Die Frage nach Integration der in Deutschland lebenden Muslime rückte in den Mittelpunkt der Debatte, jedoch hatte die Frage der Zuwanderung in den 2000er-Jahren mitnichten das Potenzial zur gesamtgesellschaftlichen Polarisierung – bis 2015!

2.4.5 Die „Flüchtlingskrise" 2015

Kein anderes politisches Thema in diesem Jahrtausend hat unsere Gesellschaft derart durchdrungen, wie die Zuwanderung im Rahmen der als „Flüchtlingskrise" bezeichneten Migrationsbewegung von Millionen Menschen aus verschiedenen Teilen der Welt, vornehmlich aus dem islamischen Raum. Dieser ist seit Längerem einer der großen internationalen Konfliktherde. Auch wenn die Gründe dafür vielfältig sind und jeweils Stoff für eigene Abhandlungen bieten, verdeutlicht eine schlichte Aufzählung einiger Konflikte, wie schwierig die Lage ist: Der scheinbar endlose Bürgerkrieg in Somalia, die Vormachtstellung der Taliban und der sogenannte Krieg gegen den Terror in Afghanistan, der Irak-Krieg, der Arabische Frühling, welcher einen Sturz der Regierungen in Tunesien, Ägypten und Libyen mit sich brachte, die Aggression djihadistischer Gruppen in Westafrika wie zum Beispiel Boko Haram in Nigeria, dazu der Israel-Palästina-Konflikt, die Feindschaft zwischen Iran und Saudi-Arabien sowie die Kriege im Jemen und in Syrien. Hinzu kommen weitere lokale Spannungen zwischen verschiedenen Bevölkerungs- und Religionsgruppen, die mitunter in kämpferischen Auseinandersetzungen oder Selbstmordanschlägen münden.
Und es sind nicht allein die gewaltsamen Konflikte, die islamische Länder belasten. In vielen dieser Länder herrscht eine hohe Jugendarbeitslosigkeit bei einem gleichzeitigem Jugendüberhang, einem überproportional hohen Anteil von jungen Menschen an der Gesamtbevölkerung. Jeder dritte Araber ist unter 23. Es gibt Berechnungen, dass die arabische Welt in den nächsten 20 Jahren etwa 50 Millionen Jobs braucht (Mudhoon, 2017), um eine Massenarbeitslosigkeit zu

vermeiden und den jungen Menschen eine Perspektive zu bieten. Auch sind die meisten muslimischen Länder keine rechtsstaatlich verfassten Demokratien. Gleichberechtigung und Minderheitenschutz sind in nahezu keinem islamischen Land der Standard. Die deutsche Gesellschaft ist spätestens seit 2015 von diesen Problemen nicht mehr isoliert. Deren Folgen zeigen sich in Form von Menschen aus diesen Ländern, die ihre Heimat verlassen haben, um in Deutschland Asyl zu begehren.

Nachdem die Zahlen der Asylsuchenden bereits in den Jahren zuvor langsam, aber stetig anstiegen, setzte im Sommer 2015 eine Ausnahmesituation ein. Tausende Menschen versuchten über die sogenannte Balkan-Route oder über das Mittelmeer nach Mitteleuropa zu kommen. Dabei entstanden dramatische Bilder: Trecks, die karawanenartig nordwärts zogen, überfüllte Boote, die nicht im Geringsten seetauglich schienen, junge Männer, die sich Schlachten mit Grenzpolizisten lieferten und wütend versuchten, Grenzzäune einzureißen oder von den Strapazen gezeichnete Menschen, die auf dem Weg nach Mitteleuropa irgendwo in Osteuropa festsaßen oder auf Autobahnen irrlichterten. Es waren wohl vor allem die zuletzt genannten Bilder, die Bundeskanzlerin Angela Merkel am 4. September 2015 dazu bewogen, ohne Konsultation des Deutschen Bundestages und ohne parlamentarische Debatte, Flüchtlinge aus Ungarn ohne Prüfung des Asylanspruchs und ohne Registrierung in die Bundesrepublik einreisen zu lassen und keine Rückweisungen vorzunehmen. Jeder, der es wollte, konnte einreisen – auch ohne gültige Ausweispapiere (vgl. hierzu: Alexander, 2017). In der Folge stiegen die Asylantragszahlen rasant an. Stellten im 1. Quartal 2015 gut 83 000 Menschen einen entsprechenden Antrag, waren es im Quartal der Grenzöffnung Oktober bis Dezember 2015 160 800 (BaMF, 2016).

Die Gesellschaft reagierte zunächst offen, engagiert und teils mit viel Pathos. Willkommenskultur wurde die Überschrift für diesen Spätsommer. Der politische Slogan *refugees welcome* wurde zu einem trendigen Bekenntnis und zierte Pullover, Turnbeutel und Trikots von Bundesligavereinen. „Die Welt sieht Deutschland als ein Land der Hoffnung und der Chancen" (zit. nach: sueddeutsche.de, 2015) erklärte die Bundeskanzlerin und der Kölner Kardinal Woelki stimmte ein: „Deutschland leuchtet in diesen Wochen und macht Europa hell." (zit. nach: Welt Online, 2015) Der Spiegel bildete Angela Merkel als Mutter Teresa ab, und die Grüne Katrin Göring-Eckardt verkündete im Bundestag: „Wir sind plötzlich Weltmeister der Hilfsbereitschaft und Menschenliebe!" und sah den „Geburtstag eines neuen Deutschlands." (zit. nach: Deutscher Bundestag, 2015) Sprach man im Rahmen der Arbeitsmigration von einer Gastarbeitereuphorie, kann man hier von einer zeitweiligen Flüchtlingseuphorie sprechen. An Bahnhöfen sammelten sich Menschen, um die ankommenden Flüchtlinge mit Applaus, Lebensmitteln und Stofftieren willkommen zu heißen. Hilfsinitiativen bildeten sich vielerorts und erbrachten landauf, landab große Anstrengungen, um den Geflüchteten das Ankommen zu erleichtern. Zahlreiche Akteure aus Politik und Wirtschaft erklärten, dass Flüchtlinge – vornehmlich waren es junge Männer – dazu beitragen könnten, den

Fachkräftemangel und das durch eine alternde Bevölkerung bedingte Problem der demographischen Entwicklung zu beheben. Stellvertretend für diese Haltung steht die Äußerung von Daimler-Chef Dieter Zetsche, der meinte, der Zuzug kann im besten Fall „auch eine Grundlage für das nächste deutsche Wirtschaftswunder werden" (zit. nach: faz.net, 2015).

Doch diese positive Haltung war fragil. Während sie sich erst gar nicht auf andere europäische Staaten übertrug, ebbte sie in Deutschland schnell ab. In Europa weigerten sich viele Staaten, Flüchtlinge in größerem Umfang aufzunehmen. Deren Staatschefs verwiesen auf die einseitige Aussetzung europäischer Regelungen (Dublin-Abkommen) durch Angela Merkel. Der ungarische Ministerpräsident Viktor Orbán äußerte hierzu, die Flüchtlingskrise sei „kein europäisches, sondern ein deutsches Problem" (zit. nach: faz.net, 2015, 2). Eine Verteilung der Geflüchteten auf ganz Europa nach einer Quote scheiterte an der nicht vorhandenen Aufnahmebereitschaft zahlreicher europäischer Staaten. Die Flüchtlingsfrage hatte und hat nach wie vor das Potenzial die europäische Staatengemeinschaft zu spalten.

Auch in Deutschland änderte sich die Stimmung. Möglicherweise waren die massiven sexuellen Übergriffe von Köln in der Silvesternacht 2015 oder die durch Flüchtlinge verübten Anschläge von Paris, Würzburg, Ansbach oder vom Berliner Weihnachtsmarkt entscheidende Gründe dafür. Die Regierung versuchte mit verschiedenen Maßnahmen (Asylpaket I & II, Türkei-Deal, sichere Herkunftsländer) die Migration nachträglich zu regulieren, jedoch ohne die Landesgrenzen zu schließen. Die Partei „Alternative für Deutschland", die auf dem Weg in die politische Versenkung schien, machte die Zuwanderung zu ihrem Hauptthema und gewann enorm an Zustimmung. In der Folge zog sie in alle 16 Länderparlamente und in den Bundestag ein.

Doch das Flüchtlingsthema sorgte nicht nur auf politischer Ebene für hitzige Debatten. Wer einen entspannten Abend mit der Familie oder Freunden verleben wollte, war gut beraten, es zu meiden. Tischgesellschaften entzweiten sich, Feiern endeten in erregten Diskussionen. Kritiker der Flüchtlingspolitik fürchteten, sich in der rechten Ecke wiederzufinden. Befürworter erregten sich ob der Kaltherzigkeit ihrer Mitmenschen. Vieles entlud sich daraufhin im Internet. Dabei wirkt es so, dass die deutsche Gesellschaft die Fähigkeit zur differenzierten Debatte verloren hat: Gutmensch–Menschenfeind, strahlendes Deutschland–Dunkeldeutschland, schwarz–weiß – das scheinen die Fronten zu sein. Grautöne oder eine Betonung des Sowohl-als-auch findet man viel zu selten.

Im Zuwanderungsprozess von Muslimen nach Deutschland ist die Flüchtlingskrise eine besondere Wegmarke. Bis dato kamen Menschen aus der kemalistischen Türkei, wo Atatürk den Einfluss des Islam zurückzudrängen versucht hatte, aus dem auf dem europäischen Kontinent liegenden Jugoslawien oder den ehemaligen französischen Kolonien Marokko und Tunesien. Eine geographisch-kulturelle Nähe zu Europa war gegeben. Im Rahmen der Flüchtlingskrise kamen nun Menschen aus Syrien, Irak, Iran, Afghanistan, Pakistan oder Somalia. Es ist meines Erachtens plausibel zu erwarten, dass diese – in der Mehrheit, nicht im Einzelnen

– ein konservativeres Islamverständnis und differente kulturelle Muster mitbringen. Durch Erziehung und Sozialisation erworbene Prägungen werden nicht mit übertreten einer Landesgrenze abgelegt oder durch einen Integrationskurs neu programmiert. Was das für unsere Gesellschaft konkret bedeutet, wird die Zukunft zeigen. Ich gehe davon aus, dass die Frage nach der Gestaltung des Zusammenlebens von Nicht-Muslimen und Muslimen zukünftig noch viel mehr an Bedeutung gewinnen wird, als das jetzt bereits der Fall ist. Der Prozess der Integration der Flüchtlinge wird vermutlich langwierig. Was an dessen Ende stehen soll, also was Integration genau ist und welche Rolle Bildungseinrichtungen in diesem Zusammenhang spielen, wird im nächsten Kapitel geklärt.

Denkimpulse

1. Denken Sie an die eingangs beschriebene Schulklasse. Die Kinder heißen Lamar, Enes, Nour, Muhammet-Musab, Omar, Emely, Halide, Hilal, Fabian, Sude, Devin, Julia, Lewen, Jannik, Mazen, Marcel, Kardelen, Ashley, Yad, Medine und Juliano. Wie stellen Sie sich das Unterrichten in dieser Klasse vor?
2. Stellen Sie sich vor, das ist die Klasse einer Internationalen Schule. Die meisten Eltern arbeiten als Ingenieure in der Industrie oder als Ärzte. Haben Sie sich die Klasse beim vorigen Denkimpuls so vorgestellt? Oder sind Sie überrascht? Wenn ja, warum?
3. Max Frisch schrieb 1965: „Wir riefen Arbeitskräfte, und es kamen Menschen." Vermuten Sie, was Frisch damit meinte.
4. Versuchen Sie, das oben genannte Zitat und Ihre Interpretation auf gegenwärtig stattfindende Migrationsbewegungen zu übertragen.
5. Benennen Sie die Stellen im Migrationsprozess in den Jahren der Anwerbung von Arbeitsmigranten, die die Integration erschwert haben. Beschreiben Sie dabei die einzelnen politischen Maßnahmen und die besondere Rolle der beidseitigen Rückkehrerwartung.
6. Befragen Sie Zeitzeugen, die die Anwerbung von Arbeitsmigranten miterlebt haben, wie sich das Zusammenleben seinerzeit gestaltete. Gab es viele Alltagskontakte? Wenn nein, warum nicht? Wenn ja, wie liefen diese ab und intensiv waren Sie? Entstanden Freundschaften oder Beziehungen? Wie war grundlegend die Wahrnehmung der jeweils anderen Gruppe?

3 Integration – was man darunter verstehen kann und was Schule damit zu tun hat

Es war im ersten Jahrzehnt dieses Jahrtausends, als die Frage der Integration von Zuwanderern und ihren Nachkommen in den Mittelpunkt der politischen Debatte rückte. Mehr als drei Jahrzehnte lautete die große Frage der Migrationspolitik allenfalls *ob* Deutschland ein Einwanderungsland ist und *ob* es ein Zusammenleben mit Ausländern in der Bundesrepublik gibt. Mit Beginn der 2000er-Jahre wurde dann diskutiert, *wie* es ein Zusammenleben mit Ausländern in Deutschland geben kann beziehungsweise wie dieses aussehen soll. Zwischen diesen unterschiedlichen Fragestellungen liegt die Erkenntnis, dass ein „unumkehrbarer Zuwanderungsprozess" – so formuliert 1998 in der rot-grünen Koalitionsvereinbarung (SPD, Bündnis 90/Die Grünen, 1998) – stattgefunden hat. Doch gerade die Frage nach dem *Wie* erfordert den Blick auf schwerwiegende Probleme, die sich aus dem Zuzug von Menschen aus anderen Ländern, primär aus dem islamischen Kulturraum, ergeben haben. Themen wie Parallelgesellschaften, Ehrenmorde, Zwangsheirat, andersartige Wertvorstellungen, islamischer Fundamentalismus und damit einhergehend auch Terrorismus sind nach wie vor eine Herausforderung für Politik und Gesellschaft. Dieser Umstand verleitet renommierte Publizisten wie Seyran Ateş, Bassam Tibi oder Samuel Huntington von einem Multikulti-Irrtum (Ateş, 2007), einer bereits gescheiterten islamischen Zuwanderung (Tibi, 2002) oder – wie Huntington (2002) – gar von einem Kampf der Kulturen zu sprechen.

Verstärkt durch die Zuwanderung im Rahmen der Flüchtlingskrise hat diese Debatte großen Auftrieb bekommen und ist aktueller denn je. Der Begriff Integration wird in diesem Zusammenhang viel zitiert. Fast keine politische Rede zum Thema Migration kommt ohne ihn aus. Unzählige Programme und Maßnahmen haben zum Ziel, Menschen zu integrieren. Es gibt Integrationsgipfel, Integrationsminister, Integrationsbeauftragte, Integrationspläne, Integrationskurse, Integrationslotsen und vieles mehr mit Integration. Sogar der Begriff Integrationspflicht kursierte zeitweilig. Doch was genau ist unter Integration zu verstehen? Wer muss eigentlich wohinein integriert werden und ab wann ist jemand integriert? In diesem Kapitel soll der Begriff geschärft werden. Zudem wird aufgezeigt, welche Ebenen der sozialen Integration im Wirkungsbereich von Lehrkräften liegen.

3.1 Integration – Versuch einer Begriffsklärung

> **Denkimpulse**
>
> 1. Bevor im folgenden Text der Begriff Integration geschärft werden soll, wäre es vielleicht aufschlussreich zu wissen, was Sie unter Integration verstehen. Entwickeln Sie eine Definition des Begriffs. Beschreiben Sie, ab wann eine Person als integriert gilt.
> 2. Gleichen Sie Ihre Definition mit den folgend aufgeführten Definitionen ab. Treffen diese Definitionen das, was Sie unter Integration verstehen? Gibt es Überschneidungen oder Abweichungen?

Die Nennung des Begriffs Integration führt immer wieder zu Kontroversen. Eine Ursache dafür ist, dass man hier im Spannungsfeld von Zuwanderung und folglich von gesellschaftlich-kultureller Hierarchie, Fremdzuschreibungen und der Betrachtung von Personen als „Andere" operiert. In unserer Gesellschaft, mit ihrer ausgeprägten Sensitivität gegenüber Diskriminierung und Rassismus, bewegt man sich bei Diskussionen auf sensiblem Terrain.

Kritiker, die den Begriff Integration und alles was damit zusammenhängt, grundlegend ablehnen, argumentieren zudem, dass es vollkommen unklar sei, in was sich Zuwanderer überhaupt integrieren sollen. Schließlich gäbe es keine klar definierte und homogene Nationalgesellschaft. Eine deutsche Leitkultur sei nicht erkennbar und schon gar nicht wünschenswert. Viel eher müsse die Gesellschaft zu einer selbstverständlichen Anerkennung von Differenz und pluralen Lebensmodellen kommen. Eine moderne Migrationsgesellschaft zeichne sich durch Transkulturalität aus, weswegen die Erwartung von Integration im Sinne einer Teilhabe an der vermeintlichen Mehrheitskultur ins Leere greife.

Aufgrund der Vielfalt der Positionen ist es meines Erachtens schwer, eine einheitliche, gemeinhin anerkannte Definition von Integration anzubieten. Ich denke jedoch, dass mit dem folgenden Abschnitt eine Annäherung an den Begriff gelingt.

> **Integration**
>
> Das Wort ist entlehnt vom lateinischen Verb *integrare*, was mit wiederherstellen, ergänzen, auffrischen oder erneuern übersetzt werden kann. Grundlegend erfährt Integration eine Verwendung in verschiedensten Lebensbereichen, wie zum Beispiel in der Politik (europäische I., regionale I.), der Wirtschaft (wirtschaftliche I., horizontale I., laterale I.), der Mathematik (stochastische I.) oder der Informationstechnologie (Informations-I., Software-I.). Für unser Thema empfiehlt sich der Blick auf die Begriffsdeutung auf soziologischer und sozialpolitischer Ebene:

3 Integration – was man darunter verstehen kann

> „Integration ist eine politisch-soziologische Bezeichnung für die gesellschaftliche und politische Eingliederung von Personen oder Bevölkerungsgruppen, die sich bspw. durch ihre ethnische Zugehörigkeit, Religion, Sprache etc. unterscheiden."
>
> Schubert, Klein, 2011

> „Integration ist ein langfristiger Prozess. Sein Ziel ist es, alle Menschen, die dauerhaft und rechtmäßig in Deutschland leben, in die Gesellschaft einzubeziehen. Zugewanderten soll eine umfassende und gleichberechtigte Teilhabe in allen gesellschaftlichen Bereichen ermöglicht werden. Sie stehen dafür in der Pflicht, Deutsch zu lernen sowie die Verfassung und die Gesetze zu kennen, zu respektieren und zu befolgen."
>
> Bundesamt für Migration und Flüchtlinge, 2018

> „Der Prozess der Integration von Menschen mit einem Migrationshintergrund besteht aus Annäherung, gegenseitiger Auseinandersetzung, Kommunikation, Finden von Gemeinsamkeiten, Feststellen von Unterschieden und der Übernahme gemeinschaftlicher Verantwortung zwischen Zugewanderten und der anwesenden Mehrheitsbevölkerung. Im Gegensatz zur Assimilation (völlige Anpassung), verlangt Integration nicht die Aufgabe der eigenen kulturellen Identität."
>
> Wikipedia, 2018

Die erstgenannte Definition gibt grundlegend die Denkrichtung vor: Personen anderer Herkunft und mit von der Mehrheitsgesellschaft abweichenden Merkmalen sollen gesellschaftlich und politisch eingegliedert werden. So weit, so grob. Die folgenden Definitionen konkretisieren diesen Prozess. Das Bundesamt für Migration und Flüchtlinge spricht ebenfalls von einem Einbezug in die Gesellschaft und betont dabei die Wechselseitigkeit des Integrationsprozesses. Einerseits soll die Aufnahmegesellschaft eine umfassende und gleichberechtigte Teilhabe am gesellschaftlichen Leben ermöglichen. Dafür stehen die Zugewanderten in der Pflicht, die Sprache zu lernen und die Gesetze zu befolgen. Hier wird ein weiter verbreitetes Begriffsverständnis erkennbar: Integration fordert und verpflichtet beide Seiten. Sie ist keine einseitige Leistung, sondern bedeutet, dass Mehrheitsgesellschaft und Zugewanderte gefordert sind. Der Definition ist der Hinweis vorangestellt, dass es sich dabei um einen langfristigen Prozess handelt. Bis einerseits Barrieren abgebaut sind und sich staatlich-gesellschaftliche Strukturen auf die Migrationssituation eingestellt haben, und andererseits Migranten die Sprache gelernt haben und in der Lage und willens sind, am gesellschaftlichen Leben vollumfänglich teilzuhaben, braucht es Zeit und Geduld.

3.1 Integration – Versuch einer Begriffsklärung

Im Wikipedia-Artikel zu „Integration nach Migration" sind konkrete Prozesse, die zur Integration führen, aufgelistet. Verdeutlicht man sich den Ablauf eines jeden einzelnen Prozesses, kann man erahnen, dass Integration nach dieser Definition nicht kurzfristig und wohl auch nicht mittelfristig gelingt. Ein Forum zu schaffen, in dem man sich annähert, dann vertieft miteinander auseinandersetzt, dabei eine Sprache und eine Gesprächsebene findet, in der man auch Probleme erörtern kann, um letztlich Lösungsmöglichkeiten zu entwickeln und diese dann über das Forum, in dem sie erörtert wurden, hinaus zu kommunizieren und dann gesamtgesellschaftlich anzuwenden braucht es viel Zeit, Geduld, Einsatz und wohl auch Geld. Integration in einer politischen Ansprache zu fordern ist also leicht, die Umsetzung ist hingegen langwierig und komplex.

Ein Aspekt, der meines Erachtens bei der Integration entscheidende Bedeutung hat, ist die Frage von Werten. Anzustreben, dass Zugewanderte ihre Herkunftskultur aufgeben und sich völlig an die Kultur der Aufnahmegesellschaft anpassen (Assimilation) ist illusorisch. Allerdings ist von Zuwanderern in den Bereichen, wo die kulturelle Prägung Wertebilder, Gewohnheiten oder Bräuche beinhaltet, die der Kultur der Aufnahmegesellschaft entgegenstehen, eine völlige Anpassung der Migranten zu verlangen. In Bezug auf Deutschland heißt das, dass wir hinter hart erkämpfte Errungenschaften unserer Gesellschaft, wie die Gleichberechtigung der Frau oder das kritische Bewusstsein gegenüber Antisemitismus, keinen Schritt zurück machen dürfen. Ebenso unvereinbar mit unserer Rechts- und Werteordnung sind Ehrenmorde, Polygamie oder die Verheiratung von Minderjährigen. Diese Phänomene konnte man in der jüngsten Vergangenheit im Zusammenhang mit Zuwanderung beobachten. Auch wenn diese Punkte Teile einer Herkunftskultur oder der kulturellen Identität sein sollten, muss dem entschieden entgegengetreten werden. Die Mehrheitsgesellschaft und all ihre Mitglieder müssen deutlich machen, dass diese Wert- und Verhaltensmuster in Deutschland keinen Platz haben.

Schule ist der Kristallisationspunkt der Gesellschaft. Was Kinder und Jugendliche im Alltag erfahren, wird auch im Klassenzimmer sichtbar. So sollten Lehrkräfte die Werte unserer Gesellschaft entschieden verteidigen, wenn diese in Frage gestellt werden. Schule ist die einzige staatliche Instanz, die Einfluss auf die Wertebildung von Kindern und Jugendlichen nehmen kann. Darum kann die Rolle von Schule im Integrationsprozess gar nicht hoch genug bewertet werden – auch wenn es den Lehrkräften viel abverlangt. Denn die Vermittlung von Werten ist nicht die einzige Aufgabe von Schule bei der Integration, wie der folgende Abschnitt zeigt.

3.2 Wo Schule bei der Integration konkret eine Rolle spielt – die vier Ebenen der Sozialintegration

In ihrer sehr interessanten und anschaulichen Publikation „Muslimische Kinder und Jugendliche in Deutschland. Lebenswelten, Denkmuster, Herausforderungen" stellen die Soziologen Aladin El-Mafaalani und Ahmet Toprak ihre vier Ebenen der Sozialintegration ausführlich dar. Nach ihnen hat Integration eine kulturelle, eine strukturelle, eine soziale und eine emotionale Komponente.

	kulturelle Integration	strukturelle Integration	soziale Integration	emotionale Integration
was	soziale Werte und Sprache	Qualifikation und Erwerbsarbeit	soziale Kontakte	Identifikation
wo	*Familie und Bildungsinstitutionen*	*Arbeitsmarkt und Bildungssystem*	*soziales Umfeld, Wohnort, Peers etc.*	*subjektive/individuelle Prozesse*

Darstellung nach El-Mafaalani & Toprak (2011, S. 37), Ergänzungen BF

In der oberen Zeile sind die Parameter der einzelnen Integrationsebene dargestellt. „Was soll erlangt werden?" lautet die Frage. Eine hohe Ausprägung dieser Faktoren begünstigt und führt letztendlich zur Integration. In der unteren Zeile finden sich die Institutionen, die am ehesten Einfluss auf die jeweiligen Parameter haben. Hier lautet die Frage: „Wo können diese erlangt werden?"
Vergegenwärtigt man sich, welche Felder im Einflussbereich von Schule liegen, ist festzustellen, dass sie auf nahezu allen Ebenen beteiligt ist. In ihrer Funktion als Sozialisations- und Bildungsinstanz spielt sie zuvorderst bei der kulturellen Integration eine Rolle. Neben den Familien obliegt es vor allem Schulen, einerseits soziale Werte und andererseits eine Sprachfähigkeit zu vermitteln, die eine Teilhabe am gesellschaftlichen und am Erwerbsleben ermöglicht. Ohne die Möglichkeit, Gesprochenes zu verstehen und sich sprachlich verständlich äußern zu können, sind die sozialen Kontakte eingeschränkt und meist nur auf Personen mit der gleichen Herkunftssprache beschränkt. Zudem ist ein Eintritt in eine qualifizierte berufliche Position schwierig.
Nicht weniger bedeutsam ist daher die Rolle von Schule bei der strukturellen Integration. El-Mafaalani und Toprak schreiben hierzu: „Erwerbsarbeit ist zweifelsfrei eine der wichtigsten Dimensionen im Lebenslauf eines Menschen. Nur über einen Arbeitsplatz kann gewährleistet werden, dass ein Mensch über ökonomisches Kapital verfügt, welches den materiellen Ausgangspunkt für Flexibilität und Selbstbestimmtheit darstellt. Ein Arbeitsplatz kann als Grundlage für Einkommen entsprechend auch als notwendigster Aspekt der Sozialintegration verstanden werden. Zudem kann Erwerbsarbeit auch sinnstiftend wirken und einer Person einen sozialen Status verleihen." (ebenda, S. 25) Integration auf dem Arbeitsmarkt erfolgt primär über Bildungsabschlüsse und ein gutes Qualifikationsniveau.

Um überhaupt auf dem Ausbildungs- und Arbeitsmarkt Fuß fassen zu können, sind die formal bescheinigten und tatsächlichen Qualifikationen entscheidend. Diese werden in der Schule erworben und mit Zeugnissen beglaubigt. Schafft Schule es nicht, junge Menschen mit Migrationshintergrund ausreichend zu qualifizieren, sodass sie am Erwerbsleben teilhaben können, erschwert das den Prozess der Integration erheblich.

Bei der sozialen Integration ist Schule stärker beteiligt, als es zunächst den Anschein hat. Zwar haben Lehrkräfte keinen Einfluss darauf, wo die jungen Menschen wohnen und wie ihr soziales Umfeld strukturiert ist; wenn es jedoch gelänge, durch bestimmte Maßnahmen ein vom sozialen und ethnischen Hintergrund unabhängiges Miteinander zu schaffen, wäre das ein großartiger Beitrag zur sozialen Integration. Dies ließe sich beispielsweise durch Gemeinschaftserfahrungen (gemeinsame Unterrichtsgänge, Tagesausflüge, gemeinsame Frühstücke oder Mittagessen, Klassenfahrten) oder noch gezielter durch soziale Lernspiele (bspw. Heimliche Helfer, Warme Dusche, Ich schenke dir eine gute Tat, Vertrauensübungen) anbahnen. In Kapitel 8.5 plädiere ich für ein Aufbrechen des Wir-Die-Narrativs und die Schaffung eines gemeinsamen, alle umfassenden „Wir". Es sollte angestrebt werden, in der Schule, oder zumindest im Klassenraum, eine Kultur der Anerkennung zu schaffen, in der sich jeder Schüler einem großen Ganzen, also jenem Wir, zugehörig fühlt.

Die emotionale Integration findet durch individuelle Prozesse statt. Das Individuum selbst muss Identifikation mit dem Land und der Gesellschaft, in der es lebt, entwickeln. Eine wesentliche Voraussetzung dafür ist, dass die Integration auf den anderen Ebenen, an denen Schule unmittelbarer beteiligt ist, gut funktioniert hat. Es ist naheliegend, dass sich jemand mit gutem Bildungsstand, sehr guter Sprachfähigkeit, einem guten Arbeitsplatz – oder der Perspektive darauf – und ausgeprägten sozialen Beziehungen zu Deutschen eher mit Deutschland identifizieren kann, als jemand, der in einer prekären sozialen Situation lebt und keine Kontakte zur Mehrheitsgesellschaft pflegt.

Um auf der Ebene der emotionalen Integration einen Beitrag zu leisten, können Lehrkräfte mit Schülern über Vorzüge und Möglichkeiten des Lebens in Deutschland sprechen. Wann immer ich mit Schülern darüber gesprochen habe, war zwar einerseits eine große emotionale Verbundenheit mit dem Herkunftsland (der Eltern) und eine eher geringe Identifikation mit Deutschland spürbar, andererseits haben die Schüler immer wieder zugestanden, dass sie hier ein größeres Maß an Chancen (Arbeitsmarkt), Sicherheit (Absicherung im Fall von Arbeitslosigkeit, geringe Kriminalität, ärztliche Versorgung), Wohlstand (hohes Lebensniveau) und Freiheit (individuelle Selbstverwirklichung) haben. Möglicherweise sind solche Gespräche ein Beitrag dazu, dass Schüler die Wertschätzung für das Land, in dem sie leben, weiter ausprägen.

Es wird deutlich, dass Schule, und letztlich Sie als Lehrkraft, auf allen Ebenen der Integration gewichtig Anteil nehmen kann. Schule sollte sich bewusst als Integrationsinstanz verstehen. Mir ist bewusst, dass das anspruchsvoll ist und anstrengend werden kann. Zumal auch auf der Schülerseite die Bereitschaft zur Integration bestehen muss. Bedenkt man jedoch die Alternative, würde Schule also nicht aktiv versuchen, den Integrationsprozess zu fördern und so die Etablierung von ethnisch-religiös homogenen Parallelgesellschaften in Deutschland zu vermeiden, wer würde oder könnte es sonst tun?

Was weiß man empirisch über Migration und Islam in Deutschland? Sechs wissens- und bedenkenswerte Erkenntnisse zur Thematik

Immer wieder kommt es vor, dass ein persönlicher Eindruck den tatsächlichen, empirisch belegbaren Verhältnissen gegenübersteht. In diesem Zusammenhang haben in den letzten Jahren Begriffe wie *alternative Fakten*, *gefühlte Realität* oder *postfaktisch* fulminant Karriere gemacht – ersteres ist Unwort des Jahres 2017, letzteres ist Wort des Jahres 2016 geworden. Ich beobachte auch ab und an, dass die subjektive Wahrnehmung meinen Studenten oder Fortbildungsteilnehmern einen Streich spielt und sie beispielsweise die Zahl der in Deutschland lebenden Muslime mitunter fünffach so hoch einschätzen, wie sie tatsächlich ist (die korrekte Zahl erfahren Sie in Kapitel 5). Doch gerade beim Themenbereich Zuwanderung und Islam ist das heikel, setzt man sich so doch schnell dem Vorwurf von Pauschalisierungen und Vorurteilen aus. Es empfiehlt sich also, einen Blick auf gesicherte Erkenntnisse zu werfen, wenn man sich mit diesem Thema auseinandersetzt.

Es gibt einige Studien, die Aufschluss über Fragen zu Migration und Islam in Deutschland und Europa geben. Aus diesen Studien stelle ich im folgenden Abschnitt wissens- und bedenkenswerte Erkenntnisse dar. Ich möchte anmerken, dass ich hier bewusst einen problemorientierten Blick pflege. Ich halte es für geboten und am konstruktivsten, dass man auf die Stellen schaut, an denen es kritisch ist und Handlungsbedarf besteht. Ignoriert man Probleme im Sinne politischer Korrektheit oder aufgrund von Scheu vor der Auseinandersetzung, die sicherlich nicht einfach sein wird, wird man in der Zukunft umso mehr von diesen eingeholt.

Menschen mit Migrationshintergrund haben eine signifikante Schlechterstellung in nahezu allen wichtigen Lebensbereichen
Einen bemerkenswerten Überblick über die Situation von Menschen mit Migrationshintergrund (aufgrund besserer Lesbarkeit fortan mit m. Mh. abgekürzt) geben die Integrationsindikatorenberichte der Bundesregierung, in denen der Stand und Verlauf der Integration von Zuwanderern anhand von über 100 Indikatoren gemessen wird. Hier liegt der Fokus unabhängig von der Religion auf allen Zuwanderern in Deutschland und ihren Nachkommen. In zentralen gesellschaftlichen Lebensbereichen – wie beispielsweise Schulbildung, Ausbildung oder Arbeitsmarkt – wurden die ermittelten Werte der Personen mit und ohne Migrationshintergrund (folgend o. Mh.) verglichen. Ziel ist es, zu überprüfen, ob Menschen m. Mh. die gleichen Teilhabechancen haben wie die restliche Bevölkerung.

Die Ergebnisse des 1. Berichts von 2009 erscheinen sehr problematisch. Für Menschen m. Mh. wurden in nahezu allen relevanten Bereichen doppelt so schlechte Werte gemessen wie bei der Bevölkerung o. Mh. (vgl. Die Beauftragte der Bundesregierung für Migration, Flüchtlinge und Integration, 2009). Im 2. Integrationsindikatorenbericht von 2011 finden sich verbesserte Werte, allerdings ist noch immer eine deutliche Schlechterstellung der Personen m. Mh. festzustellen (vgl. Die Beauftragte der Bundesregierung für Migration, Flüchtlinge und Integration, 2012).

Im Bereich Schule/Bildung ließ sich im Vergleich zum ersten Bericht zwar eine positive Entwicklung feststellen, trotzdem war der Anteil von Jugendlichen m. Mh. ohne Schulabschluss mit 7,3 % mehr als doppelt so hoch wie bei den Jugendlichen o. Mh. (2,9 %). Zudem erwerben Jugendliche m. Mh. auch seltener höhere Schulabschlüsse (14,1 % m. Mh. zu 33 % o. Mh.). Die Verfasser sprechen hier von einem Bildungsrückstand bei den benachteiligten Jugendlichen.

Im Bereich der formalen Ausbildung ist der Anteil von Personen m. Mh. ohne beruflichen Abschluss oder Hochschulabschluss mit 31,6 % mehr als doppelt so hoch wie in der Gesamtbevölkerung (14,9 %). Bei der Ausbildungsbeteiligungsquote, die den Anteil der 15- bis 25-Jährigen wiedergibt, die sich in einer Ausbildung befinden, lagen die Werte mit 13,1 % m. Mh. zu 16 % o. Mh nicht weit auseinander. Zusammenfassend heißt es im Bericht in Bezug auf Ausbildung jedoch: „Dennoch muss festgehalten werden, dass Personen mit Migrationshintergrund im gesamten Berichtszeitraum merklich häufiger weder einen beruflichen noch einen akademischen Abschluss haben." (ebd., S. 55)

Die Teilhabe am Erwerbsleben ermöglicht maßgeblich eine Teilhabe am sozialen Leben. Die Arbeitslosenquote und die Langzeitarbeitslosenquote, die einen Migrationshintergrund nicht erfassen, sondern zwischen ausländischen Personen und Deutschen unterscheiden, waren jeweils bei der ausländischen Bevölkerung m. Mh. doppelt so hoch wie bei der deutschen Bevölkerung (Arbeitslosenquote 15,8 % zu 7,7 %; Langzeitarbeitslosenquote 5 % zu 2,2 %).

Bei der Armutsrisikoquote, die den Anteil der Personen angibt, deren Nettoeinkommen unterhalb der Armutsrisikoschwelle liegt, die also von Armut bedroht sind, zeigen sich ebenfalls deutliche Unterschiede: lag die Quote der Gesamtbevölkerung bei 14,5 %, wurden für Personen m. Mh. 26 % gemessen und bei ausländischer Bevölkerung sogar ein Wert von 31,7 %.

Auch für die Bereiche Wohnen (Vergleich der durchschnittlichen Quadratmeterzahl des Wohnraums), Gesundheit (hier altersbereinigt die Krankenquote) oder Kriminalität (Kriminalitätsquoten) wurden gut doppelt so schlechte Werte für Personen m. Mh. ermittelt.

Religion hat für Muslime eine hohe Relevanz für ihren Alltag
Der Kabarettist Volker Pispers sagte einst: „Muslime, das sind die Menschen, die ihre Religion ernst nehmen." (Pispers, o. J.) Satire, klar, aber trotzdem steckt ein wahrer Kern darin. Verschiedene Studien belegen, dass der Islam für Muslime

eine hohe Alltagsbedeutung besitzt. So gaben im Rahmen der Studie „Muslimisches Leben in Deutschland" des Bundesinnenministeriums und der Deutschen Islamkonferenz (BaMF, 2007) 36 % der befragten Muslime an, stark gläubig zu sein, und 50 % eher gläubig zu sein.

Einen ähnlichen Wert brachte die Studie „Integration und Religion aus der Sicht von Türkeistämmigen in Deutschland" der Universität Münster (Pollack, 2016, S. 12) hervor. Hier gaben 67 % der Befragten an, dass sie sich als tief religiös oder sehr religiös beschreiben würden. Die Angehörigen der zweiten und dritten Generation, also die Kinder und Enkelkinder der ersten Generation der zugewanderten Türken – letztlich jene, mit denen Lehrkräfte es auf Schüler- oder Elternseite zu tun haben –, gaben sogar zu 72 % an, dass sie sich als tief religiös oder sehr religiös sehen. Diese tief empfundene Religiosität zeigt sich nicht immer durch entsprechende glaubenspraktische Handlungen, wie beispielsweise im regelmäßigen Gebet oder im Moscheebesuch, jedoch besteht eine große emotionale Verbundenheit zum Islam.

Es gibt es hohes Empfinden von mangelnder Anerkennung und Diskriminierung

Die zuvor erwähnte Studie „Integration und Religion aus der Sicht von Türkeistämmigen in Deutschland" vom Exzellenzcluster „Religion und Politik" der Universität Münster hat türkeistämmige Personen zu den Themen Integration, Religiosität und Akzeptanz durch die deutsche Mehrheitsgesellschaft befragt (vgl. ebenda). Für die Fragestellung dieses Buches ist dies besonders interessant, da Menschen mit familiären Bezügen zur Türkei die größte Migrantengruppe in deutschen Schulen wie auch in der Gesellschaft ausmachen. (Statistisches Bundesamt, 2019)

Bei der Frage nach dem Empfinden von Anerkennung und Diskriminierung kamen beachtenswerte Ergebnisse heraus: Obwohl die Befragten zuvor mehrheitlich ihren Willen zur Integration erklärt haben (70 % Zustimmung zur Aussage: „Ich möchte mich ohne Abstriche in die deutsche Gesellschaft integrieren.") und 87 % eine sehr enge oder enge Verbundenheit mit Deutschland bekundet haben, beklagt mehr als die Hälfte ein Gefühl mangelnder Anerkennung und Diskriminierung. So erhielt die Aussage „Als Türkeistämmiger fühle ich mich als Bürger 2. Klasse" eine Zustimmung von 51 %, und die Aussage „Egal wie sehr ich mich anstrenge, ich werde nicht als Teil der deutschen Gesellschaft anerkannt" eine Zustimmung von 54 %. Knapp ein Viertel (24 %), fühlt sich aufgrund der Zugehörigkeit zur Gruppe der Türkeistämmigen diskriminiert.

Unabhängig davon, ob diese Personen tatsächlich diskriminiert werden oder sie diese Benachteiligung nur empfinden, sind diese Werte fatal. Es ist höchst bedenklich, dass sich Menschen, die hier leben, von denen viele hier geboren sind und die unsere Schulen durchlaufen haben, zu großer Anzahl ausgegrenzt fühlen. Die Verfasser der Studie schreiben hierzu: „So wichtig es ist, das Augenmerk in der Integrationspolitik weiterhin auf die strukturelle Ebene, vor allem das

Bildungssystem und den Arbeitsmarkt, zu richten: Für eine umfassende und nachhaltige Integration der Bevölkerungsgruppe der Türkeistämmigen, aber auch mit Blick auf den gesamtgesellschaftlichen Zusammenhalt, sind Veränderungen auf der Ebene der Wahrnehmung und Anerkennung mindestens ebenso notwendig." (ebenda, S. 20) Meines Erachtens ist es fatal, wenn Menschen, die hierzulande leben, die auch hiesige Schulen besucht haben, sich zu großen Teilen als Bürger zweiter Klasse und benachteiligt fühlen.

Dass jedoch auch die Gruppe der Zugewanderten ihre Einstellungen und ihr Verhalten zwingend reflektieren muss, zeigen die weiteren Erkenntnisse.

Es gibt eine bedenkenswerte Neigung zu Fundamentalismus und Demokratiedistanz unter Muslimen

Unter der Überschrift „Dogmatische und fundamentalistische Einstellungen weit verbreitet" schreiben die Verfasser der Studie „Integration und Religion aus der Sicht von Türkeistämmigen in Deutschland" der Universität Münster: „Der Anteil derjenigen, die Haltungen bekunden, die schwerlich als kompatibel mit den Grundprinzipien moderner „westlicher" Gesellschaften wie der deutschen bezeichnet werden können, ist unter den Türkeistämmigen teilweise beträchtlich." (ebenda, S. 14). So liegt beispielsweise die Zustimmung zu der Aussage „Die Befolgung der Gebote meiner Religion ist für mich wichtiger als die Gesetze des Staates, in dem ich lebe (stimme stark/eher zu)" bei 47 % der Befragten (erste Generation = 57 %, zweite/dritte Generation = 36 %). 32 % der Befragten meinen, man solle zu einer Gesellschaftsordnung wie zu Zeiten Mohammeds, also wie im 7. Jahrhundert auf der arabischen Halbinsel, zurückkehren. 50 % sind der Ansicht, dass es nur eine wahre Religion gibt und 36 % meinen, dass allein der Islam die Probleme unserer Zeit lösen kann.

Ein ähnliches Ergebnis brachte die Studie des Wissenschaftszentrums Berlin (WZB) „Religiöser Fundamentalismus und Fremdgruppenablehnung unter Muslimen und Christen Westeuropa" von 2014 hervor. In dieser Studie, die Daten in sechs europäischen Ländern unter 9 000 Muslimen türkischer und marokkanischer Herkunft und einer christlichen Vergleichsgruppe erhoben hat, heißt es: „Islamischer religiöser Fundamentalismus ist weit verbreitet" (Koopmans, 2014, 15). Dabei gelten die folgenden Einstellungen als religiös fundamental:

- „Die Gläubigen sollen zu den ewigen und unabänderlichen Regeln, die in der Vergangenheit festgelegt wurden, zurückkehren."
- „Diese Regeln lassen nur eine Interpretation zu und sind für alle Gläubigen bindend."
- „Religiöse Regeln haben Vorrang vor weltlichen Gesetzen."

Fast 60 % haben der Aussage zugestimmt, dass Muslime zu den Wurzeln der Religion zurückkehren sollten, also in die Zeit um 610, in der der Islam entstanden ist. 75 % sagen, dass es nur eine und für alle Gläubigen verbindliche Interpretation des Koran gibt. Und – aus meiner Sicht der bedenklichste Wert – 65 % der Befragten sagen, dass ihnen die Regeln des Islam wichtiger sind, als die Gesetze des Staates, in dem sie leben. Letztlich heißt das „Theokratie vor Demokratie" oder „Koran vor Grundgesetz". Ein konsistenter Fundamentalismus, der sich in der Zustimmung zu allen drei Aussagen feststellen lässt, war bei 44 % der befragten Muslime feststellbar.

Diese Ergebnisse korrelieren mit den Ergebnissen anderer Studien, die sich mit ähnlichen Fragestellungen beschäftigt haben. So heißt es in einer 2018 vom Institut für Delinquenz und Kriminalprävention der Hochschule Zürich (Pfeiffer, 2018) veröffentlichen Untersuchung, die sich unter anderem mit muslimischen Schülern in Niedersachsen auseinander gesetzt hat, zum Thema „islamischer Fundamentalismus bei Jugendlichen": „Jeweils ein Viertel bis ein Drittel der muslimischen Befragten stimmen den Aussagen zu, dass andere Religionen weniger wert sind als der Islam, dass sie für den Islam kämpfen und ihr Leben riskieren würden und dass die Gesetze der Scharia besser sind als deutsche Gesetze. Zwischen einem Fünftel und einem Sechstel der Muslime stimmt weiteren, Gewalt beinhaltenden Aussagen zu (Muslime müssen sich mit Gewalt gegen Unterdrückung wehren, Muslime müssen Ungläubige bekämpfen, gegen Feinde des Islam muss mit aller Härte vorgegangen werden). 8,0 % der Muslime finden es richtig, dass die Muslime im Nahen Osten versuchen, durch Krieg einen Islamischen Staat (IS) zu gründen; 3.8 % sprechen sich sogar für terroristische Anschläge aus. (...) Zwischen Jungen und Mädchen finden sich keine signifikanten Unterschiede." (ebenda, S. 60)

Es gibt unter Muslimen eine hohe Ablehnung gegenüber Fremdgruppen
Zusätzlich zu fundamentalistischen Haltungen hat die Studie des Wissenschaftszentrums Berlin (vgl. Koopmans, 2014) die Haltung von Muslimen zu Fremdgruppen erfragt, und ist auch hier zu bedenklichen Ergebnissen gekommen. So zeigen 45 % eine antisemitische Haltung, indem sie glauben, dass Juden nicht vertraut werden kann. 57 % der befragten Personen zeigen sich homophob durch die Zustimmung zur Aussage, dass sie keine homosexuellen Freunde wollen. 54 % sehen im Westen einen Feind, der den Islam zerstören will. Eine Ablehnung aller dreier Gruppen – Juden, Homosexuelle, Westen – lässt sich bei 26 % der Muslime feststellen. In der christlichen Vergleichsgruppe, bei deren Befragung das Item Westen durch Muslime ersetzt wurde, weisen nur 1,6 % der Befragten eine Ablehnung aller Gruppen auf.

Menschen aus der Mitte unserer Gesellschaft sind bereit, für ihre Religion zu kämpfen und zu sterben
Es ist die Extremform von Glaubensausübung, wenn Menschen bereit sind, ihr Leben zu opfern, weil sie glauben, damit dem Willen ihres Gottes zu entsprechen. Auch Menschen aus unserer Gesellschaft haben sich entschlossen, sich militärisch an Kriegshandlungen im Nahen Osten zu beteiligen und somit die

Bereitschaft offenbart, für ihren Glauben zu sterben. Stand Herbst 2018 sind laut Verfassungsschutz (Verfassungsschutz, 2018) mehr als 1 000 Islamisten aus Deutschland in Richtung Syrien und Irak ausgereist, um dort auf Seiten des Islamischen Staats oder anderer terroristischer Gruppen zu kämpfen. Die überwiegende Mehrheit der ausgereisten Personen ist jünger als 30 Jahre, mehr als ein Fünftel dieser Personen ist weiblich. Ca. 190 Personen sind im Rahmen ihres Aufenthalts in den Kriegsgebieten ums Leben gekommen, teils bei Kampfhandlungen, teils bei Selbstmordattentaten. Dieser Umstand kann auch Schule betreffen. Unter den Selbstmordattentätern waren auch Schüler. In der Einleitung zu Kapitel 8 finden Sie die Schilderung einer Lehrkraft, deren Schüler bei einem Selbstmordattentat gestorben ist.

Die dargebotenen Zahlen sind teilweise äußerst besorgniserregend – und nicht aus der Luft gegriffen. Es handelt sich um wissenschaftliche Erkenntnisse oder um Zahlen von Sicherheitsbehörden. Wir haben es hier also mit gesichertem Wissen über Migration und Islam in Deutschland und deutlichen Hinweisen auf eine Problemlage zu tun. Meines Erachtens müssten diese Erkenntnisse Anlass für eine gesamtgesellschaftliche Debatte sein, die zu klären versucht, wie darauf zu reagieren ist. Denn klar ist, dass das Zusammenleben in Deutschland dramatisch beeinträchtigt wird, wenn sich diese Zustände manifestieren oder gar weiter verschlechtern.

Grundwissen Islam

Hätten Sie es gewusst?
Der Islam ist ein relevanter Faktor in der Gesellschaft wie auch in der Schule. Seit den 1960er-Jahren leben Muslime in nennenswerter Anzahl in Deutschland und sind Nachbarn, Kollegen, Freunde oder Schüler. Bei Lehrkräften ist es nahezu ausgeschlossen, dass sie in ihrer Laufbahn nie mit muslimischen Kindern und ihren Eltern zu tun haben werden. Doch wie viel weiß man eigentlich über sie und ihre Religion? Um das zu überprüfen, greife ich in meinem Seminar „Islam und Schule" zu einem Mittel aus dem pädagogischen Giftschränkchen – einem unangekündigten Test. Mit einem Augenzwinkern und dem Hinweis, dass die Note nicht in das Studienzeugnis einfließt, teile ich den Studenten in der Auftaktsitzung den gleich folgenden Test aus. Nachdem sie die Fragen beantwortet und gemeinsam korrigiert haben, frage ich ab, welche Note sie sich für ihr Grundwissen zum Islam geben würden. Die wenigsten ordnen sich hierbei im Bereich der Noten 1 und 2 ein. Eine Mehrheit verortet sich eher im Schambereich der Notenskala. Vielleicht haben Sie ja Lust, sich in die Schülerrolle zu begeben, mal wieder einen Test zu schreiben und Ihr Wissen über den Islam in Schule und Gesellschaft zu testen?
Jedoch ist mir klar, dass Sie dieses Buch erworben haben, um Informationen zu erhalten, weswegen ich anschließend in diesem Kapitel das Wesentliche darlegen werde, was man über den Islam wissen sollte, wenn man mit ihm beziehungsweise mit Muslimen zu tun hat. Ergänzend dazu finden Sie im Anhang des Buches ein Glossar, in dem wichtigsten islamischen Begriffe erläutert werden. Ebenso im Anhang finden Sie auch eine Musterlösung des Tests.

Hätten Sie's gewusst?

Grundwissen Islam

Name: _____   Datum: _____

1. Nennen Sie die Wortbedeutung des Begriffs *Islam*.

2. Wie viele Menschen weltweit gehören dem Islam an?

3. Wie viele Muslime leben schätzungsweise in Deutschland?

4. Wie viele muslimische Schüler besuchen schätzungsweise deutsche Schulen?

5. Aus welchen Herkunftsregionen stammen die meisten in Deutschland lebenden Muslime? Nennen Sie die Top 3.

6. Benennen Sie die Gründe für den hohen Anteil an Migranten aus dem islamischen Kulturraum in Deutschland und skizzieren Sie kurz diesen historischen Prozess. Legen Sie dabei den Schwerpunkt auf die Zeit zwischen 1955 und Mitte der 2010er-Jahre.

7. Benennen Sie kurz die wesentlichen Glaubensinhalte des Islam und stellen Sie den Kontrast zum Christentum heraus.

8. Erklären Sie kurz den Begriff *Ramadan*.

Viel Erfolg!

Grundwissen Islam

Wie viele Muslime leben in Deutschland?

In Deutschland leben ca. 4,5 Millionen Muslime, was einem prozentualen Anteil von 5,5 % an der Gesamtbevölkerung entspricht. Hierbei handelt es sich um die jüngste gesicherte Zahl, die allerdings vom 31. 12. 2015 stammt (Stichs, 2016). Daher kann man meiner Einschätzung nach von einer deutlich höheren Zahl ausgehen. So stellten im Jahr 2016 745 545 Personen einen Asylantrag, 2017 waren es 222 683 und 2018 (bis Oktober 2018) 158 512 Personen (vgl. zu diesen Zahlen:

BaMF, 2019). Die Hauptherkunftsländer der Asylbewerber sind mit Syrien, Irak, Afghanistan und Iran allesamt muslimische Länder, wobei man davon ausgeht, dass 75–80 % der Zuwanderer muslimisch sind. Hinzu kommt die demographische Entwicklung, die im nächsten Absatz genauer erläutert wird. Daher ist anzunehmen, dass die tatsächliche Zahl der in Deutschland lebenden Muslime bei 5,5–6 Millionen liegt.

Der Islam ist welt- und deutschlandweit die zweigrößte Religionsgemeinschaft nach dem Christentum (weltweit: 2,2 Mrd. zu 1,8 Mrd.; Deutschland: 45,4 Mio. zu offiziell 4,5 Mio.). Es gibt eine Berechnung des renommierten Pew Research Center, die voraussagt, dass sich das weltweite Verhältnis der beiden Religionsgemeinschaften zur Mitte dieses Jahrhunderts angeglichen haben wird. Die Gruppe der Muslime wird in der Zeit von 2015 bis 2060 um 70 % wachsen (Pew Research Center, 2017). Danach würde der Islam das Christentum als anhängerstärkste Religionsgemeinschaft ablösen. Ursächlich hierfür ist vor allem die weltweit höhere Geburtenrate von 2,9 Kindern pro muslimischer Frau (vgl. ebenda). In Deutschland sind es zum Vergleich nur gut 1,5 Kinder pro Frau (Statistisches Bundesamt, 2019). Auch in Deutschland wird die Zahl der Muslime zunehmen. Dies ist zum einen in der höheren Geburtenrate muslimischer Frauen begründet, die laut Schätzung des Pew Research Center in Deutschland bei 1,9 Kindern und europaweit bei 2,6 Kindern pro Frau liegt (Pew Research Centeer, 2017, 2). Zudem wird sich der muslimische Bevölkerungsanteil durch Migration weiter erhöhen. Das Pew Research Center hat diesbezüglich drei Szenarien durchgespielt und kommt bei einer Null-Migration, die jedoch unwahrscheinlich ist, auf einen Anteil von 9 %, bei einer normalen Zuwanderung auf einen Anteil von 11 % und bei einer hohen Zuwanderung wie während der Flüchtlingskrise auf einen Wert von 20 % muslimischen Bevölkerungsanteil (vgl. hierzu: ebenda).

Die Mehrheit der Muslime in Deutschland ist türkeistämmig. Allerdings ist deren Anteil durch die Zuwanderung im Rahmen der Flüchtlingskrise von 67,5 % im Mai 2011 auf 50,6 % Prozent im Dezember 2015 gesunken. Muslime aus dem Nahen Osten haben sich mit einem Anteil von 17,1 % mittlerweile zur zweitgrößten Herkunftsgruppe entwickelt. Hier ist Syrien die Hauptherkunftsnation. Auf den Plätzen drei, vier und fünf folgen Muslime aus dem ehemaligen Jugoslawien, Marokko und dem Irak (Stichs, 2016).

Was bedeutet Islam?

Das Wort Islam wird vom arabischen Verb aslama abgeleitet, was „sich ergeben" oder „sich hingeben" bedeutet. Islam ist das Verbalnomen von aslama und bedeutet demnach Sich-Ergeben oder Sich-Unterwerfen (unter den Willen/unter die Gebote Gottes) oder einfacher Ergebung, Hingabe oder auch Unterwerfung. Muslim (in der weiblichen Form Muslima oder Muslimin) ist das dazu gehörende Partizip und bedeutet „der/die sich Gott Hingebende/Unterwerfende". Hier wird deutlich, dass die Befolgung von Gottes Geboten das maßgebliche Ziel der islamischen Glaubenspraxis ist.

Aus derselben Sprachwurzel wie aslama (s-l-m) wird auch das Wort salam gebildet, was übersetzt „Frieden" bedeutet. Daher ist oft die Behauptung zu hören, Islam heiße Frieden, was jedoch nicht korrekt ist. Schlüssig wäre allenfalls eine Konstruktion, die eine muslimische Binnenposition betont: „Ich finde Frieden, indem ich mich Gottes Geboten hingebe/unterwerfe".

Was macht den Islam grundlegend aus?
Spricht man über den Islam, sollten eigentlich immer gedanklich Anführungszeichen um das Wort „den" gemacht werden, denn *den* Islam gibt es nicht. Ein Blick auf die innere Struktur dieser sich über den Globus erstreckenden Religion zeigt eine Vielzahl an Rechtsschulen und Strömungen. Eine schlichte Aufzählung veranschaulicht die innerislamische Vielfalt: Sunniten, Schiiten, Aleviten, Ahmadiyya, Alawiten, Hanafiten, Ibaditen, Siebener-Schiiten, Zwölfer-Schiiten, Charidschiten, Drusen, Zaiditen, Salafisten, Wahhabiten und viele mehr. Die Unterschiede zwischen den einzelnen Gruppen sind teils graduell und teils erheblich. Unter dem Oberbegriff „Islam" sammeln sich sowohl hyperliberale oder reformistische sowie auch ultrakonservative, fundamentalistische oder radikale Personen und Gruppen. Ein Beispiel, das sich auch in Deutschland beobachten lässt: Während Aleviten die Verbote von Alkohol und Schweinefleisch oder das Gebot des Ramadanfastens nicht als verbindlich betrachten, legen Salafisten die Glaubensvorschriften fundamental aus und pflegen einen Lebensstil, der dem des Propheten Mohammed und seiner Gefährten nacheifert.
Doch trotzdem kann man grundsätzliche Aussagen über den Islam treffen, wie ich es im Folgenden – ohne an den Anspruch der Vollständigkeit nur zu denken – tun werde. So ist der Islam eine monotheistische, abrahamitische Offenbarungsreligion. Muslime glauben an Allah als den einen Gott, dem nichts beigestellt ist. Der unbedingte Monotheismus ist das zentrale Element der islamischen Religion. Im Glaubensbekenntnis, der ersten Säule des Islam, heißt es: „Ich bezeuge, dass es keinen Gott außer Allah gibt". Allah ist das arabische Wort für Gott, zusammengesetzt aus den Worten der (al) und Gott (lah). Auch in anderen Religionen wird das Wort Allah für Gott benutzt, beispielsweise bei arabischen Christen.
Der Islam ist nach dem Judentum und dem Christentum die letzte der offenbarten monotheistischen Weltreligionen (Zeitraum der Offenbarung von 610 bis 632). Muslime glauben, dass alle drei Religionen denselben Gott anbeten. Sie nehmen jedoch auch an, dass der Islam die vorangegangenen Religionen perfektioniert und vollendet hat. Die Schriften der anderen Religionen (Thora im Judentum, Bibel im Christentum) werden als Offenbarungen anerkannt, der Koran stellt aber den Abschluss der Offenbarungskette dar. So heißt es in Sure 5, Vers 3: „Heute habe ich euch eure Religion vervollkommnet und meine Gnade an euch vollendet und euch den Islam zum Glauben erwählt."
Nach islamischem Verständnis ist keine andere Instanz derart anbetungswürdig wie Allah. Niemand darf ihm beigestellt werden. Diesen Umstand kann man durchaus im Kontrast zum Christentum sehen. Der Glaube, dass Gott aus drei

Gottheiten – Vater, Sohn, Heiliger Geist – besteht, steht im Gegensatz zum islamischen Konzept vom strengen Eingottglauben. Traditionell wird dieser mit dem Zeigen des ausgestreckten Zeigefingers symbolisiert, beispielsweise beim Gebet. Fundamentalistische Gruppen – wie Salafisten oder die Anhänger des sog. Islamischen Staats – haben diese Geste vereinnahmt und zu einem Erkennungszeichen einer autoritaristischen Bewegung und einer angestrebten theologischen Vorherrschaft gemacht.

Abraham ist – wie auch im Christentum und im Judentum – eine zentrale Figur des Islam, wo er als einer der wichtigsten Propheten gilt. Nach ihm ist die 14. Sure im Koran benannt. Gemäß islamischer Überlieferung soll er mit seinem Sohn Ismael, der als Stammvater der Araber und als Urahn Mohammeds gilt, die Kaaba in Mekka errichtet haben. Abraham, der im Islam Ibrahim heißt, soll nach islamischer Auffassung bereit gewesen sein, seinen Sohn Ismael aus Gottergebenheit zu opfern, wodurch das wichtigste islamische Fest, das Opferfest, begründet ist. Die gemeinsame Betrachtung Abrahams als Stammvater der drei großen Religionen ist vordergründig eine Gemeinsamkeit, die Muslime, Juden und Christen verbinden kann – allerdings nur, wenn keine der Parteien einen Absolutheitsanspruch bezüglich Abrahams Rolle erhebt und den jeweils anderen auch ihre Deutung zugesteht.

Wie auch das Christentum und das Judentum ist der Islam eine Offenbarungsreligion. Muslime glauben, dass sich Allah der Menschheit über den Propheten Mohammed offenbart und mit dem Koran seine wortwörtliche Botschaft herab gesandt hat. Die Offenbarung dauerte von 610 bis 632 n. Chr. Der Islam ist also die jüngste der drei Weltreligionen. Nach islamischer Zeitrechnung, die ihren Beginn mit der Auswanderung Mohammeds nach Medina im Jahr hat und sich nach dem an Tagen kürzeren Mondkalender richtet, befinden wir uns in den frühen 1440er-Jahren (2019 ist das Jahr 1440).

Ein wesentliches Merkmal des Islam ist, dass er für sich beansprucht, alle Lebensbereiche seiner Anhänger zu regeln. Auch dies ist ein Unterschied zum Christentum, das nicht ansatzweise derart weitreichend in das Leben der Gläubigen eingreift. Im Islam existieren Vorgaben, die auch die privatesten Lebensbereiche – wie Körperpflege, den Toilettengang oder Sexualverkehr – betreffen. Bei Interesse können Sie mal in Internetforen zu islamischen Glaubensfragen surfen, die sich über Suchmaschinen problemlos finden lassen. Es ist bemerkenswert, in welcherlei Hinsicht bei Gläubigen Unsicherheiten bestehen, ob Dinge oder Handlungen als islamkonform anzusehen sind. „Wenn die Ärztin oder die Krankenschwester einer Frau eine Ultraschallsonde in ihre Geschlechtsöffnung einführt, muss sie sich danach waschen? Und wird ihr Fasten dadurch gebrochen?", „Ist es erlaubt, einer Frau eine Flasche Parfüm zu schenken, wenn man weiß, dass die Beschenkte auf die Straße gehen wird, während sie dieses Parfüm trägt?", „Was ist das Urteil bezüglich dem Tragen farbiger Kontaktlinsen, um sich zu verschönern und der neusten Mode zu folgen?", „Was ist das Urteil über das Anziehen einer Krawatte?", „Ist es für eine Frau zulässig, Damenschuhe, die von vorne wie Herrenschuhe aussehen, zu kaufen und zu tragen?" – diese Fragen, allesamt Fundstücke aus Internetforen, sind in einem christlichen Kontext nicht denkbar. Für manche Muslime scheinen diese Fragen klärungsbedürftig zu sein, damit die Gebote Allahs korrekt befolgt werden können.

Im Zusammenhang mit den Grundlagen der islamischen Religion führt auch kein Weg an den Fünf Säulen vorbei. Hierbei handelt es sich um verpflichtende Handlungen, die Muslime zu verrichten haben.

Die Fünf Säulen des Islam

1. Das Sprechen des Glaubensbekenntnisses (Schahada): Mit dem Sprechen der Schahada („Ich bezeuge, dass es keinen Gott außer Allah gibt und Mohammed ist sein Gesandter.") bekennt sich der Sprecher zum Islam.
2. Das Verrichten des Gebets (Salat): Muslimen ist vorgegeben, fünfmal täglich zu beten (vertiefende Informationen hierzu finden Sie in Kapitel 6.9)
3. Das Fasten im Ramadan (Saum): Im Rahmen des Fastenmonats sollen Muslime von Sonnenaufgang bis Sonnenuntergang auf Essen, Trinken, Geschlechtsverkehr verzichten (vertiefende Informationen hierzu finden Sie in Kapitel 6.4)
4. Die Unterstützung Bedürftiger (Zakat): Beim Zakat handelt es sich um eine vermögensabhängige Abgabe, die an Bedürftige abgeführt werden soll. Die Höhe der Abgabe ist in den einzelnen Rechtsschulen unterschiedlich.
5. Das Verrichten der Pilgerfahrt (Hadsch): Einmal im Leben soll jeder Muslim, der dazu imstande ist, nach Mekka pilgern.

Gemeinhin etwas weniger bekannt sind die Sechs Glaubensartikel. Hierbei handelt es sich um etwas ähnliches wie einen spirituellen Konsens bezüglich der Glaubensinhalte.

Die Sechs Glaubensartikel des Islam

1. Der Glaube an Allah als einzigen Gott
2. Der Glaube an die Engel
3. Der Glaube an die Propheten
4. Der Glaube an die offenbarten Schriften
5. Der Glaube an den Tag der Auferstehung
6. Der Glaube an die Vorherbestimmung (nicht im schiitischen Islam)

Meiner Einschätzung nach können die aufgeführten Punkte als die gemeinhin anerkannte Grundlagen des Islam bezeichnet werden, auch wenn es in einzelnen islamischen Gemeinschaften und auch individuell unterschiedliche Auffassungen dazu geben mag. Nicht jede Person, die sich zum Islam bekennt, wird alle Vorgaben der Religion als verbindlich für die eigene Lebensführung anerkennen. Im Rahmen meiner Kommissionsarbeit und meines Studiums der Islamischen Religionspädagogik habe ich festgestellt, dass Muslime es vermögen, sich über Glaubensfragen stundenlang streiten zu können – „vier Muslime, fünf Meinungen" habe ich mir in solch Situationen oft gedacht. Von daher ist die Fragestellung dieses Abschnitts, was den Islam grundlegend ausmacht, für einen derart kurzen Abschnitt sicherlich ambitioniert. Einen kleinen Einblick sollten Sie jedoch gewonnen haben.

Welche Rolle spielt der Koran und welche anderen religiösen Quellen gibt es noch?
Der Koran (*Lesung, Rezitation*) hat für Muslime herausragende Bedeutung. Nach islamischer Vorstellung hat sich Gott der Menschheit mit dem Koran offenbart. In diesem Zusammenhang spricht man von Inlibration – Gott wird Buch. Muslime betrachten den Koran als das unverfälschte Wort Gottes, gültig für alle Zeiten und Räume. Entsprechend ist der Koran die wichtigste Quelle des Islam. Er ist die Hauptquelle des Islamischen Rechts (Scharia) sowie die Richtschnur für die Lebensführung eines Muslims. Ein Merkmal des Koran ist seine Selbstreferenzialität, was bedeutet, dass sich mehrere Verse auf den Koran selbst beziehen. So begründet sich der hohe Stellenwert des Koran unter anderem aus Aussagen des Koran über sich selbst – wie in Sure 2, Vers 2: „Dies ist die Schrift, an der nicht zu zweifeln ist, geoffenbart als Rechtleitung für die Gottesfürchtigen."
Der Koran wurde dem Propheten Mohammed über einen Zeitraum von 22 Jahren, beginnend im Jahre 610, zu verschiedenen Anlässen offenbart. Mit dem Tod Mohammeds 632 war auch die Offenbarung abgeschlossen, jedoch wurde die endgültige Verschriftlichung des Koran erst zwei Jahrzehnte nach Mohammeds Tod auf Initiative des Kalifen Uthman vollzogen. Der Koran besteht aus 114 Suren, die wiederum in einzelne Verse unterteilt sind. Die Suren sind weder zeitlich noch thematisch geordnet, sondern entsprechend ihrer Länge. Wenn Sie im Koran lesen wollen, können Sie Übersetzungen im Buchhandel erwerben. Ebenso finden Sie verschiedene Internetseiten, die Koranübersetzungen anbieten. Bei der Erarbeitung des Kerncurriculums für den Islamischen Religionsunterricht in Niedersachsen haben wir die Übersetzung von Bubenheim/Elyas verwendet, die auf www.islam.de abrufbar ist. Um der Übersetzungsproblematik zu begegnen – Gültigkeit hat der Koran nur in Arabisch; Übersetzungen weichen manchmal etwas voneinander ab –, nutze ich die Seite www.koransuren.com, auf der vier Übersetzungen nebeneinander stehen und daher gut vergleichbar sind. Auf diese Weise lässt sich trotz teilweise unterschiedlicher Übersetzungen der Sinn einer Sure gut erschließen.

Einige Verse des Koran stehen in einem inhaltlichen Widerspruch zueinander. In solch einem Fall greift das Prinzip der Abrogation, was bedeutet, dass eine Koranaussage durch eine zeitlich später offenbarte Koranaussage aufgehoben wird. Dazu heißt es in Sure 2, Vers 106: „Wenn wir einen Vers (aus dem Wortlaut der Offenbarung) tilgen oder in Vergessenheit geraten lassen, bringen wir (dafür) einen besseren oder einen, der ihm gleich ist." Beispiele, in denen das Prinzip der Abrogation greift, finden sich in Bezug auf das Verbot von Alkohol, was zunächst nur ein Verbot von Wein war, oder bezüglich der Gebetsrichtung, die zunächst nicht zwingend in Richtung Mekka sein musste (vgl. Sure 2, Vers 115 vs. Sure 2, Vers 144). Problematisch sind in diesem Zusammenhang Passagen, die das Zusammenleben mit Nicht-Muslimen betreffen. Nach der klassischen Koranexegese abrogieren beispielsweise der sogenannte Schwertvers, Sure 9, Vers 5 („*Und wenn die heiligen Monate abgelaufen sind, dann tötet die Götzendiener, wo immer ihr sie findet, und ergreift sie und belagert sie und lauert ihnen aus jedem Hinterhalt auf.*") sowie auch Sure 9, Vers 29 („*Kämpft gegen diejenigen, die nicht an Allah und an den Jüngsten Tag glauben, und die das nicht für verboten erklären, was Allah und Sein Gesandter für verboten erklärt haben, und die nicht dem wahren Glauben folgen – von denen, die die Schrift erhalten haben, bis sie eigenhändig den Tribut in voller Unterwerfung entrichten.*") jene Suren, die zu einem friedlichen Zusammenleben mit Nicht-Muslimen aufrufen. Die zitierten Suren werden von den meisten Muslimen nicht als direkte Handlungsanweisung gesehen – mein Vater kannte sie nicht mal. Trotzdem sehe ich es als Aufgabe, zuvorderst als eine für die islamische Theologie in Deutschland, Klarheit zu schaffen: Gilt in diesem Fall Gottes Wort nicht? Wenn diese Suren in ihrem Entstehungskontext gesehen werden müssen, gilt das dann auch für alle anderen Suren? Wenn dann die Verse des Koran immer kontextuell gelesen werden, liegt in dieser Betrachtungsweise nicht ein Widerspruch zum Verständnis des Koran als Gottes Wort, das Gültigkeit für alle Zeiten und Kontexte hat?

Die Suren im Koran lassen sich in mekkanische oder medinensische Suren unterteilen, das heißt in die Zeit vor und nach der Hidschra, der Auswanderung Mohammeds von Mekka nach Medina. Oft findet sich im Koran der Hinweis: „Offenbart zu Mekka" oder „offenbart zu Medina". Beide zuvor zitierten Verse stammen aus der medinensischen Phase. Sure 9 gilt als die vorletzte offenbarte Sure, Sure 5 als die zuletzt offenbarte Sure.

Neben dem Koran ist die Sunna (*Brauch*) die zweitwichtigste Quelle des islamischen Glaubens. Die Sunna beruht auf den Handlungen des Propheten Mohammed und seinen Aussprüchen, den Hadithen (gesprochen mit englischem th) und dient als Ergänzung zu Themen, die im Koran zwar erwähnt, aber nicht genau beschrieben sind. Auch die Hadithe dienen Muslimen als Orientierung, um eine islamische Lebensweise zu befolgen. Oft ist in diesem Zusammenhang bei Fragen zu hören: „Der Prophet hat gesagt, ...". Mohammeds Aussprüche wurden zunächst überwiegend mündlich weitergegeben. Die Untersuchung der Kette der Überlieferer, der sogenannte Isnad (*Stütze*), soll die Authentizität eines Hadith sicherstellen. Dies ist der Fall, wenn die Kette von Mohammed bis zum letzten Überlieferer ununterbrochen besteht. Bei Lücken gilt der Hadith als akzeptabel oder zweifelhaft. Es gibt auch Hadithe, die als erfunden klassifiziert werden. Die Hadith-Sammlungen von al-Buchari, Muslim, al-Nasai, Abu Dawud, Ibn Majah und al-Tirmidhi gelten als die anerkanntesten.

Im Koran stehen Gewaltpassagen – aber in der Bibel stehen doch auch solche Dinge!?
Dieser Vergleich ist nicht stimmig. Der Koran ist nach islamischem Verständnis das Wort Gottes, unverfälscht und gültig für alle Zeit. Gott hat sich der Menschheit mit dem Text bzw. dem Buch offenbart (Inlibration). Im Christentum hingegen hat sich Gott durch Jesus Christus offenbart (Inkarnation), nicht durch das Heilige Buch. Ein Vergleich von Mensch-Mensch (Jesus-Mohammed) und Buch-Buch (Bibel-Koran) ist in diesem Zusammenhang nicht schlüssig. Nach christlichem Verständnis ist die Bibel Gotteswort in Menschenwort, eine Sammlung von Erzählungen über das Handeln Gottes in der Welt. Diese Sicht erlaubt eine ganz andere Herangehensweise an den Text. Die Bibel wird mit den wissenschaftlichen Methoden der Hermeneutik genauso interpretiert wie andere Quellen auch. Diese Methode kann jedoch nicht auf den Koran angewendet werden, weil hier das Dogma des universalistischen Gotteswortes gilt. So heißt es im Koran:

> „Dies ist die Schrift, an der nicht zu zweifeln ist, (geoffenbart) als Rechtleitung für die Gottesfürchtigen."
>
> Sure 2, Vers 1

In Anbetracht dieser Tatsache stellt sich die Frage, wie mit Gewaltpassagen im Koran umzugehen ist. Beispiele hierfür finden sich einige:

> „Und wenn nun die heiligen Monate abgelaufen sind, dann tötet die Heiden, wo (immer) ihr sie findet, greift sie, umzingelt sie und lauert ihnen überall auf."
>
> Sure 9, Vers 5

> „Und tötet sie, wo (immer) ihr sie zu fassen bekommt, und vertreibt sie, von wo sie euch vertrieben haben! Der Versuch (Gläubige zum Abfall vom Islam) zu verführen, ist schlimmer als Töten. Jedoch kämpft nicht bei der heiligen Kultstätte (von Mekka) gegen sie, solange sie nicht (ihrerseits) dort gegen euch kämpfen! Aber wenn sie (dort) gegen euch kämpfen dann tötet sie! Derart ist der Lohn der Ungläubigen."
>
> Sure 2, Vers 191

> „Und kämpft gegen sie, bis niemand (mehr) versucht, (Gläubige zum Abfall vom Islam) zu verführen, und bis nur noch Allah verehrt wird!"
>
> Sure 2, Vers 193

> *„Diejenigen aber, die das diesseitige Leben um den Preis des Jenseits verkaufen, sollen um Allahs willen kämpfen. Und wenn einer um Allahs willen kämpft, und er wird getötet – oder er siegt –, werden wir ihm (im Jenseits) gewaltigen Lohn geben."*
>
> Sure 4, Vers 74

Verse in ähnlichem Duktus finden sich ebenso an weiteren Stellen im Koran wie Passagen, die beispielsweise der Gleichberechtigung von Mann und Frau entgegenstehen oder die sich geringschätzig über Christen oder Juden äußern. Die islamische Theologie sollte klären, wer auf welche Weise für die gesamte islamische Welt verbindlich festlegen kann, dass diese Suren nicht als verbindliche Rechtleitung Gottes verstanden werden. Bislang überwiegt unter Muslimen eine literalistische, wortgetreue Auslegung des Koran. Schließlich ist der Korantext Gottes Botschaft an die Menschen. Es wird sich zeigen, wie mehrheitsfähig die Stimmen jener sind, die für eine historische Lesart, das heißt für eine zeitliche und kontextuelle Einordnung der jeweiligen Sure, plädieren. Der Koran begründet seinen Universalitätsanspruch eben darin, dass er uneingeschränkt gültig ist. In Teilen haben Vertreter einer historisch-kritischen Lesart, beispielsweise Seyran Ateş, Hamed Abdel-Samad oder Ahmad Mansour, einen schweren Stand in der islamischen Community und sind starken Anfeindungen und Bedrohungen ausgesetzt.

Welche Rolle spielt Mohammed im Islam?

Die besondere Rolle des Propheten Mohammed wird schon erkennbar, wenn man das Glaubensbekenntnis, die erste Säule des Islam, betrachtet. Dahin heißt es: „Ich bezeuge, dass es keinen Gott außer Allah gibt und Mohammed ist sein Gesandter." Somit wird er an prominentester Stelle im Islam erwähnt. Dabei gilt er ebenso wie alle anderen Propheten auch als nicht-göttliches Wesen, sondern als einfacher Mensch. Nach islamischem Verständnis ist Mohammed der Empfänger der Offenbarung und erster Übermittler der Botschaft Allahs.

Auf die Welt kam Mohammed um 570 in Mekka. Seine Eltern starben früh. Sein Vater wahrscheinlich vor seiner Geburt, seine Mutter um 577, sodass Mohammed als Waise bei seinem Onkel Abu Talib aufwuchs. Im Laufe seines Lebens hatte Mohammed mehrere Ehefrauen, darunter die minderjährige Aischa, die bei der Eheschließung etwa 10 Jahre alt gewesen sein soll. Mohammed hatte auch mehrere Kinder, die alle außer Fatima früh starben. Nach Jahren, in denen er als Hirte arbeitete, kam er durch die Ehe mit der Kaufmannswitwe Khadidja zu Wohlstand. Im Jahr 610 soll Mohammed im Alter von 40 Jahren bei der Einkehr auf dem Berg Hira nahe Mekka seine erste Offenbarung erhalten haben (Sure 96, Verse 1-5). Fortan pries er die Macht und Güte Allahs und baute sich einen Stamm von Anhängern auf. Gleichzeitig formierte sich eine Gruppe von Gegnern aus dem Kreise einflussreicher, mekkanischer Kaufmänner. So kam es, dass sich in den Folgejahren Mohammeds Situation in Mekka zunehmend verschlechterte und er schließlich im Jahre 622 nach Medina auswanderte. Die Hidschra genannte

Auswanderung markiert den Beginn der islamischen Zeitrechnung. Mohammed empfing auch danach weiter Offenbarungen und konnte seine Anhängerschaft vergrößern. Zudem war er in verschiedene kriegerische Auseinandersetzungen verwickelt, im Rahmen derer er verschiedene Stämme enteignete, unterwarf oder hinrichten ließ. Die Expansion führte zur Eroberung Mekkas im Jahre 630. Mohammed wurde nun als Prophet und Führer der islamischen Gemeinschaft anerkannt. 632 starb Mohammed unerwartet nach kurzer Krankheit. Er hinterließ keine männlichen Nachkommen und keinen Nachfolger für die Führung der Gemeinschaft der Muslime, worin der Konflikt zwischen Sunniten und Schiiten begründet ist.
Für Muslime ist Mohammeds Lebensführung ein zu verfolgendes Ideal. Seine Taten und Aussprüche sind beispielhaft und handlungsleitend. Der Prophet selbst gilt als heilig. Entsprechend stellt die Sunna, die Überlieferung seiner Handlungen, die zweitwichtigste Quelle des islamischen Rechts dar. Wie empfindsam Muslime im Zusammenhang mit ihrem Propheten sind, lässt sich am Beispiel des Konflikts um die Mohammed-Karikaturen erkennen. Proteste dagegen liefen in verschiedenen islamischen Ländern gewaltsam ab, die Zeichner der Karikaturen mussten unter Polizeischutz gestellt werden oder wurden, wie im Falle der Karikaturisten von Charlie Hebdo, getötet.

Was muss man tun, um Muslim zu sein?
„So richte dein Antlitz in aufrichtiger Weise auf den Glauben; (dies entspricht) der natürlichen Veranlagung, mit der Allah die Menschen geschaffen hat. Es gibt keine Veränderung an Allahs Schöpfung. Das ist der beständige Glaube. Allein die meisten Menschen wissen es nicht." Sure 30, Vers 30. Diese Koransure beschreibt die islamische Auffassung, dass der Mensch von Natur aus die Bedürftigkeit nach Religion besitzt und ein Muslim in diesem Sinne grundsätzlich jede gottergebene Person ist (fitra). Dieses Verständnis kann sich auch auf die Hinwendung zu anderen Religionen erstrecken. Jeder Mensch hat die Fähigkeit, Gott zu erkennen und muss am Tag der Auferstehung Rechenschaft darüber ablegen, in welchem Maß er diese Gabe genutzt hat. Der natürliche Glaube wird von den Theologen mit dem Islam identifiziert. (Wirmer, 2014)
Jenseits davon gilt das im Islam weit verbreitete Verständnis, dass jedes Kind eines muslimischen Vaters von Geburt an dem Islam zugehörig ist. (Alabay, 2012) Entstammt man nicht einer muslimischen Familie, kann man auch zum Islam konvertieren. Diesen Vorgang vollzieht man, in dem man das Glaubensbekenntnis, die Schahada („Ich bezeuge, dass es keinen Gott außer Allah gibt und Mohammed ist sein Gesandter"), mit Überzeugung spricht. Eine formale Eintragung in ein Register, wie sie bei der Mitgliedschaft einer Kirche vorgenommen wird, gibt es nicht.
Letztlich ist jede Person dem Islam zugehörig, die sich aus Überzeugung dazu bekennt, unabhängig davon, wie und in welcher Form die Gebote der Religion befolgt werden. Daher steht es niemandem zu, die Religiosität einer Person, die sich selbst als gläubig bezeichnet, zu bewerten, sie in Zweifel zu ziehen oder sie gar

abzuerkennen. Leider scheint es mir so, dass bei Muslimen ein Selbst-Zuerkennen und Fremd-Aberkennen oder zumindest ein Bewerten von Religiosität immer wieder wahrnehmbar ist. „Er ist ein guter Muslim." „Er ist kein richtiger Muslim." „Er ist ein Hobbymuslim." – wenn derartige Bewertungen in der Schule geäußert werden, sollte die Lehrkraft intervenieren. Hinweise für ein Vorgehen in solchen Fällen finden Sie in Kapitel 7.11.

...und kann man aus dem Islam austreten?

In der Regel können Muslime dem Islam nicht abschwören, ohne schwerste Folgen fürchten zu müssen. Nach dem Bekenntnis zum Islam soll man sein Leben lang Muslim bleiben. Eine Abkehr vom Islam, auch Apostasie (im Islam *Ridda* oder *Irtidad*) genannt, ist islamrechtlich mit der Todesstrafe zu ahnden. In einer Ausarbeitung des Wissenschaftlichen Dienstes des Bundestages heißt es dazu: „Der Unglaube wird im Koran als schwerste Sünde angesehen (Suren 2,217, 6,147; 33,19). Ähnlich hart urteilt der Koran über den Abfall vom Glauben und verurteilt die Abtrünnigen mit äußerster Strenge. So heißt es: „Wie sollte Gott Leute recht leiten, die ungläubig geworden sind, nachdem sie gläubig waren. [...] Gott leitet das Volk der Frevler nicht recht. Ihr Lohn besteht darin, dass der Fluch Gottes und der Menschen und der Engel insgesamt auf ihnen liegt. Sie werden zum Höllenfeuer verdammt um ewig darin zu leiden, ohne dass ihnen Straferleichterung oder Aufschub gewährt wird." (3,86-88) Oder an anderer Stelle: „Diejenigen, die an Gott nicht glauben, nachdem sie gläubig waren [...] über die kommt Gottes Zorn, und sie haben dereinst eine gewaltige Strafe zu erwarten." (16,106)." (Wissenschaftliche Dienste des Deutschen Bundestages, 2006, S. 17) Obwohl die Bestrafung für eine Abkehr vom Islam im Jenseits erfolgen soll, beinhaltet die nationale Gesetzgebung in zahlreichen Ländern – wie beispielsweise Jemen, Iran, Sudan, Saudi-Arabien, Katar, Afghanistan oder Pakistan – die Todesstrafe für Apostaten. Hier wurden, laut Wissenschaftlichem Dienst des Bundestages, Hadithe des Propheten Mohammed eingearbeitet. Folgende Aussprüche soll er getätigt haben: „Wer seine Religion wechselt, den tötet." „Das Blut eines Muslims ist nur in drei Fällen freigegeben: bei Apostasie nach dem Glauben, nach Unzucht nach legitimer Eheschließung und bei einem nicht als Blutrache verübten Mord." (ebenda) Welche quantitative Relevanz das Thema in Deutschland hat, ist nicht bekannt. Zu der Anzahl der Apostaten bzw. derjenigen Personen, die dem Islam abgeschworen haben, liegen keine Erhebungen vor.

Immer wieder denke ich in diesem Zusammenhang an eine bemerkenswert höfliche und engagierte Studentin von mir, die vom Islam zum Christentum konvertiert ist und in der Folge in ständiger Angst vor Enttarnung ihrer Konversion lebte. Nach Beendigung ihres Studiums ist sie dann mit ihrem Freund auf die Philippinen geflohen. Oftmals ist die Abkehr vom Islam mit einer sozialen Ächtung und einem Verlust des familiären Umfelds verbunden – in islamischen Ländern, wie auch in Deutschland.

Ist Djihad etwas Schlechtes?
Der Begriff Djihad hat in den letzten Jahren eine große Verbreitung erfahren. Wenn Sie sich jemals gefragt haben sollten, was es mit Djihad genau auf sich hat und bei Ihrer Recherche auf die Ergebnisse der Google-Bildersuche gelangt sind, war das Urteil wahrscheinlich eindeutig: Kriegsszenen, IS-Fahnen, fanatisierte junge Männer, Kämpfer, die zum Töten bereit scheinen. Verwundern dürfte das die Wenigsten, schließlich wird der Begriff medial vornehmlich im Kontext von gewaltsamen Auseinandersetzungen und synonym mit „Heiligem Krieg" verwendet. Nun ist es aber sehr wahrscheinlich, dass Ihnen ein muslimischer Schüler, ein Elternteil, ein Kollege oder ein Bekannter friedlich und freundlich erklärt, dass er sich auch im Djihad befinde. In solch einem Fall müssen Sie nicht panisch nach dem besten Fluchtweg suchen. Der Begriff Djihad hat nämlich mehrere Bedeutungen. Grundlegend bedeutet Djihad Anstrengung, Kampf, Bemühen auf dem Weg zu Gott. Dabei geht es bei der überwiegenden Zahl der Muslime um das Bemühen um ein islamkonformes Leben. Umgangssprachlich ist es der Kampf mit dem inneren Schweinehund: Man versucht, die vielen Gebote des Islam zu beachten, Verlockungen zu widerstehen, sich Gottes Geboten zu unterwerfen, die Lehren des Islam zu verbreiten und andere Menschen zum Islam zu bekehren. Dies wird als „großer Djihad" bezeichnet und ist nichts, was Sie beunruhigen sollte.
Allerdings gibt es auch das Konzept des „kleinen Djihads". Dabei handelt es sich um jene Auslegung des Begriffs, die das allgemeine negative Begriffsverständnis begründet. Unter kleinem Djihad verstehen manche Muslime, gemeinhin als Djihadisten bekannt, den militärischen Kampf als eine Form des Krieges, wobei auch hier nach der Intention des Krieges differenziert wird. Manche verstehen die Pflicht zum Kampf in einem defensiven Sinne als Verteidigungsreaktion auf Angriffe. Dieser Interpretation bedienen sich beispielsweise Gruppen, die sich kämpferisch gegen die militärischen Interventionen westlicher Staaten stellen. Beispiele sind Afghanistan, Irak oder Syrien. Andere verstehen den kleinen Djihad als einen universellen Kampf gegen Andersgläubige mit dem Ziel der Erweiterung des islamischen Herrschaftsbereichs. Das Lexikon Arabische Welt schreibt hierzu: „Nach dem Koran (z. B. 4:74-76, 25:52) ist der D. eine der Grundpflichten der muslimischen Gemeinschaft und muß von ihr bis zur endgültigen Weltherrschaft des Islam geführt werden. (…) In der Regel darf der D. nicht begonnen werden, ohne vorher die Ungläubigen aufzufordern, den Islam anzunehmen." (Barthel, Stock, 1994) Wird diesem Aufruf nicht gefolgt, kann eine Kriegserklärung ausgesprochen werden. Orientiert wird sich hierbei an der sogenannten medinensischen Phase, in der Mohammed den Islam in zahlreichen Kämpfen mit jüdischen und arabischen Stämmen durchzusetzen versuchte. Dieses Konzept des Djihads ist für militante Gruppen und Terroristen eine Rechtfertigung für ihr Handeln.
Somit ist eine differenzierte Sichtweise in dieser Frage angebracht. Die überwiegende Mehrheit der Muslime versteht Djihad nicht im problematischen, militaristischen Sinn. Es gibt jedoch stark wahrnehmbare und einflussreiche Gruppen im Islam, die das Ziel einer gewaltsamen Verbreitung des Islam verfolgen und sich in einem universellen Kampf gegen Anders- bzw. Ungläubige sehen.

Welche Bedeutung hat Scharia?
Mit dem Begriff Scharia verhält es sich ähnlich wie mit Djihad. Auch hier finden wir sowohl eine gesellschaftlich-mediale als auch eine religiöse Begriffsauffassung. Während die einen Scharia als Synonym für die Bedrohung des Islam verstehen, ist sie für andere ein das maßgebliche religiöse Regelsystem. Wörtlich übersetzt bedeutet der Begriff „Weg zur Tränke" und bezeichnet die Pflichtenlehre im Islam und das islamische Recht. Die Scharia ist kein festgeschriebenes Gesetzbuch, das im Buchhandel erworben werden kann. Vielmehr ist sie eine Sammlung aller Rechtsnormen, Vorschriften und Gebote, die aus dem Koran und der Sunna sowie der islamischen Rechtslehre *fiqh* abgeleitet werden. Das bezieht sich auf ethische Normen sowie auf verschiedene Rechtsbereiche (Erbrecht, Familienrecht, Prozessrecht, Staatsrecht, Strafrecht). In der Scharia finden sich Alltageregelungen, wie Speisegebote, Vorschriften zur Bekleidung oder zum Gebet, aber auch drastische Regelungen für die Ahndung von Normverstößen wie Auspeitschungen, Amputationen oder Steinigungen.

Der folgend beschriebene Umstand veranschaulicht zweierlei: einerseits die Bedeutung der Scharia für Muslime und gleichzeitig die problematische Konnotation des Begriffs. Als Gegenstück zur Allgemeinen Erklärung der Menschenrechte, die 1948 von den Vereinten Nationen verabschiedet worden war, verfassten die Mitgliedsstaaten der Organisation für Islamische Zusammenarbeit (früher Organisation der Islamischen Konferenz), die als Verbund und Forum islamischer Staaten fungiert, die Kairoer Erklärung der Menschenrechte im Islam. Darin wird die Gültigkeit der Menschenrechte unter den Vorbehalt der Scharia gestellt. So heißt es dort beispielsweise in Artikel 2: „Es ist verboten, einem anderen das Leben zu nehmen, außer wenn die Scharia es verlangt"; in Artikel 7: „Eltern und Personen, die Elternteile vertreten, haben das Recht, für ihre Kinder die Erziehung zu wählen, die sie wollen, vorausgesetzt, daß sie dabei das Interesse und die Zukunft der Kinder rnitberücksichtigen und daß die Erziehung mit den ethischen Werten und Grundsätzen der Scharia übereinstimmt."; oder in Artikel 22: „Jeder Mensch hat das Recht auf freie Meinungsäußerung, soweit er damit nicht die Grundsätze der Scharia verletzt." (Organisation der Islamischen Konferenz, 1990, S. 1, 2 & 4). Hier wird deutlich, dass die in der Scharia verfasste islamische Normenlehre ursächlich für Einschränkungen bei universellen Menschenrechten sein kann bzw. ist.

Was hat es mit dem Konflikt zwischen Sunniten und Schiiten auf sich?
Wie in diesem Kapitel bereits erwähnt, gibt es im Islam eine große Binnenpluralität, die sich in verschiedenen Glaubensrichtungen zeigt. Die zwei größten davon sind Sunniten und Schiiten. Weltweit gehören ca. 85 % der Muslime dem Sunnitentum an, das Schiitentum ist mit einer Anzahl von ca. 10 % die zweitgrößte Strömung innerhalb des Islam. Auch in Deutschland stellen Sunniten mit ca. 75 % die Mehrheit. Die zweitgrößte islamische Gruppe hierzulande bilden dann allerdings die Aleviten, die gut 13 % der Muslime in Deutschland ausmachen. Etwa 7 % sind Schiiten. (Bundesministerium des Innern, 2018)

> **Begriffsklärung Sunniten und Schiiten**
>
> Sunniten = abgeleitet von Sunna (der Tradition des Propheten Mohammed); übersetzt: „Anhänger der Sunna [des Brauchs]" – größte Glaubensrichtung im Islam welt- und deutschlandweit; Nachfolge Mohammeds aus dessen Stamm
>
> Schiiten = abgeleitet von Schiat Ali (der Partei Alis); übersetzt: „Anhänger/Partei Alis" – zweitgrößte Glaubensrichtung im Islam weltweit, drittgrößte islamische Gruppe deutschlandweit; Nachfolge Mohammeds aus dessen Blutslinie

Ein Blick in die Nachrichten zeigt, dass es immer wieder zu gewalttätigen und tödlichen Auseinandersetzungen zwischen Sunniten und Schiiten kommt, die sich teils unerbittlich gegenüberstehen. Der verheerende Krieg in Syrien und Irak ist ebenso von dieser Problematik mitgeprägt, wie die Kriege im Jemen, im Libanon oder die Gegnerschaft des Iran und Saudi-Arabiens. Um zu verstehen, warum das so ist, ist eine Betrachtung der Entstehungsgeschichte der beiden Gruppen erforderlich: Nach dem Tod des Propheten Mohammed im Jahre 632 war zunächst nicht klar, wer ihm als Anführer der Gemeinschaft der Muslime nachfolgen sollte. Eine Gruppe, die heutigen Schiiten, setzte auf eine genealogische Erbfolge und forderte, dass der Nachfolger aus der Blutslinie Mohammeds stammen müsse. Die Gruppe der heutigen Sunniten stand für eine tribale Nachfolge und war der Ansicht, dass der Nachfolger des Propheten vom gleichen Stamm, aber nicht unbedingt mit ihm verwandt sein muss. Diese Auffassung setzte sich zunächst durch und so wurden mit Abu Bakr, Umar und Uthman keine Mitglieder der Familie Mohammeds zu Kalifen, was abgeleitet vom arabischen Wort *chalafa* „Nachfolger" oder „Stellvertreter" bedeutet. Die Schiiten verweigerten diesen drei Kalifen die Anerkennung. Aus ihrer Sicht handelte es sich bei Ihnen nicht um rechtmäßige Nachfolger Mohammeds. Im Jahr 656 wurde nach der Ermordung Uthmans mit Ali, seines Zeichens Schwiegersohn und Cousin des Propheten, erstmals ein Verwandter Mohammeds zum vierten Kalifen. Hier wurde die Führungsfrage des Kalifats erstmals mit Gewalt gelöst. In den folgenden Jahren intensivierte sich der Streit um die Nachfolge Mohammed und gipfelte in der Schlacht von Kerbela im Jahre 680. An deren Ende stand die Spaltung der muslimischen Gemeinschaft, aus der Sunniten und Schiiten hervorgegangen sind und es begann ein Jahrhunderte währendes Zeitalter blutigster innerislamischer Konflikte.
Betrachtet man die Ursachen der Sunniten-Schiiten-Problematik wird deutlich, dass es sich dabei originär um einen politischen Konflikt handelt. Die Frage war, wer legitimiert sei, die Nachfolge Mohammeds und die Führung der Gemeinschaft der Muslime zu übernehmen. Die theologischen Unterschiede zwischen den Gruppen sind eher gering und haben sich teilweise erst im Laufe der Jahrhunderte herausgebildet. So verehren Schiiten ihre Imame, deren Aussagen die

gleiche Autorität wie der Text des Koran haben, in besonderer Weise und warten auf die Wiederkehr eines in die Verborgenheit gegangenen Imams, Imam Muhammad al-Mahdi, der als Erlöser der Menschheit auf die Erde zurückkommen und ein Reich des Friedens und der Gerechtigkeit schaffen soll. Zudem beten die meisten Schiiten nach einem anderen Ritus. Auch gibt es im Schiitentum das Konzept der Genussehe, die für einen Zeitraum von einer halben Stunde bis 99 Jahre geschlossen werden kann. Diese wird im Sunnitentum mehrheitlich abgelehnt.

Exkurs: Ein Blick auf das Alevitentum − ein Beitrag von Cemalettin Karataş, Sprecher der niedersächsischen alevitischen Gemeinden
Will der Religionspädagoge, dass seine Schüler begreifen, wie komplex die Definition von Gott ausfallen kann, greift er gern zurück zum Gleichnis vom Elefanten und den blinden Männern. Zwangsläufig liefert die jeweilige Perspektive der Männer unterschiedliche, verzerrte Diagnosen. Will der Alevite für Außenstehende (oft auch für Gemeindemitglieder) das Alevitentum näher beleuchten, behilft auch er sich mit diesem Gleichnis.

In der einschlägigen Literatur sowie in Selbstdarstellungen der Aleviten findet man viele Facetten der Eingrenzung zwischen Extremen: vom Alevitentum als einen kulturellen Rahmen für die eigene Lebensgestaltung über den wahren Kern des Islam hin zur eigenständigen Religion.

Die meisten der ca. 600 000 Aleviten türkischer und kurdischer Herkunft in Deutschland dürften wohl konform mit der Definition von Ismail Onariq gehen: „Das Alevitentum ist das Ergebnis einer in Anatolien entstandenen Synthese, in die viele verschiedene Glaubensvorstellungen und Kulturen eingingen; es ist eine Lebensform, eine Glaubenslehre, ein kulturelles System und eine sozio-ökonomische Ordnung, die unter den Vorzeichen des Islam steht." (zit. nach: Spuler-Stegemann, 2003). Somit wird auch eine dynamische, naturnahe, mystische Glaubenspraxis mit eigener, esoterischer Deutung heiliger Bücher sowie religiöser Persönlichkeiten sowie ein vom Menschen her konzipiertes Gottesverständnis erklärt. Man betont dabei stets die zentrale Rolle der Erkenntnis vom Selbst, um damit die gesamte Schöpfung begreifen zu können. Denn im Ziel der alevitischen Lehre erwartet den Menschen die Verschmelzung in der schöpferischen Einheit (Hakk), die er im eigenen Werte- und Lehrsystem sowie in der religiösen Zusammenkuft Cem verfolgt.

Ich favorisiere die Version des Gleichnisses mit der Gruppe von Wissenschaftlern, die in einem dunklen Raum den Elefanten ertasten und definieren sollen. Diese diskutieren tatsächlich selbst dann noch, obwohl ein Laie mit einer Laterne den dunklen Raum betritt und das Wesen des Elefanten im Ganzen erleuchtet.

Exkurs: Ein Blick auf das Jesidentum −ein Beitrag von Dr. Andreas Flick, Pastor der Evangelisch-reformierten Gemeinde Celle
Die Jesiden (Êziden; Yeziden) sind fast ausnahmslos Angehörige der kurdischen Volksgruppe und Anhänger einer eigenständigen monotheistischen Religion, die

sich anderen Religionen gegenüber ausgesprochen tolerant verhält. Schätzungen hinsichtlich der Zahl der Jesiden schwanken zwischen 500 000 und über eine Million Personen, von denen ein Großteil im Norden des Irak lebt.

Der Ursprung der Religion der Jesiden verliert sich im Dunkel der Geschichte. Nachweisbar ist die Religion erst seit dem 11./12. Jahrhundert. Als Fixpunkt in ihrer Geschichte erweist sich der muslimische Sufi-Heilige Sheikh Adî Ibn Musafir (um 1075–1162), der sich ins unzugängliche Lališ-Tal (Nordirak) zurückzog und dort eine religiöse Gemeinschaft begründete bzw. eine alte schon seit vorislamischer Zeit bestehende Religion reformierte. Seit dieser Zeit ist die jesidische Gesellschaft in Kasten gegliedert. Lališ, wo sich das Grabmal von Sheikh Adî befindet, ist das bedeutendste religiöse Zentrum der Jesiden. Die heutige religionsgeschichtliche Forschung sieht im Jesidentum eine Religion mit Elementen des altbabylonischen Planetenkults, der Sonnenverehrung und der zoroastrischen, mithraischen, jüdischen, christlichen und islamischen Religion sowie lokaler religiöser Traditionen. Die Naturelemente Feuer, Wasser, Erde und Luft werden besonders geehrt. Eine der Bibel oder dem Koran vergleichbare religiöse Schrift gibt es nicht. Da das Jesidentum keine Schriftreligion ist, erfolgt die Vermittlung der Glaubenstraditionen durch mündliche Überlieferung. Denn Kirchen, Synagogen bzw. Moscheen vergleichbare Gotteshäuser kennen die Jesiden nicht. Ihr Glaube ist im starken Maße durch religiöse Feste im Jahres- und im Lebenslauf geprägt. Tausî-Melek, „der Engel Pfau", ist als Stellvertreter Gottes auf Erden die Zentralgestalt im Kult der Jesiden. Er ist zusammen mit den anderen sechs Erzengeln und den 80 himmlischen Beschützern Ansprechpartner und Mittler zu den Gläubigen. Denn es gibt im jesidischen Glauben keine Gestalt des Bösen (Teufel oder Satan), weil die Existenz einer solchen die Allmächtigkeit Gottes in Frage stellen würde.

Wie das Christentum oder der Islam kennt die jesidische Religion zahlreiche Gebote und Verbote (u. a. Heirat nur innerhalb der eigenen Religionsgemeinschaft und Kaste). Als Jeside kann man nur geboren werden. Es ist unmöglich, zum Jesidentum zu konvertieren.

Die Jesiden, die in ihrer Geschichte über 70 grausame Pogrome zählen (zuletzt 2014 der Genozid durch den „Islamischen Staat" im Nordirak), sind einer doppelten Verfolgung ausgesetzt. Einerseits erlitten sie seit Jahrhunderten religiös motivierte Verfolgungen durch fundamentalistische Muslime, die sie als „Ungläubige" und fälschlich als „Teufelsanbeter" ansehen, andererseits werden sie aufgrund ihrer kurdischen Volkszugehörigkeit insbesondere in der Türkei benachteiligt. Fast alle türkischen Jesiden sind im letzten Viertel des 20. Jahrhunderts nach Westeuropa emigriert (zu 80 % nach Deutschland, insbesondere nach Niedersachsen und Nordrhein-Westfalen). Die Zahl der aus der Türkei, dem Irak oder auch aus Syrien zugewanderten Jesiden wird aktuell in Deutschland auf über 150 000 geschätzt.

Schlussbemerkung zum vorangegangenen Kapitel

Nietzsche sagte einst: „Es gibt nur ein perspektivisches Sehen, nur ein perspektivisches Erkennen." Im vorangegangenen Kapitel habe ich meine Perspektive eingebracht. Dies natürlich mit der Intention, objektiv und umfassend zu informieren – und trotzdem ist es *meine* Sicht auf die Dinge, es sind *meine* Erläuterungen und *meine* Schwerpunktsetzungen bei den Schilderungen. Mir ist bewusst, dass wahrscheinlich jeder Abschnitt Anlass zu einer umfassenden Diskussion bietet. Damit Sie sich, lieber Leser, nicht allein auf meine Darstellung verlassen müssen, führe ich Ihnen nachfolgend Literatur auf, die Ihnen einen zusätzlichen Einblick in die Thematik „Grundwissen Islam" gewährt.

Überblicksliteratur zum Thema Grundwissen Islam

Antes, P., Pöpperl, M. (2002), Thema Weltreligionen. Islam.
Bobzin, H. (2015), Der Koran. Eine Einführung.
Bobzin, H. (2016), Mohammed.
Brunner, R. (2016), Islam. Einheit und Vielfalt einer Weltreligion.
Clark, M. (2015), Islam für Dummies.
Elger, R., Stolleis, F. (2016), Kleines Islam-Lexikon. Geschichte, Alltag, Kultur.
Halm, H. (2015), Der Islam. Geschichte und Gegenwart.
Kamcili, N., Ulfat, F. (2014), Islam von Abendgebet bis Zuckerfest. Grundwissen in 600 Stichwörtern.
Khoury, A. Th. (1988), Der Islam. Sein Glaube, seine Lebensordnung, sein Anspruch.
Pieper, D., Traub, R. (Hrsg.) (2011), Der Islam. 1400 Jahre Glaube, Krieg und Kultur.
Schimmel, A. (1997), Der Islam. Eine Einführung.
Sultan, S. (2014), Koran für Dummies.

Was ist Religion und warum sind Menschen religiös? – ...und was hat Kultur mit alldem zu tun?

Ein Beitrag von Dr. Ingrid Wiedenroth-Gabler, Wissenschaftliche Direktorin am Seminar für Evangelische Theologie und Religionspädagogik der TU Braunschweig

6.1 Annäherungen an den Kulturbegriff

Auf die Perspektive kommt es an

Zwei Bilder helfen dabei, die Multi-Perspektivität von Kultur zu verdeutlichen. Ich beginne Vorträge zu dem Thema gern mit einer Anschauungsübung: Zunächst zeige ich eine eurozentrische Weltkarte; also Europa in der Mitte, gut am italienischen Stiefel erkennbar. Kurzes Einverständnis: So sieht sie aus, die Welt in unseren Köpfen. Dann wechsle ich auf eine Weltkarte aus australischer Perspektive, nicht genordet, Europa nun gewissermaßen kopfüber „rechts unten". Die Zuhörer werden sich ihrer eigenen „Landkarten" im Kopf, nach denen sie die Welt ordnen, bewusst. Dazu verwende ich unterschiedliche Brillen mit unterschiedlichen Tönungen, um deutlich zu machen: unsere Wahrnehmung ist geprägt durch die Brille, mit der wir die Welt betrachten. Und ich erläutere meine Perspektive: Geprägt durch ein sehr geschlossenes protestantisches Milieu, Ausbildung und Tätigkeit als evangelische Religionspädagogin und seit einigen Jahren engagiert tätig in der Ausbildung von islamischen Religionslehrkräften. Dies hat die eigene Bekenntnisbrille verdeutlicht und motiviert, im Dialog die islamische Brille der Welterkenntnis auszuprobieren.

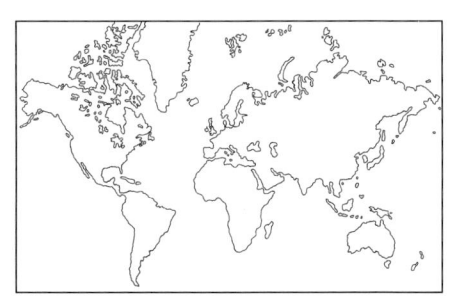

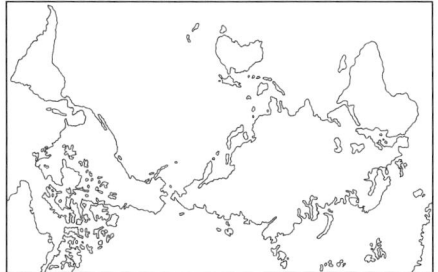

Kultur – was ist das?

Je tiefer man in die Diskussion um den Kulturbegriff eintaucht, desto unklarer erscheint seine Bedeutung, desto schwieriger ist eine trennscharfe Definition.
Mit Wolfgang Welsch lässt sich der Mensch als Kulturwesen beschreiben, er wächst in kulturelle Kontexte hinein, bildet kulturelle Fähigkeiten aus, ist kulturbildend und gleichzeitig durch Kultur gebildet. Intensional bezieht sich Kultur auf die kulturelle Praxis von Individuen und extensional auf die geographische, nationale oder ethnische Dimension.
Die Sicht des Subjekts auf die Welt ist durch die kulturelle Brille bestimmt. In Anlehnung an Georg Auernheimer und John Clarke, kann man „Kultur" als Deutungsrahmen für das gesellschaftliche Leben und als Orientierungssystem für das individuelle Handeln verstehen. Demnach enthält Kultur die „Landkarten der Bedeutung", wobei es nicht um die genaue Abbildung der Wirklichkeit geht, sondern um Orientierung in dieser.
Unstrittig scheint mittlerweile, dass Kultur weder inhaltlich auf hochkulturelle Praktiken, noch extensional auf klar räumlich fixierte und definierte National- oder Landeskulturen begrenzt werden kann. Gefordert wird ein offener, kontextueller und dynamischer Kulturbegriff. Mit Jürgen Bolten lässt sich „Kultur" in zweifacher Hinsicht als sowohl personales als auch gesellschaftliches Beziehungssystem begreifen. Auch hier gilt: Kultur ist eine Frage der Perspektive. Die kulturellen Akteure treffen in unterschiedlichen kulturellen Kontexten und Systemen aufeinander. Die besondere Kompatibilität und Relevanz von Boltens Rekurs auf die etymologische Herkunft des Kulturbegriffs zeigt sich darin, dass hierdurch eine Relationsbestimmung von Kultur und Religion eröffnet wird. Demnach lässt sich „Kultur" zurückführen auf „cultura" und „colere" im Sinne von „pflegen" und ist als Beziehungsbegriff zu verstehen. Kultur umfasst die Beziehung des Menschen 1. zu seinem Körper und Geist (cultura animi), 2. zu sozialen Beziehungen (civilitas), 3. zur Umwelt (agricultura) sowie 4. die Beziehung zu Gott (cultura dei). Letztgenannte hielt die drei Beziehungen bis zum Beginn der Neuzeit im christlich-abendländischen Raum wie eine Klammer zusammen. Im Zuge von Säkularisierungsprozessen sind die vier Felder der kulturellen Reziprozitäten zunehmend in unabhängige Teilsysteme und Wissenschaftsdisziplinen wie Geisteswissenschaften, Sozialwissenschaften, Natur-und Wirtschaftswissenschaften sowie Religionswissenschaften, Philosophie und Theologie ausdifferenziert worden. Kultur als Beziehungssystem umfasst also gewissermaßen die vier Felder Selbstreziprozität, Umweltreziprozität und sozialer Reziprozität sowie (!) einer imaginativen Reziprozität im Hinblick auf Sinnangebote, die religiös oder nichtreligiös verortet sind. Demnach wäre „Religion" oder „Weltanschauung" ein (unverzichtbares) Teilsystem von Kultur.
Entgegen Homogenitätsvorstellungen gehört das einzelne Individuum nicht einer klar zu definierenden Nationalkultur an, sondern ist immer durch kulturelle Mehrfachzugehörigkeit zu unterschiedlichen kulturellen Akteursfeldern bestimmt (vgl. Bolten 2016/2). Durch diese Mehrfachbeziehungen entstehen folgerichtig

Vernetzungen der kulturellen „communities", so dass Kultur nicht als geschlossene Struktur, sondern als offener, vernetzter Prozess zu verstehen ist, bei dem der Einzelne einerseits durch die kulturellen Handlungsfelder kulturelle Identität entwickelt, andererseits die Handlungsfelder mitbestimmt.

Interkulturalität – Interkulturelle Kompetenz
Klassische interkulturelle Erziehungskonzepte unterstehen mittlerweile der Kritik, durch die Trennung von Eigen- und Fremdkultur auf die Andersheit zu fokussieren und somit erst den Anderen als Anderen zu konstruieren. Mitunter wird gefordert „Interkulturalität" in „Transkulturalität" zu überführen und Kultur-Stereotype, Nationaldefinitionen und das „Wir-im Unterschied-zu-den-Anderen-Denken" radikal aufzugeben. Statt Differenzen zu betonen, solle nach Gemeinsamkeiten gesucht werden. Das klingt einleuchtend, negiert aber meiner Ansicht, dass in konkreten Begegnungen kulturelle Differenzen zu Missverständnissen führen können und deshalb zunächst die Differenz identifiziert werden sollte. Außerdem ist zu fragen, ob die Kategorie des „Anderen" immer nur als Zuschreibung der Mehrheitskultur gegenüber von Minderheitenkulturen verstanden werden kann, oder ob nicht die Idee der transkulturellen Identität selbst eine Fiktion ist und negiert, dass Abgrenzung als eigenständiger Akt auch zur Identitätsbildung beziehungsweise zur Gruppen-Identität bedeutsam ist. Ich halte es für berechtigt, Interkulturalität als Prozess zu verstehen, in dem Akteure mit unterschiedlichen Normalitätserwartungen kontextabhängig Interaktionsregeln aushandeln.
Die Bedeutung des interkulturellen Lernens zum Erwerb von Kompetenzen ist grundsätzlich seit Jahrzehnten unbestritten; gemeinhin zielt diese ab auf Selbstkompetenz, Fachkompetenz, Methodenkompetenz und sozialer Kompetenz; dabei sind die Fähigkeit zur Perspektivenübernahme sowie Empathie, Wissen, Ambiguitätstoleranz sowie Rollendistanz gefordert.

6.2 Annäherungen an den Religionsbegriff

Die Gretchenfrage: Was ist eigentlich Religion und was bewirkt sie?
Der Begriff „Religion" lässt sich ebenfalls etymologisch eingrenzen: Die Ableitung von „religio/relegere" als „Hinwendung" umfasst die äußere Seite, das Ausüben einer Tätigkeit, die Ableitung von „religare" als „Sich-rückbinden" verweist auf die innere Seite des Subjekts, als Einstellung, Haltung. Anstelle einer eindeutigen Definition kann man Religion als Sammelbegriff für eine Feldbeschreibung ähnlicher Phänomene verstehen. Grundsätzlich unterscheidet man substantialistische und funktionalistische Ansätze. Man versucht, inhaltliche Merkmale von Religionen festzulegen, greift damit die Beziehung zwischen dem Menschen als transzendierenden Wesen und der transzendenten Bezugsgröße auf, die als „Gott", das „Heilige" oder „Numinose" beschrieben wird. Die funktionalistische Definition fragt nicht nach dem Wesen, sondern nach der Wirkung und Funktion von

6 Was ist Religion und warum sind Menschen religiös?

Religion: Sie kann dem Einzelnen Sinnstiftung und Kontingenzbewältigung vermitteln, in der Beziehung zu dem Anderen Regeln des Umgangs vorgeben und einer Gemeinschaft Grundwerte des Zusammenlebens sowie Gemeinschaftsbindung zuspielen. Die Beschreibung der religiösen Dimensionen nach Charles Y. Glock ist hilfreich, um das Gemeinsame und das Differente unterschiedlicher Religionen zu entdecken: Religion hat eine ästhetische Dimension, umfasst das Wissen über Glaubenssätze oder Heilige Schriften, lässt sich nach dem Bekenntnis, der religiösen Praxis und nach ihren ethischen Grundsätze unterscheiden.

Religion bestimmt das individuelle kulturelle Beziehungssystem des Individuums in unterschiedlicher Weise. Der gemäßigt religiöse Mensch räumt der Religion einen Platz neben anderen Orientierungen ein; der religionsfreie Mensch hat keinen Transzendenzbezug, orientiert sich an anderen Sinngebungsinstanzen. Der hoch religiöse Mensch schreibt dem System Religion eine umfassende Bedeutung zu, die den persönlichen Bereich, die sozialen Beziehungen und die Umweltbeziehung grundlegend mitbestimmt. Im Bild gesprochen: Hier wird die religiöse Brille zur bestimmenden Wahrnehmungsweise der Wirklichkeit.

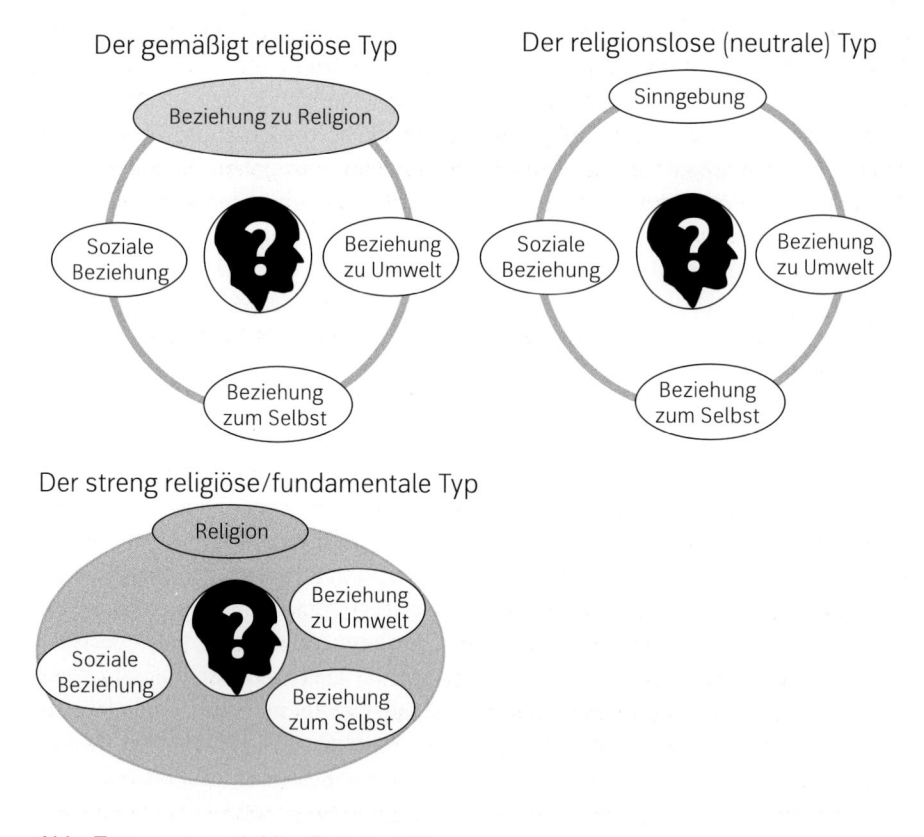

Abb. Typen von gelebter Religiosität

Wie zeigt sich Religion?
Die religiöse Landschaft in Deutschland ist bunt und wird zunehmend bunter und vielfältiger. Einige statistische Angaben mögen hilfreich sein:
Im Jahr 2016 betrug die Anzahl der Mitglieder der römisch-katholischen Kirche in Deutschland rund 23,5 Millionen (28,5 %). Circa 21,9 Millionen Personen (26,5 %) gehörten der evangelischen Kirche an. Konfessionslos sind fast 30 Millionen, also 36,2 %. (Fowid, 2017) Das Bundesamt für Migration und Flüchtlinge geht von insgesamt 4,4 bis 4,7 Millionen in Deutschland lebenden Muslimen aus (ca. 5,4-5,7 %; BAMF, 2016). Die Anzahl der sonstigen Religionen beträgt 3,9 %, also ca. 3 Millionen Menschen.
Wir können dabei die Tendenz feststellen, dass in Deutschland die christlichen Konfessionen abnehmen, während die Gruppe der Konfessionslosen und Muslime wächst.
Wie in Kapitel 4 bereits aufgezeigt, zeigen aktuelle Studien, dass besonders Muslime die Bedeutung von Religion hoch einschätzen, religiösen Regeln einen höheren Rang zuweisen als staatlichen Gesetzen und den Islam als wahre Religion verstehen.
Aktuelle Statistiken zeigen, dass in Bundesländern wie Nordrhein-Westfalen der Anteil muslimischer Schülerinnen und Schüler signifikant höher ist als der Anteil von Muslimen an der Gesamtbevölkerung. (Schulministerium NRW, 2017, S. 25) Dies verweist auf die gegenwärtige und zukünftige Herausforderung, im Klassenzimmer mit kultureller, aber auch religiöser Pluralität umzugehen. Schule als „Ort der unentrinnbaren Nähe" wird damit zum Mittelpunkt von intendierten und stattfindenden Integrationsvorgängen.

6.3 Interreligiöse Kompetenz hilft Begegnungen gestalten

Heterogenität im Kassenzimmer erfordert den Aufbau von Kompetenzen
Auch für die Begegnung von Angehörigen unterschiedlicher Religionen gilt: Hier treffen keine Religionen aufeinander, sondern Menschen, die ihre jeweiligen religiösen individuellen Referenzen zu dem Bezugssystem gestalten und interpretieren. Innerhalb der Gruppe der muslimischen Schülerinnen und Schüler wird es darum vermutlich große Unterschiede geben: Neben streng religiös erzogenen Kindern, die schon in der Grundschule auf die Einhaltung der Gebetszeiten und Fastenzeiten achten, wird man auch Schülern aus gemischt religiösen oder liberalen Familien begegnen. Das trifft natürlich auf die katholischen und evangelischen Schülerinnen genauso zu wie auf die jüdischen, orthodoxen, buddhistischen und hinduistischen. Und auch die Gruppe der Konfessionslosen und Religionslosen muss beachtet werden. Diese können je nach Elternhaus offen sein für religiöse Glaubenspraxis, aber auch religionskritisch und bewusst glaubenslos.

Schauen wir zunächst auf bereits ausgearbeitete Konzepte zur interreligiösen Kompetenz: In einem weiten Sinne versteht die Religionspädagogin und Theologin Miriam Schambeck interreligiöse Kompetenzen als „Fähigkeiten und Fertigkeiten, die Menschen in die Lage versetzen, angesichts und in einer bestimmten religiösen Tradition eine verantwortete und begründete Position zu Religion auszubilden, die pluralitätsbewusst anerkennt, dass Religion nur im Plural vorkommt und diesen Religionsplural produktiv zueinander zu vermitteln versteht" (Schambeck, 2013). In einem engeren Sinne definiert der Religionspädagoge Joachim Willems interreligiöse Kompetenz als Kompetenz im Umgang mit interreligiösen Überschneidungssituationen. Darin würden unterschiedliche Beteiligte jeweils durch Religionskulturen geprägte Deutungs-, Verhaltens- und Zuschreibungsmuster einbringen und emotionale und bewertende Zuschreibungen vornehmen.

Interreligiöse Kompetenz zur Bearbeitung von interreligiösen Konflikten oder Überschneidungssituationen umfasst mehrere Stufen oder Prozesse. Zunächst geht es darum, eigene religiöse oder weltanschauliche Prägungen wahrzunehmen und zu erkennen, worin die Ursachen interreligiöser Missverständnisse liegen. Dann braucht es gegenseitige Perspektivübernahme und die gemeinsame Kommunikation über die unterschiedlichen Deutungen, wobei Kenntnisse über die jeweils eigene und andere Religion oder Weltanschauung zum Einsatz kommen. Dem schließt sich eine wertschätzende Lösungssuche zur Behebung des Konfliktes an.

Begegnungen überwinden Trennendes
Natürlich ist nicht davon auszugehen, dass interreligiöse Begegnungen von vornherein konfliktträchtig sein müssen. Hier können Modelle hilfreich sein, die begegnungsorientiert gestaltet sind, also dazu beitragen, dass die Angehörigen verschiedener Religionen sich gegenseitig vorstellen, wie sie ihre Religion leben. Hier lassen sich Gemeinsamkeiten und Unterschiede entdecken, es ist aber auch darauf zu achten, dass Kinder nicht zu *den* Experten für die jeweilige Fremdreligion gemacht werden; besser ist es, mit den Lernenden die religiösen Ort wie Kirche, Moschee oder Synagoge aufzusuchen und sich von den Leiterinnen und Leitern der Gemeinden die Praxis des jeweiligen Glaubens vorstellen zu lassen. Auch religiöse Feste mit den jeweiligen Traditionen können so behandelt werden, dass die Kinder gegenseitig Festgrüße gestalten und ausrichten, dass sie typische Symbole und Bräuche vorstellen und probeweise gemeinsam nachempfinden. Dazu gehört gegenseitige Offenheit und Rollenklarheit: Wenn eine religiöse Feier gestaltet wird, dann sind die Angehörigen der anderen Religion als Gäste eingeladen und sollen nicht religiös vereinnahmt werden.

„Sieben Bausteine" – ein Programm für Schule und Gesellschaft

Zusammenfassend möchte ich sieben Grundsätze formulieren, die nach meiner Einschätzung basal sind für ein gelingendes Miteinander von verschiedenen Kulturen, Religionen und Weltanschauungen:

1. **Leih mir deine Brille!** – sich der eigenen Perspektive bewusstwerden und bereit sein, die Perspektive des anderen einzunehmen

2. **Zeig mir deine Landkarte!** – die eigenen inneren Landkarten der Orientierung im Hinblick auf Selbstausdruck, soziale Mitwelt, Umwelt und Sinngebung erkunden, gestalten und sich über Unterschiede und Gemeinsamkeiten austauschen

3. **Halte die Respektschranke ein!** – sich im Hinblick auf Wahrheitsansprüche zu beschränken und festzustellen, dass die eigene Überzeugung sich von der des anderen unterscheiden kann und dass beides nebeneinander stehen bleiben kann

4. **Bleib im Rahmen!** – den gemeinsamen Deutungsrahmen für Schule und Gesellschaft erstellen mit Grundrechten und Regeln, die unabänderlich und nicht verhandelbar sind

5. **Lass uns den Schatz des Guten heben!** – sich auf die Suche nach dem Guten, dem Lebensfreundlichen und Schönen in der Religion und Weltanschauung machen: Respekt, Nächstenliebe und Barmherzigkeit

6. **Stärke Brückenbauern den Rücken!** – Trennendes zwischen Religionen, Weltanschauungen und Kulturen wahrnehmen und Brückenbauer stark machen

7. **Gestalte Bausteine der Zukunft!** – sich eigener Möglichkeiten zur Gestaltung eines guten Miteinanders bewusstwerden und diese in Prozesse einbringen.

7 Was tun? Was tun! – wenn Schul- und Unterrichtsorganisation auf islamische Glaubensvorstellungen treffen

Wir widmen uns nach dem theoretischen Vorlauf der Kapitel 1 bis 6 nun der schulischen Praxis und betrachten die Situationen, in denen ein Konflikt aufgrund der Glaubensvorstellungen muslimischer Schülerinnen und Schüler und/oder Eltern einerseits und Schul- und Unterrichtsorganisation andererseits entsteht. Solche Situationen bezeichne ich als Überschneidungssituation.

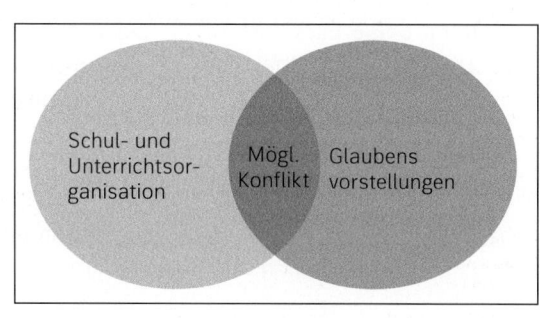

Die Grafik zeigt, dass die beiden Bereiche zu großen Teilen nebeneinanderstehen können, ohne sich in irgendeiner Weise zu beeinflussen. Die Religion der Schülerinnen und Schüler ist hintergründig vorhanden, tangiert aber nicht die Arbeit von Lehrkräften.

Keineswegs zwangsläufig, doch scheinbar zunehmend, kommt es vor, dass sich die beiden Kreise überschneiden und sich die Ansprüche von Schule und Schülerseite widersprechen. In der Folge entsteht ein religiös begründeter Konflikt. Dies kann zwei Ebenen betreffen – die Ebene der Schul- und Unterrichtsorganisation oder die Ebene des Zusammenlebens.

Beispiele für Überschneidungssituationen auf der Ebene der Schul- und Unterrichtsorganisation
- Verweigerung der Teilnahme an Klassenfahrten
- Verweigerung der Teilnahme am Sport- und Schwimmunterricht
- Eingeschränkte Teilnahme am Unterricht und anderen Schulveranstaltungen im Ramadan
- Forderung besonderer Bedingungen im Hauswirtschaftsunterricht (halal-Fleisch, eigenes Kochgeschirr)
- Ablehnung bestimmter Unterrichtsinhalte (Evolutionstheorie, Sexualkunde)

Beispiele für Überschneidungssituationen auf der Ebene des Zusammenlebens
- Verweigerung des Handschlags gegenüber Frauen
- Äußerung von diskriminierenden Grundhaltungen (Gleichberechtigung, Homosexualität, Antisemitismus)

- Vollverschleierung
- Gruppendruck auf andere Muslime und „Ungläubige"
- Bekundung von Sympathie für Terrorismus, Ausreise in Kriegsgebiete, Planung/Durchführung von Anschlägen

---

Eklat an Hamburger Schule
Schüler verweigert Handschlag – Lehrer boykottieren Abiball
Erneut sorgt ein verweigerter Handschlag für Ärger an einer Schule: In Hamburg sind sieben Lehrer dem Abiball ferngeblieben, weil ein muslimischer Schüler einer Kollegin nicht die Hand geben wollte.

Privatschule in Berlin-Pankow   UPDATE 23.06.2016 21:29 Uhr
Handschlag verweigert: Imam zeigt Lehrerin an
Ein Konflikt eskaliert, weil ein Imam einer Lehrerin nicht die Hand gibt. Die „Initiative Schule ohne Rassismus" spricht von einer Standardproblematik. VON SUSANNE VETHENTUS

Lehrer berichten von zunehmender Radikalität unter muslimischen Schülern – gegen Juden, gegen Homosexuelle, gegen Deutsche, gegen Europa".

20. Juli 2017   Rubrik Leben, Thema des Tages   17 Kommentare

Ramadan an Berliner Schulen
Keine Ausnahmen für fastende Schüler
Das Fasten im Ramadan sorgt an Berliner Schulen für Probleme. Die Schule dürfe darunter nicht leiden, sagen Rektoren und Lehrer im Berliner Stadtteil Neukölln. Doch Eltern muslimischer Schüler wünschen sich mehr Verständnis. Ihre Kinder versuchen irgendwie, den Glauben mit dem Schulalltag in Einklang bringen.

Muslimische Schülerinnen müssen mit Jungen schwimmen

Überschneidungssituationen in den Medien

7.1 Warum kommt es zu Überschneidungssituationen?

In Kapitel 6 haben wir den religiösen Typen kennengelernt, dessen Denken und Handeln maßgeblich von den Vorgaben der Religion bestimmt ist. Treten Schüler und Eltern mit einem religiös begründeten Anliegen an eine Lehrkraft heran, sollte man daher annehmen, dass sie ihre religiöse Pflicht erfüllen wollen. Der Islam verfügt über ein umfassendes Regelsystem, das weit in den Alltag der Gläubigen eingreift und auch intimste Situationen zu regeln beansprucht. So gibt es Vorschriften zur Kleidung, Ernährung und Körperpflege, zum Toilettengang und Sexualverkehr. Im Gleichzug kennt der Islam drastische Strafen bei Verstößen gegen seine Gebote – es sei nur daran erinnert, dass Islam mit „Hingabe" oder „Unterwerfung" übersetzt werden kann. Zu diesen Strafen gehören körperliche Bestrafungen im Diesseits – z. B. Stockschläge oder Abtrennung von Gliedmaßen – sowie Strafen, die nach dem Tode verhängt werden – beispielsweise die Verbannung ins Höllenfeuer.
Die Hölle spielt in der Erziehung und in der religiösen Sozialisation von Muslimen eine bedeutende Rolle. In über einhundert Versen wird sie im Koran thematisiert. Diese wird als Ort beschrieben, an dem Sünder nach ihrem Ableben für ihre irdischen Verfehlungen bestraft werden und schreckliche Qualen erleiden. Beispielsweise heißt es in Sure 9, Vers 63: „Wissen sie denn nicht, dass derjenige,

der Allah und seinem Gesandten zuwiderhandelt, das Feuer der Hölle zu erwarten hat, um ewig darin zu weilen? Das ist die gewaltige Schande." Daher mag es sein, dass Schülerinnen und Schüler oder die Eltern befürchten, empfindlich bestraft zu werden, sollte es ihnen nicht möglich sein, religiöse Gebote einzuhalten. Insofern ist es daher meines Erachtens angeraten, die vorgetragenen Sorgen und Nöte ernst zu nehmen, auch wenn das Anliegen befremdlich oder abwegig erscheinen mag.

Möglich ist aber auch, dass es nicht primär um die Einhaltung religiöser Gebote geht, sondern Schülerinnen und Schüler die Religion als Instrument zur Abgrenzung und Provokation nutzen. Vor allem in der Pubertät empfinden Jugendliche dies als besonderes Bedürfnis. Islamische Religion in orthodoxer Auslegung eignet sich in dieser Zeit hervorragend, um sich von Autoritäten oder dem gesellschaftlichen Mainstream abzugrenzen. Oder wären Sie geschockt, wenn sich ein Schüler als Beatles-Fan, Hippie, Punk, Rocker oder Emo definieren würde? Ich vermute, eher nicht. Aber orthodoxer Muslim, bei dem nicht sicher ist, ob er nicht fundamentale Tendenzen hat – das schockt! (Zu diesem Phänomen und zu Umgangsmöglichkeiten damit finden Sie in Kapitel 8 nähere Ausführungen.)

Vielleicht wollen die Schülerinnen und Schüler die Lehrkraft auch nur ein wenig ärgern. Diejenigen, die sonst auf alle Fragen eine Antwort haben und immer den Takt vorgeben, kann man mit einem Verweis auf religiöse Gebote mal so richtig schön ins Schwimmen bringen. Während ich mich in den letzten Jahren intensiv mit dem Thema „Islam und Schule" beschäftigte, habe ich immer wieder zu meinem Bruder gesagt: „Hätten wir gewusst, wie gut wir unsere Lehrer mit dem Argument ‚Tut mir leid, meine Religion verbietet mir das' vor den Kopf stoßen können, wir hätten doch diebische Freude gehabt, das zu tun." So kann es sein, dass hinter einer Anfrage oder dem Verweis auf die Regeln der Religion nur ein kleines, harmloses Machtspielchen steht, das die Schülerinnen und Schüler mit ihren Lehrkräften spielen wollen.

Auch ist es möglich, dass Schüler Vorteile, die anderen Schülern aufgrund der Religion gewährt wurden, für sich geltend machen wollen. Ich habe beispielsweise vor einiger Zeit eine Lehrerin kennengelernt, die berichtete, dass ihre halbe Klasse während des Ramadans zum Islam konvertiert sei, weil sie mitbekommen hat, dass die muslimischen Schüler ein paar Erleichterungen bekommen hätten. Letztlich war das ziemlich durchschaubar und mit einem Augenzwinkern zu klären.

Eines wird bei der Aufzählung der möglichen Handlungsmotive deutlich: Um den Grund des Verhaltens einschätzen zu können, empfiehlt sich eine gute und enge Beziehung zu den Schülern. Wer nah dran ist und seine Problemfälle kennt, kann ziemlich zuverlässig beurteilen, worin genau ein Anliegen begründet ist. Und wie Sie dann reagieren können, erfahren Sie im folgenden Abschnitt.

7.2 Was Sie tun können, wenn Sie spontan zum Handeln gezwungen sind

Der Schulalltag steckt oft voller Überraschungen. Unterricht kann auf das Sorgfältigste geplant werden und man kann verbindliche Regeln und Rituale für verschiedenste Situationen einführen – aber trotzdem ist das Verhalten von Schülern und Eltern die große Unbekannte in dieser Rechnung. Für das Themenfeld, in dem wir uns mit diesem Buch bewegen, heißt das, dass Ihnen ohne Vorankündigung, vielleicht mitten im Unterricht, auf dem Schulhof oder sonst irgendwo zwischen Tür und Angel ein religiös begründetes Bedürfnis mitgeteilt und von Ihnen eine Reaktion erwartet wird. Dabei hat jeder Fall seine individuelle Ausprägung. Diese hängt zum Beispiel ab vom Alter der Schüler, der Klassenstufe, von der Beziehung zwischen Lehrkraft und Schülerseite, der gemeinsamen Vorgeschichte, der Schulform oder auch der Tagesform. Trotz all dieser Unwägbarkeiten gibt es Tipps und Kniffe, die Ihnen fast immer helfen, wenn Schüler oder Eltern ein religiös begründetes Anliegen an Sie herantragen.

Gewinnen Sie Zeit!
Überschneidungssituationen treten meist ohne Vorankündigung auf, weswegen die Reaktion seitens der Lehrkräfte unvermittelt, unvorbereitet und gleichsam auf eine Weise erfolgen muss, die die Schülerseite nicht verprellt und eine gute Zusammenarbeit weiterhin möglich macht. Dabei ist besonders herausfordernd, dass oftmals keine vertieften Kenntnisse über das religiös begründete Anliegen vorhanden sind. Die Frage, wie es einzuschätzen ist, dass ein Kind nun beispielsweise nicht am Sportunterricht teilnehmen, es nicht auf Klassenfahrt darf oder es im Ramadan nicht am Hauswirtschaftsunterricht teilnehmen möchte, ist für viele Lehrkräfte, die sich zuvor nicht mit Fragen muslimischer Glaubenspraxis auseinander gesetzt haben, spontan schwer zu beantworten. In solchen Fällen ist es ratsam, sich offen und interessiert zu zeigen und sich Zeit zu verschaffen, in der man sich in Ruhe über das Anliegen informiert und gegebenenfalls zusammen mit Kollegen oder der Schulleitung über Möglichkeiten der Handhabung berät. Es ist in Ordnung, wenn Sie sich in dem fraglichen Themenbereich nicht auskennen und das dem Schüler auch signalisieren.

Folgende Phrasen können helfen:

„Interessant, das hatte ich gar nicht im Blick. Ich versuche das zu klären."

„Wollen wir das mal in Ruhe besprechen und gemeinsam überlegen, wie wir eine Lösung finden können?"

„Lass uns morgen/nächste Stunde/später/nächste Woche/... nochmals darüber sprechen."

„Gib mir doch die Gelegenheit, die Sache zu durchdenken/mit der Schulleitung zu besprechen."

Stellen Sie Fragen und lassen Sie sich Erklärungen geben!
Durch Nachfragen und das Einholen von Erklärungen signalisieren Sie Interesse am Anliegen der Schülerseite. Es ist legitim, dass Sie sich nicht mit den Maßgaben islamischer Religion auskennen und ebenso legitim ist es, dass man Ihnen darlegt, warum etwas gefordert wird oder wo das Geforderte in den religiösen Quellen steht. Es ist davon auszugehen, dass das als ernsthaftes Interesse gewertet und positiv aufgenommen wird. Ein Kollege hat sich beispielsweise die entsprechenden Koranpassagen zeigen lassen, die ein Gebot begründen oder die Schüler aufgefordert, sich in ihrer Moschee ein Schreiben vom Imam mit einer Begründung für diese Anfrage geben lassen. Nutzen Schüler die Religion nur, um sich einen Vorteil zu verschaffen oder Sie etwas zu piesacken, sollten sie auf diese Weise schnell entlarvt sein.

Folgende Phrasen können helfen:
„Können Sie mir bitte erklären, warum das so ist?"

„In welchen Quellen steht das?"

„Kannst du dafür eine schriftliche Begründung (von deinem Imam) beibringen?"

Binden Sie die Gegenseite in die Lösungsfindung mit ein!
„Machen Sie mal, liebe Lehrkraft." – Forderungen stellen ist einfach. Einer solchen Grundhaltung kann man entgegenwirken, wenn man die Anspruchsteller in die Lösungsfindung einbezieht und konkrete Vorschläge einfordert, wie das Anliegen umgesetzt werden kann. Fragen Sie nach, welche Vorstellungen bei Schülern oder Eltern bestehen, wie die Lösung des Problems oder ein Kompromiss aussehen könnte.

Folgende Phrasen können helfen:
„Haben Sie eine Idee, wie wir einen Kompromiss finden können?"

„Du bist der Überzeugung, dass Deine Sichtweise richtig ist, und ich bin der Überzeugung, dass meine Sichtweise richtig ist. Was glaubst Du, wie wir jetzt zu einer Lösung kommen?"

„Sie haben meinen Standpunkt gehört. Wie stellen Sie sich eine Lösung vor?"
„Verstehen Sie auch die Sicht von mir/der Schule?"

Seien Sie bestimmt, aber signalisieren Sie immer Gesprächsbereitschaft (und wenn möglich Empathie)

Möglicherweise hören Sie im Rahmen von Überschneidungssituationen Dinge, von denen Sie glaubten, Sie nicht mehr hören zu müssen. Etwa wenn Schüler oder Väter die Gleichberechtigung und die Autorität von Frauen in Frage stellen, wenn Antisemitismus offenbar wird oder wenn gesagt wird, dass jemand aufgrund eines religiösen Gebots zu verfolgen oder zu bestrafen ist. Sie können das zutiefst ablehnen, ja: Es kann Ihnen auch die Galle hochkommen. Trotz alledem müssen Sie als Lehrkraft mit diesem Kind und/oder den Eltern arbeiten. Auch wenn es schwerfällt, empfehle ich, dass Sie immer den Gesprächsfaden aufrechterhalten. Stellen Sie Fragen, lassen Sie sich Sachverhalte und Sichtweisen erklären, verweigern Sie nicht den Diskurs. Die Gegenseite würde sich ihrerseits nicht aufgefordert fühlen, ins Nachdenken zu kommen und schon gar nicht von der Richtigkeit Ihrer bzw. der schulischen Position überzeugt werden (weitere Hinweise zum Vorgehen in solchen Fällen in Kapitel 8).

Allerdings rate ich auch dazu, in solchen Diskussionen die eigene Sichtweise stark zu machen. Stehen Sie zu Ihren Überzeugungen. Machen Sie sich stark für das, was Ihnen wichtig ist. Ein Schüler sagte vor einiger Zeit zu mir: „Warum stehen die Deutschen nicht zu sich selbst?". Das sollte heißen, dass er sich wundert, dass die Mehrheitsgesellschaft ihre Werte, ihre Überzeugungen, vielleicht auch ihre Kultur nicht entschieden vertritt. Das kann dann durchaus als Schwäche ausgelegt werden. Ich bin sicher, dass man bei Schülern und Eltern ein großes Maß an Anerkennung gewinnt, wenn man seine Überzeugungen in freundlicher Weise, aber entschieden verteidigt.

Folgende Phrasen können helfen:

„Ich möchte das verstehen. Kannst Du mir das erklären?"

„Ich versuche, Dich zu verstehen, aber mir fällt schwer ..."
„Warum ist dir/Ihnen das wichtig?"

„Ich versuche gerne, deine Perspektive zu verstehen. Aber wenn du das von mir forderst, kann ich von dir verlangen, dass du auch meine Perspektive zu verstehen versuchst."

Argumentieren Sie zuletzt mit der Rechtslage!
Ich möchte Muslimen mitnichten die Gesetzestreue absprechen, aber mit Blick auf meine Erfahrung und die Ergebnisse verschiedener Studien, wonach für eine überwiegende Mehrheit der Muslime religiöse Regeln Vorrang vor weltlichen, demokratischen Gesetzen haben (siehe Kapitel 4), rate ich, zuletzt mit der Gesetzes- und Erlasslage zu argumentieren. Erinnert sei hier auch an den religiösen Typen aus Kapitel 6, bei dem die Gebote der Religion die Beziehung zur Umwelt bestimmen. Wenn Schüler oder Eltern ernsthaft ein religiös begründetes Anliegen vorbringen, wird der Hinweis auf Schulpflicht, Teilnahmepflicht, das Kerncurricu-

lum oder Ähnliches nicht das schlagende Argument sein. Der religiöse Typ wird nicht mit dem Verweis auf Gesetze überzeugt. Das ist sicherlich höchst bedenklich, aber im Sinne des Pragmatismus sollte dieser Hinweis zuletzt – zumindest nicht zuerst – in ein Gespräch eingebracht werden.

7.3 Wichtig: Die Standpunktbestimmung

Schulen sind Einrichtungen öffentlichen Rechts, die in ein Behördensystem eingebettet sind. Lehrkräfte stehen in einem Dienstverhältnis zum jeweiligen Land und führen mit ihrer Tätigkeit Verwaltungsakte aus. Entsprechend gibt es Gesetze und Erlasse, die Dienstpflichten bestimmen und für die Lehrkraft bindend sind. Vieles, was in der Schule getan werden muss, ist durch Vorgaben klar geregelt: sei es die Teilnahme am Sportunterricht, an Klassenfahrten oder die Freistellung für religiöse Feiertage. Jedoch gibt es in Bezug auf das, was durch islamische Glaubensvorstellungen an die Lehrkräfte herangetragen wird, einen Bereich jenseits der Erlasslage, der Raum für eine Handhabung nach dem persönlichen Dafürhalten der Lehrkraft lässt. Daher bitte ich Sie, folgende Fragen für sich zu klären.

Standpunktbestimmung 1: „Bin ich bereit, Mehraufwand zu betreiben? Wenn ja, in welchem Umfang?"
Dieser Mehraufwand kann ein zusätzliches Gespräch mit Eltern sein, um sie von der Teilnahme ihrer Tochter an der Klassenfahrt zu überzeugen. Machen Sie dazu eventuell einen Hausbesuch. Lassen Sie vielleicht Elternbriefe übersetzen, damit Eltern, die der deutschen Sprache nicht mächtig sind, zu Elternabenden erscheinen. Nehmen Sie sich die Zeit, sich Sachwissen über den Islam anzueignen und sich in dieser Hinsicht weiterzubilden. (Mit dem Erwerb dieses Buches haben Sie diese Frage zumindest mit Ja beantwortet.) Wichtig ist aber auch die Frage, wie weit Sie in Anbetracht der vielfältigen Belastungen des Lehrberufs die Möglichkeit sehen, zusätzlichen Aufwand zu betreiben. Konkret: Wie viel Zeit können Sie erübrigen, ohne andere wichtige Aufgaben und auch sich selbst zu vernachlässigen? Kein Erlass gibt Ihnen vor, um die Teilnahme der Schülerin, die nicht mit auf Klassenfahrt darf, zu kämpfen, Eltern zu beknien und weitreichende Kompromisse einzugehen. Es gibt keine Vorschrift, die besagt, dass Sie notfalls auch zu den Eltern nach Hause fahren, um sie in einem persönlichen Gespräch zu überzeugen. Auch sieht die Dienstpflicht nicht ausdrücklich vor, sich mit Inhalten islamischer Religion auseinander zu setzen. Insofern sollten Sie sich fragen, in welchem Maße Sie Mehraufwand im Sinne der Zusammenarbeit mit muslimischen Schülern betreiben können und die Antwort darauf fortlaufend überprüfen.

7.3 Wichtig: Die Standpunktbestimmung

Standpunktbestimmung 2: „Wie weit bin ich bereit, auf die religiösen Bedürfnisse meiner Schüler/Eltern einzugehen? Und wo setze ich religiösen Anfragen oder religiös bedingten Handlungen eine klare Grenze?"

Dies ist ein sensibler Punkt: Schließlich vertrete ich entschieden die These, dass eine gute persönliche Beziehung zwischen Lehrkraft, Schüler und Elternhaus hochgradig lernförderlich ist. Enttäuscht man Personen, die ein religiöses Bedürfnis formulieren, kann das die weitere Zusammenarbeit beeinträchtigen. Andererseits ist klar, dass wir nicht in einem islamischen Land leben und die Gebote des Islam nicht das Schulleben bestimmen können. Manche Anliegen können gut berücksichtigt und unkompliziert in den Schulalltag integriert werden, ohne dass davon die üblichen Abläufe und die nicht-muslimischen Schüler betroffen sind. So sollte es kein Problem sein, wenn man im Hauswirtschaftsunterricht reines Rinderhack statt Schweinefleisch für die Nudelsoße nimmt oder die Schüler ihr Halal-Fleisch selbst mitbringen. Auch ein Glückwunsch an islamischen Festtagen oder die Berücksichtigung der Perspektive der muslimischen Schüler im Rahmen von Weihnachtsstunden (*„Wie verbringt ihr die Weihnachtsferien?"/„Ihr feiert kein Weihnachten, aber andere Feste. Wollt ihr davon berichten?"*) bedeuten keinen Aufwand und sind ein positives Signal von Anerkennung und Wertschätzung.

Doch Religion sollte im Schulalltag keine Überhand nehmen oder in einer Form ausgeübt werden, die die weiteren Abläufe und die anderen Schüler und Lehrer stört. Wo dieser Punkt erreicht ist, hängt oft vom individuellen Standpunkt ab. Ist es für Sie in Ordnung, wenn Sie Ihren Schülern in den Pausen einen Raum aufschließen, in dem diese beten können? Sind Sie bereit, im Ramadan eine Klassenarbeit in eine der Stunden am Vormittag zu legen, weil den Schülern die Konzentration ab den Mittagsstunden schwer fällt? Suchen Sie für die Klassenfahrt Unterkünfte, die islamische Speisevorschriften berücksichtigen? Akzeptieren Sie es als Lehrerkraft, wenn ein Schüler oder ein Vater Ihnen oder einer Kollegin den Handschlag verweigert?

Was ist vertretbar und wo beginnt der Islam Überhand bei der Gestaltung des Schulalltags zu nehmen? Diese Punkte sind nicht durch Schulgesetze geregelt. Die Handhabung dieser Fragestellungen obliegt in weiten Teilen einem persönlichen Dafürhalten und gegebenenfalls dem Konsens, der in der Schule darüber herrscht. Insofern sollten Sie sich immer wieder fragen, inwieweit Sie religiösen Anliegen nachkommen wollen und wo für Sie die Grenze des Mach- und Tolerierbaren erreicht ist.

Grundlegend sind Sie also aufgefordert, Ihren Standpunkt zu bestimmen, der wiederum Ihr Handeln in den Situationen bestimmt, die nicht eindeutig von der Erlasslage geregelt sind. Hierbei müssen Sie Ihre persönlichen Ressourcen und Ihre Werthaltungen bedenken. Ihre Entscheidung sollten Sie dann immer wieder überprüfen.

7.4 Wenn Glaubensvorstellungen auf Schulpraxis treffen. Wie umgehen mit Überschneidungssituationen?

Im Folgenden betrachten wir die gängigsten Überschneidungssituationen aus dem Schulalltag. Die nachstehenden Kapitel sollen Sie in die Lage versetzen, Probleme sicher und kompetent zu handhaben. Dazu skizziere ich zunächst mögliche Problemstellungen, die sich in Bezug auf das Thema des Kapitels ergeben können. Anschließend werden Informationen zur religiösen Perspektive auf die Thematik angeboten, gefolgt von Informationen zur schulischen Perspektive. Hier werde ich Sie in Bezug auf die rechtlichen Vorgaben immer wieder bitten, die Erlasslage Ihres Bundeslandes zu prüfen, da es aufgrund des Föderalismus und 16 unterschiedlicher Landesgesetzgebungen leider nicht möglich ist, alle Vorschriften darzustellen. Anschließend zeige ich konkrete und vielfältige Handlungsmöglichkeiten auf. Die Denkimpulse, die das jeweilige Kapitel abschließen, sollen Sie zum Nachdenken anregen und Ihnen helfen, eine eigene Position zur entsprechenden Frage zu entwickeln.

7.4.1 Kopftuch, Burka und Burkini – Kleidungsvorschriften im Islam und ihre (möglichen) Auswirkungen auf Schule

Mögliche Problemstellungen aus dem Schulalltag
Das Kopftuch – Konfliktstoff im wahrsten Sinne des Wortes: Je nach Sichtweise ist es Symbol eines mangelnden Integrationswillens, Sinnbild der Ungleichbehandlung von Mann und Frau, Ausdruck von religiöser Selbstbestimmung und Religionsfreiheit oder ein Zeichen selbstverständlicher Pluralität in der Migrationsgesellschaft. Die Debatte um das Kopftuch und weitere islamische Bekleidung – wie Nikab oder Burka – bewegt viele Menschen und wird die Gesellschaft wohl noch längere Zeit beschäftigen.
Auch in Schulen sind islamische Bekleidungsvorschriften ein wiederkehrendes Thema. Bereits in der Vergangenheit beschäftigten die Streitfragen immer wieder die Gerichte und wurden sogar bis zum Bundesverfassungsgericht getragen. Dabei ging es primär um die Frage, ob es Lehrerinnen gestattet ist, ihre religiöse Überzeugung durch ein Kopftuch kenntlich zu machen oder ob sie damit gegen das Neutralitätsgebot verstoßen. Und auch auf Schülerseite werden islamische Bekleidungsvorschriften zur Fragestellung: Viele Lehrkräfte, mit denen ich im Rahmen meiner Arbeit gesprochen habe, berichteten von einer merklichen Zunahme des Kopftuchs bei Schülerinnen, auch oft schon im Grundschulalter. Stellt sich im Sekundarbereich für manche Lehrkräfte die Frage, was das Kopftuch zu bedeuten hat oder wie sie darauf reagieren sollen, lösen bedeckte Grundschülerinnen mitunter größeres Befremden aus, da es fraglich erscheint, ob es geboten ist, dass sich Kinder verschleiern müssen. Auch wurde immer wieder von einem

7.4 Wenn Glaubensvorstellungen auf Schulpraxis treffen.

Gruppendruck berichtet, der vornehmlich von muslimischen Jungen auf Mädchen und Frauen ausgeübt wurde, die kein Kopftuch tragen. Diese seien „keine wahrhaften Muslimas" oder schlicht „Schlampen". Zudem gab es wiederholt Fälle, in denen Schülerinnen oder Mütter in Nikab oder Burka, also vollverschleiert, in der Schule erschienen sind, sodass Schulen und Politik vor der Frage standen, wie mit einer vollständigen Verschleierung von Schülerinnen und Müttern umzugehen ist.

Vom Kopftuch bis zum Ganzkörperschleier

Hindschab	Al-Amira	Chimar	Tschador	Nikab	Burka
Symbolisiert Religiosität und Weiblichkeit unter muslimischen Frauen. Wird in verschiedenen Farben getragen.	Zweiteiler. Ein Teil umhüllt den Kopf, der andere wird eng um die Schultern gelegt. Wird in verschiedenen Farben getragen.	Mantelartiger Schleier, der bis zur Taille reicht. Wird in verschiedenen Farben getragen.	Ganzkörperschleier. Unter ihm wird oft ein kleinerer Schleier getragen. Nur in schwarz.	Bedeckt vollständig das Gesicht. Wird zusammen mit einem langen Kleid („Abbaja") getragen. Nur in schwarz.	Ganzkörperschleier. Eine Art Gitter ermöglicht das Sehen nur nach vorne.

Informationen zur religiösen Perspektive

Das Tragen des Kopftuchs, auch Hijab genannt, wird zuvorderst mit drei Passagen aus dem Koran begründet:

„Und sag den gläubigen Frauen, sie sollen (statt jemanden anzustarren, lieber) ihre Augen niederschlagen, und ihre Keuschheit bewahren, den Schmuck, den sie (am Körper) tragen, nicht offen zeigen, soweit er nicht (normalerweise) sichtbar ist, ihren Schal sich über den (vom Halsausschnitt nach vorne heruntergehenden) Schlitz (des Kleides) ziehen und den Schmuck, den sie (am Körper) tragen, niemandem offen zeigen, außer ihrem Mann, ihrem Vater, ihrem Schwiegervater, ihren Söhnen, ihren Stiefsöhnen, ihren Brüdern, den Söhnen ihrer Brüder und ihrer Schwestern, ihren Frauen, ihren Sklavinnen, den männlichen Bediensteten, die keinen Geschlechtstrieb (mehr) haben, und den Kindern, die noch nichts von weiblichen Geschlechtsteilen wissen. Und sie sollen nicht mit ihren Beinen aneinanderschlagen und damit auf den Schmuck aufmerksam machen, den sie (durch die Kleidung) verborgen (an ihnen) tragen. Und wendet euch allesamt (reumütig) wieder Allah zu, ihr Gläubigen, Vielleicht wird es euch (dann) wohl ergehen."

Sure 24, Vers 31

„Und wenn ihr sie (die Gattinnen des Propheten) um (irgend) etwas bittet, das ihr benötigt, dann tut das hinter einem Vorhang! Auf diese Weise bleibt euer Herz und ihr Herz eher rein."

Sure 33, Vers 53

7 Wenn Schul- und Unterrichtsorganisation auf islamische Glaubensvorstellungen treffen

„Prophet! Sag deinen Gattinnen und Töchtern und den Frauen der Gläubigen, sie sollen (wenn sie austreten) sich etwas von ihrem Gewand (über den Kopf) herunterziehen So ist es am ehesten gewährleistet, daß sie (als ehrbare Frauen) erkannt und daraufhin nicht belästigt werden."

Sure 33, Vers 59

Aus den Versen wird deutlich, dass eine Bedeckung die Funktion hat, die sexuelle Reizwirkung einer Frau nicht zu zeigen und sie vor fremder Begierde zu schützen. So darf sich nach dem ersten Vers eine Frau nur gegenüber Angehörigen und Menschen ohne Geschlechtstrieb „offen zeigen". Der zuletzt zitierte Vers schreibt einer Bedeckung sogar eine Schutzfunktion vor sexuellen Übergriffen zu und markiert die Trägerin des Kopftuchs als ehrbar. Neben diesen Koranpassagen betonen auch Hadithe, also Aussprüche des Propheten Mohammed, die ebenfalls handlungsleitend für Muslime sind, die Pflicht zur sittsamen Bekleidung und der Verhüllung der Aura.[1]

„Aischa berichtet: ‚Asmâ bint Abî Bakr erschien in freizügiger Kleidung vor dem Propheten. Dieser wendete sich von ihr ab und sprach: ‚O Asmâ! Wenn die Frau ihre Geschlechtsreife erlangt hat, dann sollte nichts von ihr zu sehen sein außer diesem!' Und er zeigte auf sein Gesicht und seine Hände."

Hadith nach Abu Dawud

Entsprechend finden sich in der Darstellung des Lebenswegs und der Handlungen des Propheten Mohammed, der Sunna, ohne Ausnahme Frauen, die sich auf Geheiß des Propheten bedeckt haben. Die Sunna ist als zweitwichtigste Quelle der islamischen Normenlehre handlungsleitend für Muslime. Daraus resultiert die theologische Mehrheits-Lehrmeinung im Islam, dass die Verhüllung der Frau religiöse Pflicht ist. Hierzu erklärte beispielsweise der Rat der Muslime in Deutschland: „Bei allen sunnitischen und schiitischen Rechtsschulen besteht Konsens darin, dass die Kopfbedeckung für Frauen zu den Kleidungsvorschriften gehört, die verpflichtenden Charakter haben." (zit. nach: Bundeszentrale für politische Bildung, 2005) Noch präziser äußerte sich der ehemalige Vorsitzende des Zentralrats, Nadeem Elyas: „Die Kopfbedeckung gehört unumstritten zu den Bekleidungsvorschriften im Islam. Es gibt in der gesamten Geschichte des Islam seit 14 Jahrhunderten keine einzige anders lautende Lehrmeinung in sämtlichen Rechtsschulen, sowohl der Sunniten als auch der Schiiten. Diese belegen diese Vorschrift aus dem Koran, der Sunna und dem Konsens." (Elyas, 2004) Diese Vorgabe gilt für muslimische Frauen ab dem Zeitpunkt, wenn sie zum ersten Mal ihre

---

[1] Bei der *Aura* handelt es sich um die Teile des Körpers, die zu bedecken sind und die von anderen nicht angesehen werden dürfen. Bei Männern ist das der Bereich vom Bauchnabel bis zu den Knien, bei Frauen der gesamte Körper außer dem Gesicht und der Hände (diesbezüglich gibt es geringfügige Abweichungen bei den einzelnen Rechtsschulen).

Periode bekommen. Einige Muslime leiten aus dem Gebot zur Bedeckung die Begründung für eine Vollverschleierung, das heißt zum Tragen von Nikab oder Burka, ab. Diese Bekleidungsformen sind vor allem im Nahen Osten und Zentralasien (Afghanistan, Pakistan) verbreitet. Eine verlässliche Angabe zur Zahl der Nikab-/Burkaträgerinnen in Deutschland liegt nicht vor.

Obwohl die Aussagen in den religiösen Quellen und die Positionen islamischer Verbände und Gelehrter höchst normativ sind, gibt es darüber hinaus verschiedene individuelle Begründungen, warum muslimische Frauen ein Kopftuch tragen:

- Aufgrund der Koranpassagen und anderer Quellen erkennen sie eine Verpflichtung dazu.
- Sie wollen ihre bewusste Entscheidung für den Islam demonstrieren und als Muslima sichtbar sein.
- Sie wollen als ehrbare Frau gelten und so erkennbar sein.
- Sie sehen darin eine Möglichkeit zur Abgrenzung gegenüber der nicht-muslimischen Mehrheitsgesellschaft.
- Sie wollen mit dem Kopftuch ein Bekenntnis zu einem politischen Islam abgeben, der sich gegen eine westlich geprägte Gesellschaft wendet und für eine islamisch definierte Gesellschaft streitet.
- Sie betrachten es als Ausdruck der Zugehörigkeit zur religiös-kulturellen Tradition ihres Herkunftslandes bzw. des ihrer Eltern.
- Für Mädchen hat das Kopftuch eine Initiationsfunktion, weil andere ältere Familienmitglieder eines tragen.
- Sie werden durch Familienangehörige dazu gezwungen.

Nach: Interkultureller Rat in Deutschland (2004), Thesen zum Kopftuch, Veränderungen und Ergänzungen BF

Informationen zur schulischen Perspektive

Wenn wir das Kopftuch aus schulischer Perspektive betrachten, müssen wir zunächst unterscheiden, wer dieses trägt. Bei Schülerinnen ist der Fall, zumindest in rechtlicher Hinsicht, schnell geklärt: Die in Artikel 4 des Grundgesetzes garantierte Religionsfreiheit erlaubt es Schülerinnen, ein Kopftuch zu tragen – unabhängig von ihrem Alter. Ebenso erlaubt das in Artikel 6 des Grundgesetzes verbriefte Erziehungsrecht der Eltern, dass diese Einfluss auf die Bekleidung ihres Kindes nehmen. Dazu gehört auch, dass Töchter angehalten werden können, ein Kopftuch zu tragen. Es bleibt abzuwarten, ob die Politik Regelungen zum Verbot des Kopftuches bei unter 14-jährigen Mädchen einführt, wie es beispielsweise in Österreich diskutiert oder von Politikern hierzulande befürwortet wird, darunter unter anderem von der nordrhein-westfälischen Staatssekretärin für Integration, Serap Güler, die erklärte: „Wenn Eltern schon Kinder im Kita- oder Grundschulalter Kopftuch tragen lassen, sexualisieren sie das Kind. Sie unterstellen bei einem kleinen Mädchen Reize, die vor männlichen Blicken geschützt werden müssen." (Güler, 2018)

In diesem Zusammenhang ist für Lehrkräfte meiner Einschätzung nach der folgende Aspekt bedenkenswert, den die Islamwissenschaftlerin Rotraud Wielandt in einem Gutachten für die Deutsche Islam Konferenz schildert: „Und er [Der Staat] wird darauf zu achten haben, dass kleine Mädchen, die noch nicht geschlechtsreif sind, innerhalb der Schule weder von ihren Eltern noch von sonst jemandem einem Druck in Richtung auf eine Verhüllung ihres Kopfes ausgesetzt werden. Eine solche Praxis der Verhüllung kleiner Mädchen kann, wie wir gesehen haben, nicht mit einer religiösen Vorschrift des Islam gerechtfertigt werden. Sie wäre im übrigen unter dem Gesichtspunkt der Vermeidung eines sexuell unnötig aufgeladenen Klimas in der Schule, das dem im Koran begründeten islamischen Sittlichkeitsideal ebenso widerspräche wie der christlichen Ethik und den allgemein akzeptierten Maßstäben zivilisierter Mitmenschlichkeit, sogar eher kontraproduktiv. Denn jedes Kopftuch, das erkennbarermaßen aufgrund der Anschauung getragen wird, dass das weibliche Haupthaar verhüllt werden muss, weil von ihm eine sexuelle Reizwirkung ausgehen könnte, markiert logischerweise umgekehrt auch seine Trägerin als potentielles Sexualobjekt. Was das für die Persönlichkeitsentwicklung von noch relativ kleinen Mädchen und für das Verhalten von Jungen ihnen gegenüber bedeuten kann, muss die öffentliche Schule aufgrund ihres allgemeinen Erziehungsauftrags mit berücksichtigen." (Wielandt, o. J.) Auch andere Experten, wie beispielsweise Ahmad Mansour, kritisieren das Kopftuch bei Kindern als eine Sexualisierung von Minderjährigen. Steht hinter dem Kopftuch die Motivation, als ehrbar zu gelten und vor Belästigungen (Sure 33, 59) geschützt zu sein, ist das eine Nicht-Anerkennung gesellschaftlicher Standards. Zu keiner Zeit seit Bestehen der Bundesrepublik Deutschland galten Frauen mit offenen Haaren als nicht ehrbar, und nie war es erforderlich, dass sich Frauen – und Kinder schon gar nicht –, durch Verhüllung vor sexuellen Übergriffen schützen müssen. Unterrichtlich relevant wird das Kopftuch allenfalls im Sport- oder Chemieunterricht, wenn eine Verletzungs- bzw. Entflammungsgefahr besteht. In solchen Fällen sind Schülerinnen darauf hinzuweisen, dass sie das Kopftuch derart binden, dass man damit nicht an Sportgeräten hängen bleiben kann bzw. dass keine Teile davon an einen Brenner oder Kocher kommen. Hierbei sollte betont werden, dass dies dem Schutz der Gesundheit des Mädchens dient.

In Bezug auf Lehrerinnen hat die Kopftuch-Frage schon mehrfach das Bundesverfassungsgericht beschäftigt. Dieses entschied 2015, dass ein pauschales Kopftuchverbot für Lehrkräfte in öffentlichen Schulen nicht verfassungskonform ist. In der Pressemitteilung zum Urteil heißt es:

> „Mit heute veröffentlichtem Beschluss hat der Erste Senat des Bundesverfassungsgerichts entschieden, dass ein pauschales Verbot religiöser Bekundungen in öffentlichen Schulen durch das äußere Erscheinungsbild von Pädagoginnen und Pädagogen mit deren Glaubens- und Bekenntnisfreiheit (Art. 4 Abs. 1 und 2 GG) nicht vereinbar ist. § 57 Abs. 4 Satz 1 und Satz 2 des nordrhein-westfälischen Schulgesetzes sind daher verfassungskonform dahinge-

hend einzuschränken, dass von einer äußeren religiösen Bekundung nicht nur eine abstrakte, sondern eine hinreichend konkrete Gefahr der Beeinträchtigung des Schulfriedens oder der staatlichen Neutralität ausgehen muss, um ein Verbot zu rechtfertigen."

Bundesverfassungsgericht, Pressemitteilung vom 13. März 2015

Somit obliegt es den einzelnen Bundesländern, ob Lehrerinnen dort erlaubt ist, während der Arbeit Kopftuch zu tragen. Aufgrund der föderalen Struktur Deutschlands bestehen in den Ländern unterschiedliche Regelungen. In Niedersachen beispielsweise ist das Kopftuch bei Lehrerinnen erlaubt, in Berlin hingegen hat das Arbeitsgericht im Mai 2018 die Klage einer muslimischen Lehrerin abgewiesen, die mit Kopftuch an einer Grundschule unterrichten wollte, womit das Kopftuch dort verboten bleibt. Der Präsident des Deutschen Lehrerverbandes, Heinz-Peter Meidinger, begrüßte das Urteil: „Wir stehen dem Kopftuch bei Lehrpersonen kritisch gegenüber." (zit. nach: Deutsche Welle, 2018) Lehrer müssten sich an den Grundsatz der staatlichen Neutralität halten, ganz besonders in der Grundschule: „Dort lassen sich die Schüler ja noch viel mehr beeinflussen. Das Kopftuch hat da eine große suggestive Wirkung, selbst wenn sich die Lehrerin ganz korrekt verhält." Bitte prüfen Sie Ihre Landesgesetzgebung, wenn für Sie interessant ist, ob Lehrerinnen in Ihrem Bundesland verschleiert unterrichten dürfen.

In Bezug auf Nikab und Burka stellt sich die Lage anders als beim Kopftuch dar. Wollen Schülerinnen in Vollverschleierung am Unterricht teilnehmen, widerspricht das vielen Landesgesetzgebungen, die das Recht auf Religionsfreiheit nicht derart auslegen, dass eine Vollverschleierung erlaubt ist. Hier überwiegt der Bildungs- und Erziehungsauftrag des Staates. So initiierten oder planen beispielsweise Niedersachen, Hessen oder Sachsen-Anhalt ein Verbot der Vollverschleierung. In Niedersachsen heißt es dazu im Schulgesetz, § 58: „Sie (Schülerinnen und Schüler) dürfen durch ihr Verhalten oder ihre Kleidung die Kommunikation mit den Beteiligten des Schullebens nicht in besonderer Weise erschweren." Falls eine Schülerin vollständig bedeckt am Unterricht teilnehmen möchte, sollten Sie die in Ihrem Bundesland geltende Rechts- bzw. Erlasslage prüfen.

Bei Müttern, die mit Gesichtsbedeckung in die Schule kommen, beispielsweise um das Kind abzuholen oder um an Elterngesprächen teilzunehmen, gibt es keine eindeutige gesetzliche Regelung. In jedem Fall muss sichergestellt sein, dass es sich bei der Person unter dem Schleier tatsächlich um die Erziehungsberechtigte handelt.

Was tun? Was tun! – Möglichkeiten zum Umgang mit der Thematik

Zu Beginn dieses Kapitels habe ich verschiedene Sichtweisen zum Kopftuch – Unterdrückungssymbol, Symbol für Desintegration, Zeichen für religiöse Selbstbestimmung, Sinnbild für Vielfalt in der Migrationsgesellschaft – dargestellt. Unabhängig davon, welche persönliche Haltung Sie zum Kopftuch haben, muss für Lehrkräfte oberste Prämisse sein, dass die Schülerinnen, die eines tragen, vorbe-

7 Wenn Schul- und Unterrichtsorganisation auf islamische Glaubensvorstellungen treffen

haltlose Wertschätzung in der Schule erfahren. Alles andere würde den Lernerfolg des Kindes behindern. Trägt das Mädchen das Kopftuch freiwillig, ist das für Lehrkräfte bedingungslos zu akzeptieren. Wissen Sie, dass ein Mädchen dazu gezwungen wird, steht es Ihnen frei, ob Sie das Gespräch mit den Eltern suchen. Grundsätzlich handelt es sich nicht um einen Sachverhalt, der eine Intervention seitens der Schule zwingend erfordert. Hier greifen das elterliche Erziehungsrecht und die Religionsfreiheit. Jedoch können Sie in einem solchen Fall behutsam nachfragen, weshalb das Kind ein Kopftuch tragen soll. Lassen Sie sich die Gründe erläutern, machen Sie Ihre Bedenken deutlich. Achten Sie dabei aber darauf, dass Religiosität eine sensible, hoch private Angelegenheit ist.

Ich rate dazu, über die Bekleidung hinwegzusehen. Blenden Sie sie in der täglichen Zusammenarbeit mit der Schülerin aus. Allerdings können Sie ruhig mit ihr sprechen, wenn sie erst kürzlich mit dem Kopftuch in der Schule erschienen ist. Fragen Sie offen, unbefangen und interessiert nach den Hintergründen, lassen Sie sich Sachverhalte erklären. Wichtig ist nur, dass bei der Schülerin nicht das Gefühl aufkommt, dass sie sich rechtfertigen muss. Suchen Sie für ein solches Gespräch einen ruhigen Moment, führen Sie es nicht vor der gesamten Lerngruppe. Bitte beachten Sie unbedingt, dass die Kopftuchträgerin, obwohl deutlich als Muslima erkennbar, nicht zur Stellvertreterin oder Botschafterin für den Islam und alle Anfragen, die damit zusammenhängen, gemacht wird. Ich weiß von vielen Muslimen, dass sie es mitunter als belastend empfunden haben, wenn sie von Lehrkräften fortwährend auf politische Ereignisse, die in irgendeiner Form mit dem Islam in Verbindung stehen, angesprochen wurden oder zum dauerverfügbaren Experten für Islamfragen gemacht wurden.

Merken Sie, dass kopftuchtragende Mädchen bei einer oder mehrerer Personen Thema in der Klasse ist, können Sie die entsprechenden Schülerinnen fragen, ob sie bereit sind, mit den Mitschülern ins Gespräch zu kommen und die Hintergründe und die persönliche Bedeutung des Kopftuchs zu erläutern. Sie als Lehrkraft können anbieten, das Gespräch zu moderieren.

In Fällen, in denen Schülerinnen mit Kopftuch gemobbt werden, sollte umgehend und deutlich interveniert werden. Den entsprechenden Schülern ist zu verdeutlichen, dass Beleidigungen, bösartige Witze oder Bloßstellungen nicht akzeptabel sind.

Kommt es dazu, dass muslimische Schüler andere abqualifizieren, weil diese kein Kopftuch tragen, ist ebenso entschieden darauf zu reagieren. Ein Gruppendruck oder die Titulierung als „ungläubig", „unrein" oder „Schlampe" ist anmaßend und beleidigend. Bei einer Intervention kann darauf hingewiesen werden – wenn man es sich zutraut, religiös zu argumentieren –, dass es im Islam niemandem zusteht, die religiöse oder weltanschauliche Haltung einer anderen Person zu beurteilen. Letztlich ist das nach islamischem Verständnis allein die Aufgabe Allahs. Meiner Erfahrung nach hilft es auch, wenn man die Situation in einem Gespräch spiegelt, das heißt, die Schüler reflektieren lässt, wie sie es finden würden, wenn jemand, der ein anderes Religionsverständnis hat, sie als nicht richtig religiös, unrein oder ungläubig bezeichnet.

7.4 Wenn Glaubensvorstellungen auf Schulpraxis treffen.

Bei Lehrerinnen mit Kopftuch ist zu bedenken, dass eine normative oder suggestive Wirkung vom Kopftuch auf Schülerinnen ausgehen kann. Fordern Eltern eine Schülerin gegen ihren Willen zum Tragen eines Kopftuchs auf, ist es meiner Einschätzung nach problematisch, wenn eine Lehrperson ein Kopftuch trägt. So kann diese von den Eltern als Argument gegenüber der Tochter herangezogen werden. Allerdings: Handelt es sich bei dieser Lehrerin um eine reflektierte Person, die keinen Normativitätsanspruch vertritt, kann sie auch als Mittlerin im Sinne der Schülerin Gold wert sein. Sie könnte authentisch aus einer religiösen Position mit den Eltern diskutieren und aus deren Sicht legitimer und glaubwürdiger Stellung zu dieser Frage beziehen.

Bleibt noch die Frage, wie mit einer vollständigen Verschleierung umzugehen ist. Meines Erachtens widerspricht das Tragen von Nikab oder Burka der gesellschaftlichen Konvention und den staatlichen Bildungs- und Erziehungszielen. Unterricht und Schulleben, die fortwährend offene, uneingeschränkte Kommunikation erfordern, sind so nicht möglich. Beachten Sie die Erlasslage Ihres Bundeslandes zu dieser Frage. Ich empfehle, die Schülerin mit Verweis auf die gesellschaftliche Konvention und in diesem Fall auch auf die Rechtslage, dass hierzulande das Gesichtsfeld in Kommunikationssituationen frei ist, aufzufordern, den Gesichtsschleier abzunehmen. Um hier eine Bloßstellung zu vermeiden, können Sie die Schülerin für dieses Gespräch vor die Klassenzimmertür oder in einen ruhigen Nebenraum bitten.

Bei Müttern stellt sich die Rechtslage anders dar. Nach Artikel 4 des Grundgesetzes ist die freie Religionsausübung ein Grundrecht. So lange es kein bundesweites Burka-Verbot gibt, ist es zu akzeptieren, wenn Frauen sich so bekleiden. Lehrkräfte oder Schulen, die nicht wollen, dass Mütter derart in die Schule kommen, könnten sich auf eine Störung des Schulfriedens berufen, den sie allerdings begründen müssen. Hier empfiehlt sich eine Abstimmung von Kollegium, Schulleitung und Schulbehörde. Darüber hinaus sollte in der Schule von Schulleitung und Kollegium beraten werden, wie mit diesen Müttern umzugehen ist. Die Möglichkeiten reichen von Akzeptanz der Vollverschleierung bis zur Bitte, sich des Schleiers auf dem Schulhof zu entledigen.

Denkimpulse

Was sagt Ihre Landesgesetzgebung hinsichtlich der Frage, ob Lehrerinnen das Tragen von Kopftüchern erlaubt ist?

In den Informationen zur schulischen Perspektive finden Sie eine Stellungnahme der Islamwissenschaftlerin Rotraud Wieland, die beschreibt, dass nach einem bestimmten Verständnis der Bekleidungsvorschriften das Kopftuch die Trägerin als potenzielles Sexualobjekt markiert. Wie beurteilen Sie dieses Statement? Würden Sie in diesem Zusammenhang ein Kopftuchverbot bei Mädchen unter 14 Jahren befürworten oder ablehnen?

7 Wenn Schul- und Unterrichtsorganisation auf islamische Glaubensvorstellungen treffen

Nach den Sommerferien trägt eine Schülerin Kopftuch, die vorher keines getragen hat. Stellen Sie sich die Situation vor ihrem geistigen Auge vor. Wie reagieren Sie? Würden Sie die Schülerin vor der Klasse ansprechen? Würden Sie die Schülerin unter vier Augen ansprechen? Würden Sie die Schülerin gar nicht ansprechen?

Wie würden Sie auf eine Schülerin mit Vollverschleierung (Nikab, Burka) reagieren? Was wäre aus Ihrer Sicht eine geeignete Vorgehensweise? Prüfen Sie hier die Rechtslage in Ihrem Bundesland.

Eine Mutter erscheint mit Nikab in der Schule. Wie ist aus Ihrer Sicht mit der Mutter umzugehen?

Sie treten mit der zuvor erwähnten Mutter in ein Gespräch ein und haben das Ziel, sie zur Abnahme des Schleiers auf dem Schulhof zu bewegen. Wie können Sie hier argumentieren?

Halten Sie es in Anbetracht der Tatsache, dass muslimischen Mädchen und Frauen das Tragen eines Kopftuchs im Unterricht erlaubt ist, für vertretbar, Jungen das Tragen von Caps oder Mützen zu gestatten?

Ein persönlicher Einwurf zu Nikab oder Burka

Ich halte die Vollverschleierung von Frauen in jeder Hinsicht für inakzeptabel. Eine Teilhabe an dieser Gesellschaft ist derart bekleidet schlicht nicht möglich. Nikab und Burka sind Abgrenzung in Reinform. Mit Befremden höre ich Fürsprecher, die die Vollverschleierung zum Symbol von individueller Freiheit und Selbstbestimmung umdeuten wollen. Das Gegenteil ist der Fall. Frauen sind damit völlig deindividuiert und nicht als Persönlichkeit erkennbar. Sie sind nur noch amorphe Wesen. Ich hoffe, die Gesellschaft tritt diesem Phänomen entschieden entgegen.

7.4.2 Sport- und Schwimmunterricht

Mögliche Problemstellungen aus dem Schulalltag
Erfahrungsgemäß wird in keinem anderen Unterricht die Frage islamischer Moralvorstellungen so bedeutsam, wie im Sportunterricht. Im Abschnitt zuvor haben wir das Konzept der Aura kennengelernt, den Bereich des Körpers, den Muslime entsprechend der religiösen Vorschriften mit Beginn der Geschlechtsreife zu bedecken haben – bei Frauen ist das der gesamte Körper, außer dem Gesicht und den Haaren, bei Männern der Bereich vom Bauchnabel abwärts bis zu den Knien.

7.4 Wenn Glaubensvorstellungen auf Schulpraxis treffen.

Aber nicht nur das Zeigen bestimmter Körperregionen ist für streng gläubige Muslime problematisch, auch der Körperkontakt, der im Sportunterricht nicht auszuschließen ist, kann ein Grund sein, um die Teilnahme an diesem Unterricht zu verweigern.

Manche Eltern wollen in diesem Zusammenhang nicht nur, dass ihre eigenen Kinder ihre Reize bedecken, sondern auch, dass diese keine anderen Personen leichter bekleidet ansehen können. Ein schulischer Schwimmunterricht steigert die Sorgen mancher Schüler und Eltern vor Verletzung dieser Sittlichkeitsnormen. So kann es passieren, dass an Lehrkräfte mit dem Wunsch um Befreiung für bestimmte Sportarten oder gar für den gesamten Sportunterricht herangetreten wird.

Informationen zur religiösen Perspektive
Überwiegend sind es Mädchen, die die Frage der Nicht-Teilnahme am Sportunterricht betrifft. Diese gelten in muslimischen Familien als Trägerinnen der Familienehre und sollen vor Situationen beschützt werden, die diese Ehre verletzen können. Islamische Gesellschaften sind überwiegend von einer Schamkultur geprägt. Das bedeutet, dass die Gemeinschaft ihre Mitglieder beobachtet und die Handlungen des Einzelnen oder der Familie beurteilt. Ehre und Schande sind wichtige Verhaltens- und Bewertungskategorien. „Wichtig ist, was die Straße denkt", hat mir ein Schüler in diesem Zusammenhang einmal erklärt. Wie auch immer geartetes unehrenhaftes Verhalten kann schwerwiegende soziale Konsequenzen – wie beispielsweise demonstrative Verachtung oder den Ausschluss aus dem Familienkreis – nach sich ziehen. Die hiesige Mehrheitsgesellschaft ist hingegen eher von einer sogenannten Schuldkultur geprägt, bei der der Richter im Inneren sitzt und das Individuum bei Normverstößen eher selbst ein schlechtes Gewissen entwickelt. Der Sport- und insbesondere der Schwimmunterricht bietet eine Vielzahl von Gelegenheiten, diese religiösen und kulturellen Vorstellungen zu verletzen: In der Umkleide, während der Ausübung der Sportarten oder danach, wenn sich wieder umgezogen und ggf. geduscht wird.

Dabei steht der Ausübung von Sport kein islamisches Prinzip entgegen. Im Gegenteil: Muslime sind aufgefordert, sich gesund und ihren Körper und Geist fit zu halten. Mohammed selbst, dessen Verhalten handlungsleitend für Muslime ist, soll aus diesen Gründen Sport getrieben haben. Besonders Schwimmen soll er empfohlen haben:

„Jede Tat ohne Gedenken an Allah ist entweder Ablenkung oder Achtlosigkeit, außer viererlei: (beim Schießen) von Ziel zu Ziel gehen, sein Pferd trainieren, mit der Familie spielen und Schwimmen lernen."

Hadith nach Tabarani

„Das Recht des Kindes gegenüber seinem Vater ist, dass es einen schönen Namen bekommt, dass ihm das Lesen und Schreiben, das Schwimmen und

> *das (Pfeil-)Schießen beigebracht wird, dass es nur von Reinem (Erlaubtem; Halâl) ernährt wird und dass es verheiratet wird, wenn es erwachsen ist."*
>
> Hadith nach Hakim

Informationen zur schulischen Perspektive

Grundsätzlich gilt die Schulpflicht, die die Teilnahme an allen Unterrichtsfächern vorsieht. Die Eltern und Erziehungsberechtigten haben für die Erfüllung der Schulpflicht Sorge zu tragen. Das Vorbringen von religiösen Geboten per se ist kein Grund, um eine Befreiung vom Sport- und Schwimmunterricht zu begründen. Ebenso wenig kann mit diesem Argument eine getrennte Unterrichtung von Jungen und Mädchen gefordert werden. Das Bundesverwaltungsgericht hat in seinem sogenannten Burkini-Urteil entschieden, dass muslimischen Schülerinnen die Teilnahme an einem gemeinsamen Schwimmunterricht zuzumuten ist, wenn sie die Möglichkeit haben, einen sogenannten Burkini zu tragen:

> *„1. Der einzelne Schüler kann gestützt auf von ihm für maßgeblich erachtete religiöse Verhaltensgebote nur in Ausnahmefällen die Befreiung von einer Unterrichtsveranstaltung verlangen.*
>
> *2. Einer Schülerin muslimischen Glaubens ist die Teilnahme am koedukativen Schwimmunterricht in einer Badebekleidung zumutbar, die muslimischen Bekleidungsvorschriften entspricht."*
>
> Bundesverwaltungsgericht, Urteil vom 11.09.2013

Die erwähnten Ausnahmefälle regelt folgendes Grundsatzurteil des Bundesverwaltungsgerichts von 1993:

> *„Führt ein vom Staat aufgrund seines Bildungs- und Erziehungsauftrags aus Art. 7 II GG im Rahmen der allgemeinen Schulpflicht angebotener koedukativ erteilter Sportunterricht für eine zwölfjährige Schülerin islamischen Glaubens im Hinblick auf die Bekleidungsvorschriften des Korans, die sie als für sie verbindlich ansieht, zu einem Gewissenskonflikt, so folgt für sie aus Art. 4 I und II GG ein Anspruch auf Befreiung vom Sportunterricht, solange dieser nicht nach Geschlechtern getrennt angeboten wird."*
>
> Bundesverwaltungsgericht, Urteil vom 25.08.1993

Allerdings, so betont das Urteil von 2013, hat eine Befreiung wegen einer befürchteten Beeinträchtigung religiöser Empfindungen, die Ausnahme zu bleiben. Es muss ein begründeter Antrag gestellt werden. Eine Befreiung darf nicht „als routinemäßige Option der Konfliktauflösung fungieren (…), die in jedem Fall ergriffen werden müsste, in dem aufgrund des Unterrichts Einzelnen eine Beeinträchtigung religiöser Positionen droht." Das staatliche Bildungs- und Erziehungsrecht und die damit verbundene Schulpflicht rechtfertigen es, dass „in einem bestimmten Umfang Beeinträchtigungen ihrer religiösen Überzeugungen als typische, von der Verfassung von vornherein einberechnete Begleiterscheinung" hinzunehmen sind. Zu beachten sind diesem Fall noch die Erlassbestimmungen Ihres Bundeslandes für den Schulsport. Hier finden sich zusätzliche Regelungen zu Fragen der Teilnahme und Befreiung.

Eine Krankmeldung scheint in Anbetracht des Begründungsverfahrens für Eltern eine einfache Möglichkeit zu sein, ihr Kind nicht am Sport- und Schwimmunterricht teilnehmen zu lassen. Heinz-Peter Meidinger, Präsident des Deutschen Lehrerverbandes, erklärte, es gebe „wahrscheinlich mehr Konfliktfälle als in der Öffentlichkeit thematisiert" (zit. nach: Spiegel Online, 2017), schließlich würden viele muslimische Eltern ihre Kinder zum Schwimmunterricht krankmelden.

Was tun? Was tun! – Möglichkeiten zum Umgang mit der Thematik
Stehen hinter dem Wunsch um Befreiung vom Unterricht ernsthafte religiöse Gründe, die die Schüler und/oder Eltern in einen Gewissenskonflikt führen, handelt es sich um eine Situation, die sensibel gehandhabt werden sollte. Es ist anzunehmen, dass Muslime in diesem Zusammenhang einen Ehrverlust und schlimmstenfalls eine Strafe Allahs für nicht islamkonformes Handeln befürchten. Anders stellen sich die Dinge dar, wenn Sie den Verdacht haben, dass es den Schülern nur um Provokation, Abgrenzung oder Vorteilsnahme geht.

Ziel muss es sein, dass sichergestellt ist, dass Schüler an allen Unterrichtsangeboten teilnehmen. Manche Schulen haben in dem Zusammenhang Möglichkeiten geprüft, den Sportunterricht nach Geschlechtern getrennt durchzuführen. Dem steht gegebenenfalls die Frage der personalen und räumlichen Ressourcen gegenüber. Auch ist zu diskutieren, inwieweit eine religiöse Minderheit die üblichen Arbeitsabläufe und die Unterrichtsorganisation beeinflussen soll und ob eine Geschlechtertrennung aus religiösen Gründen mit dem Primat der Geleichberechtigung in Einklang zu bringen ist.

Melden Schüler oder Eltern Bedenken an, sollten Sie das Gespräch suchen und sich die Gründe konkret erläutern lassen. Sie sollten den Schülern/Eltern nicht die religiösen Empfindungen kleinreden. Argumentieren Sie mit dem Nutzen von Sport für die Gesunderhaltung des Körpers. Betonen Sie den Mehrwert, den gemeinsames Sporttreiben für eine Gruppe hat. Können Sie Vorbehalte nachvollziehen, insbesondere den Aspekt der Scham, können Sie das in Ihre Argumentation aufnehmen und Verständnis zeigen. Ich habe im Zusammenhang mit diesem Thema immer wieder Berichte gehört, wonach sich Lehrkräfte selbst in der eigenen Schulzeit in Badeanzug oder in Badehose nicht wohl gefühlt haben. Zeigen Sie Empathie. Gleichzeitig können Sie auf die Möglichkeit hinweisen, dass die Tochter in einem islamischen Schwimmanzug, dem sogenannten Burkini, am Schwimmunterricht teilnimmt. Es gibt Schulen, die Burkinis angeschafft haben, damit die Schülerinnen am Schulschwimmen teilnehmen können. Im regulären Sportunterricht können langärmlige Kleidung und Kopftuch getragen werden, wenn keine Sicherheitsgründe, zum Beispiel beim Turnen, dagegen sprechen.

7 Wenn Schul- und Unterrichtsorganisation auf islamische Glaubensvorstellungen treffen

Sie können in Ihrer Argumentation mit den Eltern auch einen konfrontativeren Ansatz wählen. Vor einiger Zeit habe ich den Rektor einer Hauptschule kennengelernt, der an einer stark von Migration geprägten Schule arbeitet. Verweigern Eltern die Teilnahme am Schwimmunterricht, legt er ihnen Fotos von Fährunglücken und ertrunkenen Personen vor und fragt: „Wollen Sie das?" Viele Eltern würden dann ihre Zustimmung zum Schwimmunterricht geben. Wenn Sie nicht derart vorgehen wollen, sollten Sie zumindest betonen, dass die Fähigkeit zu schwimmen lebensrettend sein kann. Selbst wenn man nicht baden geht, kann es beispielsweise bei Fährunglücken lebensnotwendig sein.

Die in diesem Abschnitt angeführten Hadithe betonen den Wert, den der Prophet Mohammed dem Schwimmen beigemessen haben soll. Sie können auch damit argumentieren. „Ich habe gelesen, dass der Prophet gesagt haben soll..." – solche eine Argumentation kann in den Augen der Eltern als Wertschätzung und Interesse an den Dingen, die ihnen wichtig sind, wahrgenommen werden. Allenfalls zuletzt sollten Sie mit der Rechtslage argumentieren. Ich behaupte, dass diese für die wenigsten Eltern das schlagende Argument sein wird.

Um der Note 6 für eine Nichtteilnahme vorzubeugen, können Sie auch überlegen, ob Sie einen Kompromiss bezüglich der Leistungserbringung im Sportunterricht treffen können. Hier können Schüler Protokoll führen, etwas Sporttheoretisches zur Unterrichtseinheit erarbeiten und/oder den Auf- und Abbau der Geräte organisieren.

Wird ein Attest vorgelegt, was ein Mittel zur einfachen Konfliktvermeidung sein kann, gelten die für diesen Fall in Ihrem Bundesland üblichen Bestimmungen.

Denkimpulse
Welchen Wert messen Sie einem koedukativ durchgeführten Sportunterricht bei? Finden Sie, man kann ihn aus Gründen der Religionssensibilität abschaffen oder zumindest einschränken oder sehen Sie die Bestrebung, ihn in Frage zu stellen, als Schritt in Richtung Geschlechterapartheid?

Wäre ein nach Geschlechtern getrennter Sportunterricht an Ihrer Schule durchführbar?

Eine Schülerin nimmt nicht am Sportunterricht teil. Geben Sie die Note 6? Oder würden Sie ihr eine Kompensationsleistung ermöglichen? Wenn ja, wie kann diese aussehen?

7.4.3 „Mein Kind nimmt nicht teil..." – Klassenfahrten

Mögliche Problemstellungen aus dem Schulalltag
Klassenfahrten sind eine hervorragende Ergänzung der pädagogischen Alltagsarbeit. Sie bieten nicht nur die Möglichkeit, das Erreichen von Bildungszielen zu unter-

stützen, sondern fördern auch das soziale Leben der Klassengemeinschaft. Umso bedauerlicher ist es, dass sie zu einem Klassiker der Überschneidungssituationen zählen und muslimische Schüler, vornehmlich Mädchen, oder ihre Eltern immer wieder die Teilnahme an Klassenfahrten ablehnen. Mitunter passiert das kurzfristig und obwohl die Klassenfahrt bereits bezahlt ist. Dabei werden meist keine konkreten Gründe benannt, sondern eher diffus „religiöse Gründe" vorgegeben.

In Anbetracht des Mehrwerts, der mit Schulfahrten verbunden ist, sollten Lehrkräfte anstreben, dass alle Schüler einer Lerngruppe daran teilnehmen. Durch eine Nichtteilnahme droht das Kind in eine Außenseiterrolle zu geraten, insbesondere wenn sich die Klassengemeinschaft nach einer Fahrt verfestigt hat und die Erlebnisse teilweise noch Jahre später thematisiert werden. Zudem würde die Wahrnehmung von islamischer Religion als scheinbar unüberbrückbare Differenzkategorie verstärkt, was langfristig eine Trennung von üblichen gesellschaftlichen Abläufen und islamischer Glaubenspraxis manifestieren kann – letztlich also religiöse Parallelgesellschaft.

Informationen zur religiösen Perspektive
Eltern, die ihren Kindern die Teilnahme an einer Klassenfahrt verweigern, haben in der Regel die Sorge, dass ihre Kinder die Vorgaben der Religion außerhalb des elterlichen Einflussbereichs vernachlässigen oder nicht beachten werden. Dabei geht es primär um den Konsum von Alkohol oder Drogen, den Verzehr von Essen, das nicht den islamischen Speisevorschriften entspricht, und unangemessenen Kontakt zwischen den Geschlechtern. Dabei wird eher Mädchen und jungen Frauen die Mitfahrt versagt, da diese in muslimischen Familien als Trägerinnen der Familienehre gelten und daher zu besonders tugendhaftem Verhalten aufgefordert sind.

In diesem Zusammenhang gibt es ein islamisches Rechtsgutachten, eine sogenannte Fatwa, die sich explizit mit der Frage der Teilnahme von Schülerinnen an einer Klassenfahrt beschäftigt hat. Darin heißt es:

„Eine mehrtägige Reise mit Übernachtung außerhalb der elterlichen Wohnung ist für muslimische Frauen ohne die Begleitung eines Mahram (dieser ist ein naher Verwandter, also der Ehemann, Vater oder Bruder), nicht erlaubt und verstößt gegen islamische Regeln. Der Gesandte Muhammad sagte im Hadith: ‚Eine Frau darf nicht die Entfernung einer Tages- und Nachtreise ohne Mahram zurücklegen.' Diese Entfernung schätzen die islamischen Gelehrten heutzutage auf ca. 81 km. Gemäß der im Grundgesetz und in der Verfassung des Landes Hessen verankerten Religionsfreiheit ist es deshalb angebracht, muslimische Schülerinnen von der Teilnahme an derartigen schulischen Veranstaltungen freizustellen."
(Zaidan, 1998, zit. nach: Arpad, 2004)

Die Fatwa wurde im Jahr 1998 vom Islamologen Amir Zaidan erstellt und dem hessischen Kultusministerium vorgelegt. Wie weit sich die Fatwa verbreitet hat und wie maßgeblich sie für Eltern ist, ist mir nicht bekannt. Ich schätze, dass sie keine weite Verbreitung unter muslimischen Eltern erfahren hat, geschweige denn, dass sich Eltern bei einer Verweigerung der Mitfahrt explizit auf die Kamelfatwa berufen. Doch sie gibt Einblick in eine konservativ-islamische Sichtweise: Frauen unterstehen den Männern und haben sich nicht unbeaufsichtigt aus dem familiären Einflussbereich zu entfernen.

Die betreffenden Schüler sind in einer schwierigen Situation. Es ist anzunehmen, dass sie gerne an der Klassenfahrt teilnehmen möchten, sich aber nicht gegen den Wunsch oder die Vorgabe der Eltern auflehnen wollen.

Informationen zur schulischen Perspektive
Das Grundgesetz gewährleistet in Artikel 4 die ungestörte Religionsausübung. In Artikel 6 heißt es: „Pflege und Erziehung der Kinder sind das natürliche Recht der Eltern und die zuvörderst ihnen obliegende Pflicht. Über ihre Betätigung wacht die staatliche Gemeinschaft." Beide Artikel sind grundlegend mit der Teilnahme an Klassenfahrten vereinbar. Das Oberverwaltungsgericht Bremen hat in einem 2013 gefällten Entscheid angemerkt, dass eine Befreiung wegen befürchteter Beeinträchtigungen religiöser Erziehungsvorstellungen die Ausnahme zu bleiben hat und der Glaubens- oder Gewissenskonflikt nachvollziehbar dargelegt werden muss. Weiter heißt es: „Aus dem Gebot praktischer Konkordanz folgt zunächst die Vorgabe, bei Auftreten eines konkreten Konflikts zwischen verschiedenen Verfassungspositionen nach einem Kompromiss zu suchen, der den Konflikt entschärft. Wer sich als Beteiligter einer solchen Konfliktentschärfung verweigert und annehmbare Ausweichmöglichkeiten ausschlägt, muss hinnehmen, dass er sich nicht länger gegenüber dem anderen Beteiligten auf einen Vorrang seiner Rechtsposition berufen darf." (OVG Bremen, Urteil v. 19.11.2013). Konkret heißt das, dass Schule und Schülerseite aufgefordert sind, ein Übereinkommen zu suchen, wobei derjenige, der sich der Lösungsfindung verweigert, die Nachteile zu tragen hat.

Aufgrund der föderalen Struktur des deutschen Bildungswesens liegen zu Klassenfahrten unterschiedliche Gesetzes- bzw. Erlasslagen vor. Daher sollten Lehrkräfte zunächst die jeweiligen Durchführungsbestimmungen für Schulfahrten prüfen. Üblicherweise ist es so, dass eintägige Schulfahrten verpflichtend, mehrtägige Schulfahrten hingegen nicht verpflichtend sind. Schüler, die nicht mitfahren, müssen sie in dieser Zeit am Unterricht einer anderen Klasse teilnehmen.

Was tun? Was tun! – Möglichkeiten zum Umgang mit der Thematik
Eine grundlegend vertrauensvolle und religionsbewusste Zusammenarbeit mit muslimischen Schülern und Eltern kann einen Konflikt vorab entschärfen oder vielleicht ganz verhindern. Wissen Eltern, dass Sie als Lehrkraft ihre religiösen Bedürfnisse anerkennen und nach Möglichkeit berücksichtigen, ist es wahrscheinlich, dass die Sorgen und Bedenken im Vorfeld einer Klassenfahrt nicht so groß sind. „Frau/Herr XY weiß, dass wir Muslime sind. Unser Kind ist bei ihr/ihm in gu-

ten Händen." – schaffen Sie es, Eltern zu dieser Einschätzung zu bringen, haben Sie alles richtig gemacht.
Wenn Sie die Planung einer Klassenfahrt aufnehmen, sollten Sie frühzeitig an die Eltern herantreten. Hierfür empfiehlt sich ein Elternabend, wobei mir die Problematik der Elternbeteiligung bewusst ist. Wenn Sie die Eltern an der Planung beteiligen, beispielsweise bei der Auswahl des Fahrtziels oder der Unterkunft, schafft das Verbindlichkeit, was wiederum eine Absage der Teilnahme des Kindes unwahrscheinlich macht.
Günstig wäre es, wenn der Zeitraum der Klassenfahrt außerhalb des Ramadans oder islamischer Feiertage (Opferfest) liegt. Das erhöht die Wahrscheinlichkeit, dass die muslimischen Schüler mitkommen. Um religiöse Festivitäten und Termine im Blick zu haben, empfiehlt sich ein interreligiöser Kalender. Diese Kalender findet man im Internet zum Ausdrucken oder zum Bestellen. Es wäre gut, wenn diese in der Schule wahrnehmbar aushängen (über dem Kopierer, im Lehrerzimmer etc.).
Wissen Sie, dass in bestimmten Familien Religion eine Rolle spielt, können Sie gezielt Wünsche in Bezug auf Glaubensfragen und deren Handhabung während der Klassenfahrt anfragen. Das wäre ein Signal der Religionssensibilität und würde die Vertrauensbasis zwischen Elternhaus und Ihnen stärken.
Alternativ können Sie versuchen, mögliche Bedenken in einem Elternbrief vorab zu entkräften und darauf hinweisen, dass Alkohol grundsätzlich verboten ist, die Unterbringungseinrichtung muslimische Speisevorschriften berücksichtigt sowie Mädchen und Jungen getrennt voneinander untergebracht sind. Sollte die Gebetspflicht eine Frage sein – Muslime sollen fünfmal am Tag beten –, können Sie auch darauf verweisen, dass eine entsprechende Räumlichkeit gestellt werden kann.
Verweigern Eltern die Teilnahme an einer Klassenfahrt, sollten Sie das Gespräch suchen. Wenn es Ihnen möglich ist, persönlich in der Schule oder bei der Familie zu Hause. Lassen Sie sich die Beweggründe erklären und signalisieren Sie, dass Sie versuchen, die Bedenken zu berücksichtigen. Betonen Sie den Bildungswert einer Klassenfahrt und verweisen Sie darauf, dass das Kind in eine Außenseiterposition zu rutschen droht, wenn es nicht mitkommt. Wenn möglich, können Sie auch damit argumentieren, dass Sie schon mehrere Klassenfahrten mit muslimischen Schülern durchgeführt haben und es keine Probleme in Bezug auf deren religiöse Praxis gegeben hat.
Bedenken Sie im Elterngespräch den inneren Konflikt des Kindes zwischen der Loyalität gegenüber den Eltern und dem Wunsch der Teilnahme. Fragen Sie nicht vor den Eltern, was es sich wünscht. Sie sollten vielmehr betonen, dass Sie eine hohe Meinung von ihm haben – zuverlässig und pflichtbewusst sind in diesem Zusammenhang gute Vokabeln – und die Eltern dem Kind vertrauen sollten, dass es die religiösen Pflichten nicht verletzt.

Eine Option, die ich allerdings nicht für attraktiv halte, ist die Teilnahme eines Elternteils, ggf. einer muslimischen Lehrkraft, an der Fahrt. Sollte das für Sie kein Problem sein und würde Ihre Schulleitung zustimmen, können Sie das anbieten. Erlauben Eltern trotz all Ihrer Bemühungen nicht, dass ihr Kind an der Schulfahrt teilnimmt, muss man akzeptieren, dass die Möglichkeit der eigenen Einflussnahme begrenzt ist.

Denkimpulse
Wie sieht die Rechtslage in Ihrem Bundesland bezüglich Klassenfahrten aus? Welche Vorgaben und Verfahrensweisen existieren?

Inwieweit sind Sie bereit, Mehraufwand zu leisten, um die Eltern zu einer Erlaubnis zur Teilnahme an der Schulfahrt zu bewegen? Würden Sie dazu auch einen Hausbesuch machen?

Finden Sie es vertretbar, muslimische Glaubensvorstellungen bei der Klassenfahrt zu berücksichtigen (beispielsweise Verzicht auf Schweinefleisch, ein zusätzlicher Grill für Halal-Fleisch, Stellung eines Gebetsraums und Beachtung der Gebetszeiten)? Was können Sie mittragen, was nicht?

Wären Sie bereit, muslimische Eltern als Begleitpersonen mitzunehmen?

Wie reagieren die nicht-muslimischen Schülerinnen und Schüler, wie die Eltern Ihrer Lerngruppe, wenn besondere Maßnahmen für Muslime den Gesamtablauf beeinflussen?

7.4.4 Ramadan

Mögliche Problemstellungen aus dem Schulalltag
Während des Ramadan sollen Muslime von Sonnenaufgang bis Sonnenuntergang auf Essen, Getränke, Rauchen und Geschlechtsverkehr sowie auf üble Nachrede, Verleumdung, Lügen und Beleidigungen verzichten. Während alle bis auf die ersten beiden Punkte im Schulleben ohnehin keinen Platz haben sollten, stellt der Verzicht auf jegliche Nahrungsaufnahme Schulen vor Probleme. Essen und trinken Schüler den Tag über nicht, mindert das die Konzentrations- und Leistungsfähigkeit. Insbesondere dann, wenn der Ramadan in den Sommermonaten liegt und die Tage länger und heißer sind – der Ramadan richtet sich nach dem islamischen Mondkalender und verschiebt sich im Gregorianischen Kalender von Jahr zu Jahr um gut 10 Tage nach vorne.
Erschwerend hinzu kommen kann ein Mangel an Schlaf, da meist nachts vor Sonnenaufgang ausgiebig gefrühstückt wird. Sportunterricht und Sportfeste stellen so für die Schüler eine große körperliche Belastung dar, auch Klassenarbeiten oder

7.4 Wenn Glaubensvorstellungen auf Schulpraxis treffen.

Nachmittagsunterricht werden im Ramadan als anstrengend empfunden. Hier sind schwächere Leistungen als üblich keine Seltenheit. Zudem klagen Schüler, die teilweise schon im Grundschulalter fasten, über Kopfschmerzen, Übelkeit oder Kreislaufprobleme. Schulveranstaltungen, die abends stattfinden, wie Elternabende oder Aufführungen, werden nicht gut besucht, da in der Regel zu der Zeit das Fastenbrechen vorbereitet wird. Auch die Teilnahme an Schulfahrten kann geringer ausfallen, wenn diese im Ramadan stattfindet. Scheinbar zunehmend zeigt sich das Problem, dass fastende muslimische Schülerinnen und Schüler Gruppendruck ausüben und nicht fastende Mitschüler als ungläubig oder schlechten Muslim bezeichnen.

Informationen zur religiösen Perspektive
Der Ramadan („der heiße Monat"/„brennende Hitze"; im Türkischen *Ramazan*) ist der heilige Fastenmonat der Muslime und der neunte Monat im islamischen Kalender, in dem nach islamischer Vorstellung der Koran herabgesandt wurde. Der Ramadan ist eine der fünf Säulen des Islam. Das Fasten gilt als gottesdienstliche Handlung und wird durch Koransuren (beispielsweise Sure 2, Verse 183–187) und die Sunna, die Praxis des Propheten Mohammed, begründet. Durch den Verzicht beweisen sie Allah ihre Ergebenheit und hoffen auf Vergebung im Jenseits. Zudem bezeichnen Muslime den Ramadan als Zeit der körperlichen und spirituellen Reinigung. Manche führen auch an, dass sie sich durch die Entsagungen besser in die Situation von armen und notleidenden Menschen versetzen können.
Mit der Pubertät gilt ein Mensch im Islam als religiös mündig. Entsprechend soll er ab dieser Zeit fasten. Ausgenommen davon sind Kranke, Altersschwache, Schwangere, stillende Mütter, Frauen in der Menstruation und Reisende ab ca. 90 km Entfernung vom Wohnort. Diejenigen, die von dieser Ausnahmeregelung betroffen sind, sollen die Fastentage nachholen, sobald es ihnen möglich ist. Kindern ist das Fasten nicht vorgeschrieben, jedoch ist es nicht selten, dass sie mitfasten.
Nicht zuletzt aus eigener Erfahrung weiß ich, dass in muslimischen Familien im Ramadan eine besondere Stimmung herrscht, vergleichbar mit der Weihnachtszeit: Es ist friedlich, besinnlich, der Tisch ist morgens und abends reich gedeckt, man isst gemeinsam und verbringt auch darüber hinaus viel Zeit miteinander. Am Ende des Tages sitzt man beisammen und fiebert gemeinsam dem Zeitpunkt entgegen, ab dem wieder gegessen und getrunken werden kann. Daher kann es sein, dass Kinder aus eigenem Antrieb fasten, um sich als vollwertiger Teil dieses Ereignisses zu fühlen. Es gibt jedoch auch Eltern oder Moscheen, die Kinder dazu auffordern, zu fasten, weil sie das Kind an diese Praxis heranführen wollen und darin eine gottgefällige Handlung sehen, die von Allah belohnt wird.
Der Ramadan endet mit dem Fest des Fastenbrechens (arabisch *id al-fitr*, türkisch *Ramazan bayramı*), das nach dem Opferfest das zweitwichtigste Fest im Islam ist. Es dauert drei Tage und ist für muslimische Familien der Anlass, Verwandte und Bekannte zu besuchen und mit ihnen den Abschluss dieser Zeit zu feiern. Zudem hält man sich viel in der Moschee auf, betet und sammelt Geldspenden für Bedürftige.

Informationen zur schulischen Perspektive

Das Fasten ist durch die im Grundgesetz, Absatz 4 garantierte Religionsfreiheit gedeckt. Schülern kann das Fasten nicht verboten werden. Sie haben jedoch kein Anrecht auf durchgehende Befreiung vom Unterricht oder anderen schulischen Veranstaltungen, damit sie das Fasten besser aushalten. Eine Ausnahme bildet hier das Ramadanfest, das den Fastenmonat abschließt. Hier ist die Gesetzgebung bzw. Erlasslage Ihres Bundeslandes zu prüfen, inwieweit eine Befreiung für Schüler möglich ist. In meinem Bundesland Niedersachsen wird beispielsweise. im Schulverwaltungsblatt das Datum des Ramadanfestes angekündigt. Im Bezugserlass „Unterricht an kirchlichen Feiertagen und Teilnahme an kirchlichen Veranstaltungen" heißt es dazu unter „Feiertage anderer Religionsgemeinschaften": „Schülerinnen und Schülern, die nicht einer evangelischen Kirche oder der katholischen Kirche, sondern einer anderen Religionsgemeinschaft angehören, ist auf Antrag der Erziehungsberechtigten oder der volljährigen Schülerin oder dem volljährigen Schüler für Feiertage ihrer Religionsgemeinschaft Gelegenheit zu geben, an einer religiösen Veranstaltung ihrer Religionsgemeinschaft teilzunehmen. Im Zweifelsfall kann ein Nachweis über den betreffenden Feiertag von der Religionsgemeinschaft gefordert werden. Die Antragstellenden sind von der Schule darauf hinzuweisen, dass sie Nachteile, die mit den Unterrichtsversäumnissen verbunden sein können, tragen müssen."

Das Fasten, insbesondere in den Sommermonaten, kann bei Kindern und Jugendlichen schwerwiegende gesundheitliche Probleme hervorrufen, wie z. B. Unterzuckerung, Dehydrierung oder Kreislaufkollaps. In diesen Fällen ist zwingend ein Arzt zu rufen.

Was tun? Was tun! – Möglichkeiten zum Umgang mit der Thematik

Das Fasten bei Kindern und Heranwachsenden in der Wachstumsphase kann gravierende gesundheitliche Probleme hervorrufen. Daher halte ich es für höchst problematisch, wenn bereits im Grundschulalter gefastet wird. Hier hoffe ich zukünftig auf eindeutige Signale von islamischen Verbänden, der Politik und/oder Kinderschutzorganisationen. Ein erstes Signal hat Bundesfamilienministerin Giffey gesetzt, indem sie zu Beginn des Ramadan 2018 erklärte, dass das Fasten die Kinder weder gesundheitlich, noch schulisch einschränken dürfe, weil „Gesundheit und Schule vorgehen." (Spiegel Online, 2018) Weitere Signale dieser Art müssen folgen.

Doch auch wenn man es kritisch sieht, sollte einer religiösen Person nicht in die Glaubenspraxis hereingeredet werden oder gar versucht werden, ihr diese auszureden. Solch ein Vorgehen führt eher zu einer Trotzreaktion und einer Verstärkung des Verhaltens. Ich rate, auf die Eltern zuzugehen und ihnen Ihre Sorgen um das Kind zu beschreiben. Diesen Punkt sollten Sie stark machen. Regen Sie die Eltern an, gemeinsam mit Ihnen zu überlegen, wie eine Kompromisslösung aussehen kann. Sie könnten anregen, dass das Kind nur Süßigkeiten fastet, den Ramadan über auf Cola oder Energydrinks verzichtet, nur wenige Stunden vor dem abendlichen Fastenbrechen mitfastet oder nur außerhalb der Schule auf Nahrungsaufnahme verzichtet. Auch hier gilt wieder, dass sich solch ein Gespräch leichter führen lässt, wenn die Eltern wissen, dass Sie als Lehrkraft in der Vergangenheit offen, interessiert, wertschätzend und konstruktiv mit religiösen Anliegen umgegangen sind.

Ihren fastenden Schülern sollten Sie Anerkennung zuteilwerden lassen. Wünschen Sie ihnen zu Beginn der Fastenzeit einen gesegneten Ramadan und vielleicht sagen Sie etwas wie: „Hut ab, ich würde das nicht schaffen." – sicher gern gehörte Worte. Eine Kollegin, die mich in Bezug auf Ramadan um Rat fragte, sagte, dass sie keine Anerkennung dafür signalisieren könne, da sie es kritisch sieht, dass Kinder und Jugendliche fasten. Ich habe ihr mitgeteilt, dass ich die Einschätzung teile, aber unabhängig von meiner persönlichen Haltung zu einem Thema, meinen Schülern gegenüber grundsätzlich Wertschätzung für die Dinge signalisiert habe, die ihnen wichtig sind. Ob es nun die Erzählung vom Wochenende auf dem Reiterhof war, Anekdoten von der Katze oder ein Bild, das mir gemalt wurde – in pädagogischen Prozessen sind Wertschätzung und Anerkennung unerlässlich, auch wenn sie nicht aus vollstem Herzen kommen. Daher sollten Sie Interesse zeigen, wenn Sie wissen, dass Ihren Schülern der Islam wichtig ist. Lassen Sie sich von Ihren muslimischen Schülern erklären, was Ramadan für sie bedeutet. Lassen Sie sich darlegen, was in dieser Zeit in den Familien passiert und wie das Ramadanfest gefeiert wird. Vielleicht besuchen Sie ein abendliches Fastenbrechen in einer Moschee? Sie sind dort sicher herzlich willkommen.

Wenn zu erwarten ist, dass der Ramadan in großen Teilen Ihrer Schüler- und Elternschaft ein relevanter Faktor ist, sollten Sie ihn in jedem Fall bei der Schuljahresplanung und Terminsetzung beachten. Die Teilnahme an Schulveranstaltungen (Schulfeste, Klassenfahrten, Aufführungen, Elternabende) kann geringer ausfallen, wenn diese im Ramadan liegen. Hierfür empfehlen sich interkulturelle/-religiöse Kalender, die Sie im Internet runterladen oder bestellen können.

Termine Ramadan 2019–2024	
2019	6. Mai–3. Juni
2020	24. April–23. Mai
2021	13. April–13. Mai
2022	2. April–2. Mai
2023	23. März–21. April
2024	11. März–10. April

Bei nahendem Beginn des Ramadan, kann es hilfreich sein, proaktiv zu handeln und auf die Schüler und Eltern zuzugehen. Fragen Sie im Vorfeld, ob es besondere Bedürfnisse auf Schülerseite während des Ramadan gibt. Die Schüler und ihre Eltern werden sich über diese Form der Offenheit sicher sehr freuen und Sie haben gleichzeitig die Beziehungsebene gestärkt. Wünschen Sie einen gesegneten Ramadan, wenn der Ramadan angefangen hat. Diesen Wunsch können Sie mündlich äußern oder – noch effektvoller – mit einer kleinen Karte oder einem Brief an die Eltern. Bedenken Sie, dass die Zeit des Ramadan Muslimen heilig ist und diese für sie eine ähnliche Bedeutung wie die Weihnachtszeit für die Mehrheitsgesellschaft hat.

Wenn Sie der Belastung Ihrer Schüler Rechnung tragen wollen, können Sie Klassenarbeiten/Klausuren in Stunden verlegen, die früh am Vormittag liegen. Im Rahmen des Sportunterrichts, aber auch in anderen Fächern, können Sie an fastende Schüler herantreten und mit ihnen die Situation besprechen, d. h. welche Unterrichtsthemen anstehen und inwieweit sich die Schüler in der Lage sehen, am Unterricht teilzunehmen, ob und wann sie eine Pause brauchen. Vielleicht sind Sie auch zu einem Kompromiss bereit. So könnten Sie im Sportunterricht Protokolle anfertigen lassen, die Schüler für Messungen oder Schiedsrichteraufgaben einsetzen, etwas Sporttheoretisches erarbeiten lassen oder – was ein großes Entgegenkommen wäre – das Arbeitspensum im Ramadan etwas reduzieren und Nacharbeiten für die Zeit danach einfordern. Ich kann mir gut vorstellen, dass sich Ihre Schüler über ein solches Signal außerordentlich freuen würden.

Sind Sie nicht bereit, unterschiedliche Anforderungen aufgrund des Ramadans an Ihre Lerngruppe zu stellen, sollten Sie Ihre Entscheidung in wertschätzender Weise erläutern. Sie können hier die Eigenverantwortung der Schüler betonen. Sie könnten hier auch religiös argumentieren. Es gilt die Regel, dass das Fasten den Gläubigen nicht schaden dürfe. Andernfalls kann man auch für eine Zeit davon absehen und die Fastentage nachholen. Sie könnten Ihren Schülern vorschlagen, in den Ferien zu fasten und zunächst mit voller Kraft an den Unterrichtszielen zu arbeiten. Sie könnten auch mit Fußballweltmeister Mesut Özil argumentieren, der während der Weltmeisterschaft 2014 und der Europameisterschaft 2016 nicht gefastet hat. Özil hatte seinerzeit erklärt, dass er arbeitsbedingt nicht fasten kann und die Tage nachholen wolle. Vielleicht stellen Sie einen Vergleich zwischen Özils großer Aufgabe, dem Erfolg bei den Turnieren, und der großen Aufgabe der Schüler (Erfolg bei der Klassenarbeit, Schulabschluss) her.

Nach einer Reise in den Nahen Osten habe ich meinen Schülern landestypische Süßigkeiten mitgebracht. In der Klasse fasteten sechs Schüler, denen ich Frühstücksbeutel mitgebracht habe, sodass sie sich und den Eltern ein paar Süßigkeiten für das abendliche Fastenbrechen mitnehmen konnten. Die Kinder freuten sich über diese Geste und am nächsten Tag wurden mir von den Familienmitgliedern, die sich ebenfalls sehr gefreut haben, Grüße bestellt. Ein ähnliches Vorgehen empfiehlt sich, wenn Essen im Schulleben eine Rolle spielt (Süßigkeiten als Belohnung nach Unterrichtsbesuchen, zubereitetes Essen im Hauswirtschaftsunterricht, bunte Tüten zu Geburtstagen). Planen Sie ein Klassenfrühstück oder Ähnliches ist die Situation allerdings schwieriger. Fasten nur wenige Schüler, müssen Sie entscheiden, inwieweit sich die Mehrheit nach Einzelnen richtet. Möglich ist auch, diese Frage offen mit der gesamten Klasse zu besprechen. Begeht eine größere Anzahl von Schülern einer Lerngruppe den Ramadan, empfiehlt es sich eher nicht, ein gemeinsames Essen zu planen. Ist ein gemeinsames Essen Bestandteil des Schulprogramms, so wie es an Ganztagsschulen üblich ist, stellt sich die Frage, was man mit fastenden Schülern macht. Für diese ist es sicherlich nicht einfach, anderen beim Essen zuzuschauen. Ein großes Zeichen des Entgegenkommens und der Anerkennung wäre es, wenn die Schule einen Raum stellt, in dem sich die fastenden Schüler während des Mittagessens aufhalten können. Ich bin der Überzeugung, dass eine solche Maßnahme von Ihren Schülern und Eltern mit Hochachtung aufgenommen wird.

Sollte eine Klassenfahrt im Ramadan liegen, kann hier das Fasten aufgrund der Ausnahmeregelung für Reisende ausgesetzt werden. Fragen Sie Ihre Schüler vorab, wie diese damit umgehen wollen und ob Sie sie als Organisator in irgendwie unterstützen können. Auch diese Maßnahme erfordert wenig Aufwand, bringt aber reichlich Ertrag in Form von Wertschätzung.

Ein zunehmendes Problem scheint ein Gruppendruck zu sein, der von fastenden Schülern auf muslimische Schüler ausgeübt wird, die nicht fasten. Unter Muslimen ist das Spiel „guter Moslem – schlechter Moslem" gemeinhin sehr beliebt. Ich habe oft die Erfahrung gemacht, dass sich Muslime anmaßen, die Religiosität einer anderen Person zu beurteilen. Das verbietet sich. Zeigen Schüler ein solches Verhalten, sollten Sie als Lehrkraft entschieden einschreiten, vor allem dann, wenn es in abwertender Weise passiert. Dabei können Sie darauf verweisen, dass Religion grundsätzlich eine persönliche Angelegenheit des einzelnen Gläubigen ist. Niemandem steht es zu, die Glaubenshaltung anderer zu bewerten. Möchten Sie religiös argumentieren, können Sie anmerken, dass nach islamischem Verständnis Allah letztlich über den Menschen richtet. Dazu braucht es (oder er) keine Mitschüler als Erfüllungsgehilfen.

Abgeschlossen wird der Ramadan mit dem Fest des Fastenbrechens, auch Ramadanfest genannt. Dieses ist das zweitwichtigste Fest im Islam. Gemeinhin wird es auch als Zuckerfest bezeichnet, was aus dem Türkischen entlehnt ist, und eigentlich eher den kulturellen Brauch, sich mit Süßigkeiten zu beschenken, bezeichnet. Ich rate, Schüler für die Teilnahme an diesem Fest für die vollen drei Tage freizustellen – unabhängig davon, ob sie gefastet oder sich in der Vergangenheit als besonders gläubig positioniert haben. In meiner Zeit als Lehrer an einer Gesamtschule gab es in der Region eine Art Schützenfest, für das die Schüler vom Unterricht befreit werden konnten. Diese Veranstaltung hatte quasi-religiösen Charakter und die Befreiungspraxis wurde nicht hinterfragt. In Anbetracht dieses und ähnlicher Beispiele, die ich im Laufe meiner Arbeit mitbekommen habe, bei gleichzeitiger Bedeutung des Ramadanfests für Muslime, rate ich hier zu Gelassenheit. Lassen Sie Ihre Schüler feiern.

Lehrkräfte sollten ihren Schülern zum Abschluss des Ramadan selbstverständlich gratulieren. Wie das aussehen kann, steht in der folgenden Mail, die ich zum Ramadanende vor einigen Jahren über den Schulverteiler geschickt habe. Neben der mündlichen Übermittlung von Grüßen können Sie auch eine E-Mail an die Schüler- und Elternschaft schicken oder – das wäre dann sicherlich die schönste Version – kleine Grußkarten drucken und diese austeilen. Eine Vorlage hierfür finden Sie unter der E-Mail.

Im folgenden Abschnitt erfahren Sie dann, wie Sie die verschiedenen Feste, die es im Islam gibt, gewinnbringend im Sinne einer religionsbewussten Schulkultur nutzen können.

7 Wenn Schul- und Unterrichtsorganisation auf islamische Glaubensvorstellungen treffen

Beispiel Rundmail zum Ramadanende an das Kollegium

Betr.: Ramadanende

Liebe Kollegen,

ich möchte nur darauf hinweisen, dass morgen der für Muslime heilige Fastenmonat Ramadan endet und nun das Fest des Fastenbrechens (arabisch: Id al-Fitr; türkisch: ramazan bayramı [auch Zuckerfest]) ansteht. Hierbei handelt es sich nach dem Opferfest um den zweitwichtigsten Festtag im Islam.

Eure muslimischen Schüler, v. a. diejenigen, die gefastet haben, würden sich sicherlich über einen kleinen Glückwunsch freuen. Wer hier größere Ambitionen hegt, kann sich an „eid mubarak" versuchen.

Viele Grüße
von Benjamin

Beispiel Grußkarte zum Ramadanende an die Schülerinnen und Schüler und an die Eltern

Den folgenden Text können Sie auf verstärktem Papier oder Pappe drucken und entsprechend zurechtschneiden, um ihn dann als Grußkarte auszugeben. Lässt es sich in Ihrem Unterricht unterbringen, können Sie auch mit Ihren Schülern entsprechende Glückwunschkarten basteln.

Eid mubarak!

Liebe Eltern und Erziehungsberechtigte, liebe Schülerinnen und Schüler,

ich wünsche Ihnen und Ihren Familien ein schönes Ramadanfest!

Mit herzlichen Grüßen

Denkimpulse

Wie viele Ihrer Schüler fasten bzw. haben schon einmal gefastet?

Was wissen Sie über die Bedeutung, die das Fasten für Ihre Schüler hat und darüber, wie Ihre Schüler den Ramadan erleben?

Sind Sie bereit, schulische Abläufe aufgrund des Ramadan zu verändern? Konkret: Würden Sie Klassenarbeiten/Klausuren in die Vormittagsstunden verlegen? Würden Sie ein Sportfest oder die Bundesjugendspiele auf die Zeit außerhalb des Ramadan legen?

Ist es für Sie vorstellbar, muslimischen Schülern im Ramadan gewisse Erleichterungen zu verschaffen (Erholungspausen im Unterricht, reduziertes Arbeitspensum)?

Wie kann man der restlichen Lerngruppe vermitteln, dass Muslime eine besondere Behandlung bekommen?

Sind Sie bereit, mit Eltern über die Risiken des Fastens (verminderte Konzentrations- und Leistungsfähigkeit, gesundheitliche Schäden) zu sprechen? Wie könnten Sie argumentieren? Wer könnte Sie dabei unterstützen?

7.4.5 Feste feiern, wie sie fallen – Opferfest, Ramadan und muslimische Schüler in der Weihnachtszeit

Mögliche Problemstellungen aus dem Schulalltag
Für viele ist es die schönste Zeit im Jahr: Besinnliche Stimmung macht sich breit, Familien und Freunde kommen zusammen, man isst, trinkt und feiert gemeinsam und freut sich auf die anstehenden Festtage. Haben Sie bei diesen Zeilen an die Weihnachtszeit gedacht? Die Beschreibung würde passen, doch genau so könnte auch ein Muslim die Zeit des Ramadan beschreiben. Daher sollten in einer multireligiösen Schule die Feiertage aller vertretenen Religionsgruppen bedacht und berücksichtigt werden. Feste bieten das Potential, Menschen miteinander zu verbinden. Um das gemeinsame, alle umfassende Wir zu schaffen, dass es in einer heterogenisierten Gesellschaft braucht, und Separationstendenzen zu verhindern, sollten Schulen die verbindende Kraft des gemeinsamen Feierns nutzen. Schöner kann man Integration nicht anstreben.
Die Weihnachtszeit ist auch für Muslime eine besondere Zeit. Abgesehen vom Spekulatius, der Ende September in den Supermarktregalen steht, ist spätestens ab dem ersten Advent die Weihnachtsstimmung omnipräsent. In Geschäften, in Vereinen, in Medien und auch in der Schule kann man der „schönsten Zeit im Jahr" schwerlich entkommen. In vielen Schulen werden Weihnachtsstunden

begangen, es werden Plätzchen gebacken, es wird gewichtelt, es gibt Krippenspiele, manche gucken Weihnachtsfilme und andere üben weihnachtliche Inszenierungen ein. Für Muslime ist das mitunter eine ambivalente Situation, denn oft hat das Weihnachtsfest keine Bedeutung für die eigene Lebensführung oder religiöse Praxis. Viele Schüler nehmen trotzdem gerne an den Feierlichkeiten teil und genießen die schöne Stimmung. Es gibt jedoch auch Schüler, die die Teilnahme an schulischen Weihnachtsfeierlichkeiten verweigern. Hier hat im Winter 2017 der Fall eines Lüneburger Gymnasiums bundesweit Aufsehen erregt, weil aufgrund einer Beschwerde einer muslimischen Schülerin die Weihnachtsfeier in den Nachmittag verlegt und die Teilnahme für freiwillig erklärt wurde. Eine Extremposition nehmen Fundamentalisten ein, die die Haltung vertreten, dass es eine Sünde ist, wenn man Christen frohe Weihnachten wünscht, weil man damit ihre falsche Religion, hier insbesondere die Vorstellung eines Gottessohnes, anerkennen würde.

Informationen zur religiösen Perspektive
Betrachten wir zunächst die wichtigsten islamischen Feste: Der höchste Feiertag im Islam ist das Opferfest (arabisch *Id al-Adha*, türkisch *Kurban bayramı*). Muslime gedenken hierbei dem Propheten Abraham, im Islam Ibrahim, der der Überlieferung nach willens war, seinen Sohn Ismael aus Gottergebenheit zu opfern. Als Allah sah, dass Abraham dazu bereit war, wies er ihn an, seinen Sohn am Leben zu lassen und an seiner statt ein Tier zu opfern. Daher ist es üblich, dass Muslime zum Opferfest ein Tier, meist ein Lamm, ein Schaf, ein Hammel, eine Ziege oder eine Kuh schlachten, wenn sie es sich finanziell leisten können. Ein Teil davon wird Bedürftigen gespendet, der andere Teil wird mit Freunden, Verwandten oder Gemeindemitgliedern verzehrt. Das Opferfest dauert vier Tage und markiert den Höhepunkt der Hadsch, der Pilgerfahrt nach Mekka.
Das zweitwichtigste Fest im Islam ist das Ramadanfest, auch Fest des Fastenbrechens. Informationen hierzu finden Sie im vorangegangenen Kapitel.
Die Weihnachtszeit kann in Muslimen ambivalente Gefühle hervorrufen. Einerseits ist es das wahrnehmbarste religiös geprägte Fest des Landes, in dem sie leben, und das sie möglicherweise als ihre Heimat bezeichnen. Andererseits haben sie in der Regel keinen besonderen Bezug zu diesem Fest. Muslimische Familien handhaben die Weihnachtszeit auf verschiedene Weisen:

- Manche feiern das Weihnachtsfest auf klassische Weise mit geschmückter Wohnung und Weihnachtsbaum. Häufig sind das bi-kulturelle bzw. bi-nationale Familien, aber auch Familien ohne deutsche bzw. christliche Bezüge begehen das Fest und beschenken sich, um eine Ausgrenzung der Kinder zu vermeiden und an den Feierlichkeiten der Mehrheitskultur teilzuhaben.
- Manche Familien begehen die Tage bewusst besinnlich und beschenken sich, ohne, dass das Weihnachtsfest gefeiert wird und typisch weihnachtliche Bräuche ausgeübt werden.

- Andere Familien haben keinen Zugang zum Weihnachtsfest und leben ihren Alltag soweit es möglich ist weiter.

Eine fundamentalistische Minderheit im Islam sieht es als Sünde an, wenn Muslime Christen frohe Weihnachten wünschen. Empfängt man als Muslim einen solchen Gruß, darf dieser nicht erwidert werden. Auch darf keine Einladung zu einer Weihnachtsfeierlichkeit angenommen werden. Dahinter steht die Ansicht, dass diejenigen, die Christen beglückwünschen, deren falsche Glaubensvorstellungen, hier insbesondere die Trinität und die Vorstellung eines Gottessohnes, anerkennen. Obwohl diese Position von der Mehrheit der Muslime nicht geteilt wird, ist sie durch eine einfache Google-Suche problemlos zugänglich. Sie können den Versuch unternehmen und „darf man Christen frohe Weihnachten wünschen" googeln. Mit den ersten Verweisen landet man auf Seiten, auf denen diese Sicht vertreten und religiös begründet wird. In einer Zeit, in der das Internet ein religiöser Lernort für junge Muslime geworden ist, birgt das die Gefahr der Separation und Radikalisierung.

Informationen zur schulischen Perspektive
Viele Landesschulgesetze thematisieren den Umgang mit religiösen und weltanschaulichen Überzeugungen. Hier sollten Sie das Schulgesetz Ihres Bundeslandes in dieser Hinsicht prüfen. Im Niedersächsischen Schulgesetz findet sich in § 3 zu dieser Frage folgende Passage:

„In den öffentlichen Schulen werden die Schülerinnen und Schüler ohne Unterschied des Bekenntnisses und der Weltanschauung gemeinsam erzogen und unterrichtet. In Erziehung und Unterricht ist die Freiheit zum Bekennen religiöser und weltanschaulicher Überzeugungen zu achten und auf die Empfindungen Andersdenkender Rücksicht zu nehmen."

Ebenfalls sollten Sie prüfen, welche Vorschriften Ihre Landesgesetzgebung hinsichtlich der Freistellung an religiösen Feiertagen macht. Ich halte es für verhältnismäßig und angeraten, Schülern die Teilnahme an den religiösen Feiern ihrer Religionsgemeinschaft zu ermöglichen.

Was tun? Was tun! – Möglichkeiten zum Umgang mit der Thematik
Was tun? Ganz einfach: Feiern Sie, was Sie können! Was jetzt etwas salopp klingt, zeigt erfahrungsgemäß eine große Wirkung. Gemeinsame Feiern in ungezwungener und von den schulischen Formalia befreiter Atmosphäre helfen Eltern Berührungsängste zu überwinden, verbinden die Teilnehmenden und schaffen in der Schule einen Geist von Gemeinschaft. Dabei sollte berücksichtigt werden, dass nicht nur christlich geprägte Feste begangen werden. Es ist ein Zeichen von Anerkennung und Gleichstellung, wenn auch muslimische Feste in der Schule Beachtung finden. Interkulturelle Kalender, die die Feiertage verschiedener

Religionsgemeinschaften anzeigen, finden sich zum Bestellen und zum Download im Internet und sollten sichtbar in der Schule platziert werden. Bei der Planung von Schulveranstaltungen, Schulfahrten, Praktika oder Klassenarbeiten sollten diese Termine beachtet werden.

Den Schülern sollte zu Feiertagen gratuliert werden. Auch Eltern würden sich sicher über einen Glückwunsch sehr freuen. Vielleicht können Sie ja sogar eine Glückwunschkarte verschicken (eine Vorlage finden Sie im vorangegangenen Kapitel). Sie können Schüler, von denen Sie wissen, dass ihnen das religiöse Fest etwas bedeutet, der Klasse berichten lassen, was und wie sie es feiern. Zeigen Sie Interesse an den Dingen, die Ihren Schüler bedeutsam sind. In den Religions- und Weltanschauungsfächern können religiöse Feste thematisiert werden. Das wäre interreligiöser Austausch in Reinform.

Ein sehr positives Signal in Richtung der muslimischen Schüler- und Elternschaft wäre es, wenn die Schule ein kleines gemeinsames Fest zum Ramadanende oder zum Opferfest veranstaltet. Auch während des Ramadan kann die Schule zu einem abendlichen Fastenbrechen einladen. Die Organisation hierfür könnten interessierte Kollegen und Schüler, Fachvertreter von Religionsunterricht, Religionskurse, Hauswirtschaftskurse oder auch Elterninitiativen übernehmen. Vielleicht sammeln Sie oder eine andere Lehrkraft muslimische Schüler ein, die gefastet haben, und verteilen in der ganzen Schule zum Ramadanfest, was ja auch Zuckerfest genannt wird, Süßigkeiten. Sie signalisieren den muslimischen Schülern auf diese Weise Anerkennung und ihren Interessen einen Raum mitten in der Schule.

Nicht zuletzt im Sinne einer Wechselseitigkeit sollten die muslimischen Schulangehörigen auch an Weihnachtsfeierlichkeiten teilnehmen. In Weihnachtsstunden können Sie muslimische Schüler fragen, was sie an den Weihnachtsfeiertagen machen, welche Bedeutung es für sie hat und welche Feste sie stattdessen feiern. So geben Sie diesen Schülern das Gefühl, wahrgenommen zu werden und vermeiden es, dass diese gegebenenfalls nur unbeteiligt dabei sitzen. Schulen sollten in der Weihnachtszeit gezielt Schüler und Eltern für eine Teilnahme an den entsprechenden Feierlichkeiten einladen. Gegebenenfalls könnten dezidiert christliche Anteile maßvoll eingesetzt werden, sodass Feiern nicht den Charakter eines Gottesdienstes bekommen. Zu berücksichtigen sind in diesem Zusammenhang nicht nur Muslime, sondern auch die 36 % konfessionsfreien Personen in Deutschland. Doch klar ist auch, dass Weihnachten, wie auch Ostern, zur Kultur und Tradition dieses Landes gehören. Dieser Umstand sollte beim Bemühen um Rücksichtnahme sowie Kultur- und Religionssensibilität nicht vergessen werden. Daher rate ich entschieden davon ab, dass Feste, die damit in einem Zusammenhang stehen, umbenannt werden, wie es beim Sankt-Martins-Umzug („Sonne, Mond, Sterne-Fest", „Lichterfest"), beim Weihnachtsmarkt („Wintermarkt") oder beim Weihnachtsfest („Winterfest") in der Vergangenheit immer wieder angedacht und praktiziert wurde.

7.4 Wenn Glaubensvorstellungen auf Schulpraxis treffen.

Sollten Schüler oder Eltern den Besuch einer Weihnachtsfeier verweigern oder erklären, dass es verboten sei, Christen frohe Weihnachten zu wünschen, können Sie auf den Urteilsspruch (Fatwa) der Al-Azhar-Moschee in Kairo verweisen, die zu Weihnachten 2018 in einem Urteil erklärt hat, dass angesichts der jeweiligen Festtage Toleranz, friedliches Miteinander und Höflichkeit zwischen Muslimen und Christen nicht nur akzeptabel, sondern wünschenswert sind und Muslime Christen zu religiösen Festen gratulieren dürfen. Die Al-Azhar-Moschee ist organisatorisch mit der Al-Azhar-Universität verbunden, die als islamwissenschaftliche Institution von Weltrang und als eine der wichtigsten Lehrautoritäten des sunnitischen Islam gilt. Die Fatwa können Sie auf der Facebookseite des Al Azhar Fatwa Global Center abrufen (Beitrag vom 24.12.2018, letztmalig geprüft: 04.01.2019).

Das können Sie zu Festen und Feiertagen sagen

Beginn des Ramadan: „Ich wünsche dir einen gesegneten/erfolgreichen/schönen Ramadan." „Ramadan karim."

Ramadanende/Ramadanfest: „Ich wünsche dir ein schönes Ramadanfest." „Eid mubarak."

Opferfest: „Ich wünsche dir/Ihnen ein gesegnetes Opferfest." „Eid mubarak."

Denkimpulse

Wissen Sie, welche Ihrer Schüler auf welche Weise die religiösen Feiertage der Mehrheitsgesellschaft begehen?

Wissen Sie, wann Feiertage der Religionsgemeinschaften, denen Ihre Schüler angehören, stattfinden?

Gibt es in Ihrem Kollegium Personen mit Bezug zur islamischen Religion? Wäre diese Person bereit, Feierlichkeiten zu organisieren? Wer noch könnte die Organisation von interkulturellen/-religiösen Schulfeiern übernehmen?

Durch welche Maßnahmen können Sie Ihren muslimischen Schülern in der Weihnachtszeit signalisieren, dass Sie ihre Interessen wahrnehmen?

Ein Vater äußert den Wunsch, dass in der Schule das Ramadanfest Berücksichtigung findet. Gleichzeitig möchte er nicht, dass sein Kind an Weihnachtsfeierlichkeiten teilnimmt. Wie können Sie argumentieren?

7.4.6 „Ist das auch halal?" – Speisevorschriften und die Frage von Lebensmitteln in der Schule

Mögliche Problemstellungen aus dem Schulalltag
Teils im Scherz und teils im Ernst habe ich in der letzten Zeit viele Eltern in meinem Bekanntenkreis klagen hören, wie schwierig mittlerweile die Organisation eines einfachen Kindergeburtstages in Anbetracht von Nahrungsmittelunverträglichkeiten und anderen Ansprüchen an den Menüplan ist. Das Essen sollte – je nachdem – glutenfrei, vegetarisch, vegan, ohne Erdnüsse, zuckerreduziert oder fructosefrei sein. Ich entgegne dann immer mit einem Augenzwinkern, dass sie froh sein sollen, dass sie keine Muslime eingeladen haben, sonst müsste es auch noch halal sein.

Wenn man mit Schulklassen etwas plant, das eine Verbindung zu Nahrungsmitteln hat, ist es ratsam, islamische Speisevorschriften zu bedenken – und sie nach Möglichkeit und persönlichem Dafürhalten auch zu berücksichtigen. Überschneidungssituationen können sich im Zusammenhang mit gemeinsamen Frühstücken, Geburtstags- oder anderen Feiern, dem Hauswirtschaftsunterricht oder der Schulmensa ergeben. Muslimische Schüler könnten sich übergangen oder ausgegrenzt fühlen, schlimmstenfalls würden sie gemeinsame Mahlzeiten boykottieren.

Vor einiger Zeit habe ich eine Fortbildung an einem Gymnasium durchgeführt, das einen hohen Anteil an muslimischen Schülern hatte. Dort wunderten sich die Lehrenden, warum die muslimischen Schüler nicht geschlossen in die Schulmensa gehen. Heraus kam, dass diese befürchteten, dass ihre Speisegebote nicht beachtet werden und ihr Essen mit Besteck zubereitet und auf Tellern serviert wird, die mit Schweinefleisch in Kontakt waren. Eine Hauptschullehrerin berichtete mir, dass ihre Schule in der Schulküche eine muslimische Kochecke mit eigenen Küchenutensilien eingerichtet hat, um diesen Sorgen zu begegnen. Probleme können sich auch ergeben, wenn im Rahmen von Geburtstagsfeiern Süßigkeiten verteilt werden: Hier halten sich viele Muslime zurück, weil sie keine Gummibärchen und andere gelatinehaltige Produkte zu sich nehmen wollen bzw. dürfen.

Informationen zur religiösen Perspektive
Die islamischen Speisevorschriften ordnen Lebensmittel in verschiedene Kategorien ein. Maßgeblich sind hier *halal* (erlaubt) und *haram* (verboten). Eine weitere Kategorie ist *makruh* (missbilligt/verpönt), was Lebensmittel bezeichnet, die nicht explizit verboten sind, die aber auch keine positive Wirkung auf den Konsumenten haben. In der folgenden Darstellung finden Sie Beispiele für Lebensmittel, die entweder halal, haram oder makruh sind. Dabei ist zu beachten, dass es bei der Einordnung vereinzelt Abweichungen unter einzelnen Rechtsschulen und Gelehrten geben kann.

7.4 Wenn Glaubensvorstellungen auf Schulpraxis treffen.

halal (= erlaubt)	haram (= verboten)	makruh (= missbilligt)
• Fleisch, dass nach islamischem Ritus geschlachtet wurde* • alle pflanzlichen Lebensmittel • alles, was nicht explizit verboten ist *Der Schlachter muss Muslim sein, das Tier muss bei der Schlachtung lebendig sein, ihm wird dann der Hals quer aufgeschnitten und das Tier muss möglichst vollständig ausbluten.	• Schweinefleisch • Alkohol • Lebensmittel, die Schwein/Alkohol enthalten, auch, wenn es nur in geringsten Bestandteilen ist (z. B. Torten [mit Alkohol], Gummibärchen [Gelatine], bestimmte E-Nummern, Chips, die Fett vom Schwein enthalten) • Tiere, die nicht nach islamischen Vorschriften geschlachtet wurden • verendete, erwürgte, erschlagene oder angefressene Tiere • Blut • Dinge, die berauschend oder toxisch sind • Tiere, die für eine andere Gottheit geschlachtet wurden	• Zigaretten • Wasserpfeife • Lebensmittel, die eher schaden als nutzen • übermäßiges Essen und Trinken

Für diese Kategorisierung gibt es verschiedene Grundlagen in Koran und Sunna. Teils sind die Gebote ziemlich eindeutig formuliert, wie beispielsweise in der folgenden Koransure:

> „Verboten ist euch (der Genuss von) Fleisch von verendeten Tieren, Blut, Schweinefleisch und (von) Fleisch, worüber (beim Schlachten) ein anderes Wesen als Allah angerufen worden ist, und was erstickt, (zu Tod) geschlagen, (zu Tod) gestürzt oder (von einem anderen Tier zu Tod) gestoßen ist, und was ein wildes Tier angefressen hat – es sei denn, ihr schächtet es (indem ihr es nachträglich ausbluten lasst) –, und was auf einem (heidnischen) Opferstein geschlachtet worden ist, und (ferner ist euch verboten) mit Pfeilen zu losen. So etwas (zu tun) ist Frevel. – Heute haben diejenigen, die ungläubig sind, hinsichtlich eurer Religion nichts mehr zu hoffen (da sie nichts mehr dagegen ausrichten können). Darum fürchtet nicht sie, sondern mich! Heute habe ich euch eure Religion vervollständigt (sodass nichts mehr daran fehlt) und meine Gnade an euch vollendet, und den Islam als Religion gutgeheißen. – Und wenn einer (von euch) aus Hunger sich in einer Zwangslage befindet (und aus diesem Grund gegen ein Speisegebot verstößt), ohne sich (bewusst) einer Sünde zuzuneigen, so ist Allah barmherzig und bereit zu vergeben."

Sure 5, Vers 3

Ebenfalls eindeutig ist das Verbot von Alkohol. Neben mehreren Koranpassagen stützt sich diese Regelung auf Aussprüche Mohammeds, in denen er Alkohol eindeutig für verboten erklärt:

> „Allah hat das Berauschende verflucht, diejenigen, die es anbauen, diejenigen, die es auspressen (aus den Trauben), seine Trinker, diejenigen, die es anbieten, seine Käufer, seine Verkäufer, diejenigen, die ihr Einkommen daraus gewinnen, seine Beförderer und derjenige, zu dem es befördert wird."
>
> Hadith nach As-Saduq

> „Alkohol ist die Mutter von allem Bösen und das Schändlichste von allem Übel."
>
> Hadith nach Sunan ibn Majah

Was die islamischen Speisegebote für die tatsächliche Lebensführung von Muslimen bedeuten, versuchte die Studie „Muslimisches Leben in Deutschland" (BaMF, 2007, S. 154) zu ergründen. Dabei gaben 91,2 % der Sunniten, 60,2 % der Schiiten, 49,4 % der Aleviten und 80,0 % der Angehörigen anderer Konfessionen an, die Speise- und Getränkevorschriften im Alltag zu beachten. (Zur Einordnung: Die überwiegende Mehrheit der Muslime in Deutschland sind Sunniten.) Auch wenn die Zahlen mehr als zehn Jahre alt sind, kann man davon ausgehen, dass die Speisegebote für muslimische Schüler eine Rolle spielen.

Informationen zur schulischen Perspektive
Essen ist ein wiederkehrendes Thema für Schulen: Sei es als Unterrichtsthema, explizit im Hauswirtschaftsunterricht, bei gemeinsamen Frühstücken, beim Mittagessen in Ganztagsschulen oder im Rahmen von Schulfesten. Einige Bundesländer geben zu der Essens-Frage Empfehlungen ab, dies in Anbetracht von Nahrungsmittelunverträglichkeiten und der Bedeutung gesunder Ernährung über Religion hinaus. Für unsere Frage kann man sich an folgendem Hinweis aus Nordrhein-Westfalen orientieren:

> „Es sollte auf der Grundlage eines Beschlusses in der Schulkonferenz auf alle religiösen Essensvorschriften Rücksicht genommen und eine einvernehmliche Lösung im Sinne der Schülerinnen und Schüler aller Glaubensgemeinschaften getroffen werden, ggf. sollte es möglich sein, das eigene Essen mitzubringen und aufzuwärmen."
>
> http://www.ganztag-nrw.de/fileadmin/Dateien/Materialien/Recht/
FAQ_Schulverpflegung_1.pdf, Zugriff am 12.04.2018

Bitte prüfen Sie die Erlasslage Ihres Bundeslandes hinsichtlich der Frage der Ernährung im Rahmen von Schulveranstaltungen. Zu beachten sind ebenfalls die Fachcurricula für Hauswirtschaft oder Ernährungslehre.

Was tun? Was tun! – Möglichkeiten zum Umgang mit der Thematik

Die Wirtschaft hat bereits auf islamische Speisevorschriften reagiert. Der Markt mit Halal-Produkten boomt. Supermärkte haben Halal-Regale mit Lebensmitteln, die entsprechend zertifiziert sind und spezielle Halal-Fabrikanten liefern alles, von Fleischwaren bis Gummibärchen. Auch wenn Schule im Gegensatz zu Wirtschaftsunternehmen nicht profitorientiert arbeitet, sollte dort ein grundlegendes Bewusstsein bezüglich der islamischen Speisegebote bestehen. Dabei stellt sich die Frage, wie weit Schule auf die religiösen Vorgaben eingehen kann und soll. Das hängt sowohl von den Möglichkeiten der Schule wie vom persönlichen Dafürhalten der Lehrkräfte ab. Eine entscheidende Frage ist, inwieweit eine religiöse Minderheit Einfluss auf die Ernährungsgewohnheiten der Mehrheit nehmen soll. Hierzu sollten sich die Akteure aus der Schule, aus dem Schulvorstand, der Gesamtkonferenz, den Fachgruppen (Hauswirtschaft), aber auch Schüler- oder Elternvertreter verständigen. Es sollte bedacht werden, dass eine Auseinandersetzung über dieses Thema auch immer Konflikt- und Spaltungspotenzial birgt. Grundsätzlich sollte das Ziel sein, dass Lebensmittel, die von schulischer Seite ausgegeben werden, unabhängig von allen Schülern bedenkenlos konsumiert werden können.

Zu Schuljahresbeginn, bei Übernahme einer Lerngruppe oder spätestens, wenn Essen im Rahmen von Schulveranstaltungen eine Rolle spielt, sollten Lehrkräfte alle Schüler abfragen, ob Unverträglichkeiten gegenüber bestimmten Lebensmitteln bestehen oder Kinder aus anderen Gründen bestimmte Nahrungsmittel nicht zu sich nehmen können. Mit dieser Kenntnis lässt sich leichter ein Kompromiss finden. Äußern Schüler oder Eltern Vorbehalte in Speisefragen, sollten sie an der Lösungsfindung beteiligt werden. Holen Sie Ideen ein, wie man sich eine Lösung vorstellt. Erfahrungsgemäß lassen sich Konflikte so leicht lösen. Die Schüler könnten zu Schulveranstaltungen mit Essensbezug eigenes Fleisch, eigenes Geschirr oder selbstgemachte Lebensmittel mitbringen, um nicht in Gewissenskonflikte zu kommen. Im Rahmen von Grillveranstaltungen kann ein extra Grill für Halal-Produkte aufgebaut werden, so wie es für Vegetarier und/oder Veganer auch oft gemacht wird.

Werden in Schulen Speisen angeboten – Schulmensa, Kiosk, Pausensnackverkauf – sollte eine Essensoption für Muslime angeboten werden. Dies ist unkompliziert möglich. Auch bei der Verteilung von Süßwaren ist es ein Leichtes, Süßigkeiten zu verteilen, die von muslimischen Schülern bedenkenlos gegessen werden können (z. B. Fruchtgummis ohne Gelatine, Schokoriegel). Wenn Sie bei Ihren muslimischen Schülern punkten wollen, können Sie Süßigkeiten mit Halal-Zertifikat besorgen (verschiedene Supermärkte, türkische oder arabische Lebensmittelläden oder Internethändler führen diese Produkte). Aus Sicht der Schüler ist das ein großes Zeichen von Wahrnehmung und Wertschätzung. Das wäre dann die (nicht-ökonomische) Form von Profit, die wir in der Schule anstreben sollten.

Exkurs: Besarts Verzweiflung am Grill und sein Bild von einem strafenden Gott

Als Fachlehrer habe ich vor einigen Jahren die gemeinsame Klassenfahrt mehrerer sechster Klassen begleitet. Die Klassenlehrerinnen hatten neben Aktivitäten – wie einer Wattwanderung und dem Besuch eines Freizeitparks – auch einen Grillabend organisiert. Dabei sind sie in Anbetracht von mehreren muslimischen Kindern religionsbewusst vorgegangen und stellten neben einem Grill für die Allesesser und die Vegetarier auch einen Grill für die Muslime auf. Irgendwann stach mir Besart, ein höflicher und sensibler Junge, ins Auge, der mit verzweifeltem Gesichtsausdruck alleine am Tisch vor seinem Teller saß. Ich ging hin und fragte ihn, warum der denn so trübe dreinschaut. Er entgegnete: „Ich würde auch gerne eine Bratwurst essen." Ich entgegnete, dass wir doch einen Grill extra für Muslime aufgestellt haben. Das sei ihm bewusst, aber seine Freunde hätten nichts davon gegessen und nun sei er skeptisch. Ich fragte: „Wovor hast du denn Sorge?" Er zögerte mit seiner Antwort. „Ich will nichts Falsches essen." „Besart", sagte ich, „ich versichere dir, dass auf diesem Grill nur Halal-Sachen gegrillt wurden." Er war weiter zurückhaltend. Ich fragte: „Was kann denn passieren?" „Gott wird mich bestrafen, wenn ich etwas Falsches esse." Der Junge hatte ein ziemlich angstbesetztes Gottesbild. „Besart, wenn ich dir versichere, dass du von diesem Grill essen kannst, und du nicht absichtlich gegen die Gebote deiner Religion verstoßen willst, brauchst du auch keine Angst vor Gott haben. Selbst dann nicht, wenn du aus Versehen doch mal gegen eines verstößt. Du hast öfters Angst vor Gott?", fragte ich. Er nickte. Ich sagte: „Warum stellst du dir denn Gott strafend vor? Wenn Muslime bismillahirrahmanirrahim sagen [was im Alltag von Muslimen häufig vorkommt], sagen sie „Im Namen Allahs, des Allerbarmers, des Barmherzigen". Die Eigenschaft, mit der Gott sich im Koran selbst am häufigsten beschreibt, ist die Barmherzigkeit. Also kannst du darauf vertrauen, dass er dir nicht böse ist, wenn du auch nichts Böses im Sinn hast." Besart nickte. Ich legte nach: „Versuche, dir Gott positiver vorzustellen. Deine Eltern bestrafen dich doch auch nicht immer gleich, wenn du mal einen Fehler gemacht hast – schon gar nicht, wenn es unabsichtlich war." „Ja", sagte er, nahm seinen Teller und machte sich erleichtert auf in Richtung Grill.

Hier zeigt sich exemplarisch, dass viele muslimische Kinder und Jugendliche das Bild von einem strafenden, denn von einem liebenden, barmherzigen Gott haben. Was früher als „schwarze Pädagogik" bezeichnet wurde, findet heute in der muslimischen Community Verwendung. Viele Eltern und auch Moscheen zeichnen dieses negative Bild, teils aus einer Überzeugung heraus, aber auch aus Hilflosigkeit in Erziehungsfragen.

7.4 Wenn Glaubensvorstellungen auf Schulpraxis treffen.

> Wenn Sie es sich zutrauen, können Sie mein Argumentationsmuster aus dem Gespräch mit Besart übernehmen und Ihre Schüler behutsam zur Reflexion anregen, warum Allah eigentlich der Strafende sein soll, wenn doch in allen islamischen Quellen zuvorderst seine Barmherzigkeit betont wird. 113 von 114 Koransuren beginnen mit „Im Namen Allahs des Allerbarmers, des Barmherzigen". Es muss doch einen Sinn haben, dass sich Gott für diese Attribute und nicht für „des Allmächtigen" oder „des Strafenden" entschieden hat. Diese Fragen können Sie den Kindern als Reflexionsimpuls geben. Für weitere Kenntnisse in diesem Zusammenhang empfehle ich die Netzrecherche mit den Begriffen „Allah" und „Barmherzigkeit" oder, wenn Sie es klassisch in Papierform mögen, das Buch vom Münsteraner Professor für Islamische Theologie, Mouhanad Khorchide: „Islam ist Barmherzigkeit. Grundzüge einer modernen Religion." (Erschienen 2012 bei Herder). In diesem fast schon visionären Buch skizziert Khorchide eine humanistische Hermeneutik und einen Islam, der die positiven Seiten dieser Religion in den Mittelpunkt der Lebensführung stellt.

Denkimpulse

Welche schulrechtlichen Vorgaben existieren in Ihrem Bundesland hinsichtlich des Themas Ernährung? Gibt es Vorgaben oder Empfehlungen zur Frage religiöser Speisevorschriften?

Wie groß ist der Bedarf an einem besonderen Speiseangebot an Ihrer Schule?

Perspektivwechsel: Versuchen Sie sich probehalber in die Situation eines Kindes hineinzuversetzen, dem ein Lebensmittel vorgesetzt wird, das ihm aus religiösen Gründen verboten ist. Welche Gedanken und Empfindungen kommen auf?

Inwieweit sollte eine Minderheit Ihrem Dafürhalten nach Einfluss auf den Speiseplan einer Mehrheit nehmen? Wie bewerten Sie es, dass immer weniger Schulen Schweinefleisch auf den Speiseplan setzen?

Welche Fachleute aus dem Schulumfeld könnten bei der Essens-Frage beraten? Gibt es hier muslimische Lehrkräfte, Schüler oder Eltern?

7.4.7 „Weil Sie eine Frau sind...!" – der Handschlag, die Rolle der Frau und die Frage der Gleichberechtigung

Mögliche Problemstellungen aus dem Schulalltag
Die Verweigerung des Handschlags scheint so etwas wie ein moderner Klassiker der Überschneidungssituationen zu sein. Nicht nur medial habe ich zahlreiche Berichte vernommen, die davon handelten, dass männliche Schüler oder Väter Frauen nicht die Hand geben wollten. Auch im Rahmen meiner Arbeit als Fortbildner haben mir Lehrerinnen immer wieder von diesem Problem berichtet. Der Handschlag, ob man ihn selbst in Anbetracht von Viren und schweißigen Händen nun mag oder nicht, ist in Deutschland und vielen anderen westlichen Ländern kultureller Standard. Er steht für Anerkennung, Vertrauen und Respekt. Wird abgelehnt, dem anderen Geschlecht die Hand zu geben, ist das nicht nur ein Bruch mit den Gepflogenheiten hierzulande, sondern, noch viel schwerwiegender, eine Ungleichbehandlung und Diskriminierung aufgrund des Geschlechts. Dies wirft Fragen zum Frauenbild im Islam auf. Es ist nämlich nicht allein der Handschlag. Immer wieder haben mir Lehrerinnen geschildert, dass muslimische Jungen ihnen gegenüber geäußert haben, dass sie sich von einer Frau gar nichts sagen lassen und die Autorität der Lehrerin gezielt und teils sehr provokativ in Frage gestellt haben.

Informationen zur religiösen Perspektive
Grundsätzlich gilt im Islam, dass Mann und Frau gleichwertig und gleich an religiösen Pflichten sind. Frauen sind auch hoch geachtet. Es finden sich dazu zahlreiche positive Verse im Koran. Jedoch sind Frauen im Islam nicht gleichberechtigt. Einige Beispiele: Im Erbrecht haben Frauen nur Anspruch auf die Hälfte dessen, was Männer erben; bei Strafverfahren und Gerichtsverhandlungen braucht es zwei Zeuginnen, um die Zeugenaussage eines Mannes aufzuwiegen, zudem vertreten einige Theologen die Auffassung, dass weibliche Zeugen bei Kapitalverbrechen nicht zugelassen sein sollten. Eine rechtliche Ungleichbehandlung existiert auch im Zusammenhang mit Eheschließungen: Dürfen Männer Frauen jeglicher Religionszugehörigkeit ehelichen, dürfen Frauen ausschließlich muslimische Männer zu heiraten. Zudem stellt sich die Frage der sexuellen Selbstbestimmung und von Legitimation von Gewalt gegen Frauen, insbesondere in Anbetracht der folgenden Suren:

> „Die Männer stehen den Frauen in Verantwortung vor, weil Allah sie (von Natur vor diesen) ausgezeichnet hat und wegen der Ausgaben, die sie von ihrem Vermögen (als Morgengabe für die Frauen) gemacht haben. Und die rechtschaffenen Frauen sind (Allah) demütig ergeben und geben acht mit Allahs Hilfe auf das, was (den Außenstehenden) verborgen ist. Und wenn ihr fürchtet, dass (irgendwelche) Frauen sich auflehnen, dann vermahnt sie, meidet sie im Ehebett

7.4 Wenn Glaubensvorstellungen auf Schulpraxis treffen.

und schlagt sie! Wenn sie euch (daraufhin wieder) gehorchen, dann unternehmt (weiter) nichts gegen sie! Allah ist erhaben und groß."

Sure 4, Vers 34

„Die Frauen sind euch ein Saatfeld. Geht zu (diesem) eurem Saatfeld, wo immer ihr wollt!"

Sure 2, Vers 223

„Und die Männer stehen (bei alledem) eine Stufe über ihnen."
[gemeint sind Frauen, BF]

Sure 2, Vers 228

Auch die Kairoer Erklärung der Menschenrechte im Islam, die 1990 von 57 islamischen Ländern als Gegenstück zur Allgemeinen Erklärung der Menschenrechte der Vereinten Nationen formuliert wurde, schafft in diesem Fall keine Abhilfe. Im Gegenteil: Sie unterstellt alle Menschenrechte der Scharia und bezeichnet diese als „einzig zuständige Quelle für die Auslegung oder Erklärung jedes einzelnen Artikels dieser Erklärung." (vgl. hierzu: Organisation der Islamischen Konferenz, 1990, Art. 24 u. Art. 25) Gleichberechtigung von Mann und Frau ist darin ziemliche offensichtlich nicht formuliert. In Artikel 6a. heißt es nur, „die Frau ist dem Mann an Würde gleich, sie hat Rechte und auch Pflichten."
Schauen wir nun auf die Ebene des Konkreten und betrachten den Handschlag: In der bereits erwähnten Untersuchung zu Fragen von Religion und Integration von türkeistämmigen Personen in Deutschland der Universität Münster (siehe u. a. Kapitel 4) stimmten 23 % der Befragten der Aussage zu, dass Muslime es vermeiden sollten, dem anderen Geschlecht die Hand zu schütteln. Dahinter steht die Sorge vor sexueller Versuchung und einem zu engen Kontakt der Geschlechter. Aus der Sunna ist überliefert, dass der Prophet Mohammed fremden Frauen nicht die Hand gegeben haben soll. Berufen wird sich dabei auch unter anderem auf einen Hadith, also einen Ausspruch des Propheten Mohammed, der wie folgt lautet:

„Es ist besser, dass einer von euch mit einem Eisenstachel in den Kopf gestochen wird, als dass er eine Frau berührt, die er nicht berühren darf."

Ausspruch Mohammeds, Überliefert von At-Tabarani

Diese Regelung bezieht sich auf geschlechtsreife Männer und Frauen, die in keinem Verwandtschaftsverhältnis zueinander stehen. Der Islamische Zentralrat der Schweiz führt hierzu aus: „In diesem Fall stimmen die vier Rechtsschulen überein. Sowohl die hanafitische, malikitische, shafitische, als auch die hanbalitische Rechtsschule sehen hier in der anerkannten Meinung ihrer Schulen ein eindeutiges Verbot der gegenseitigen Berührung vor."
Diese Sichtweise wird durch manche Erziehungsmuster verstärkt, wonach in manchen muslimischen Familien der Vater die alleinige Autorität für sich reklamiert

7 Wenn Schul- und Unterrichtsorganisation auf islamische Glaubensvorstellungen treffen

(siehe hierzu Kapitel 7.8) und die Mutter hierarchisch teilweise noch unter den Söhnen steht. Es sollte jedoch unbedingt beachtet werden, dass die in diesem Abschnitt erwähnten Punkte in der Lebenspraxis der Schüler und ihrer Familien keineswegs zwangsläufig eine Rolle spielen müssen.

Informationen zur schulischen Perspektive
Das Grundgesetz erklärt in Artikel 3, Absatz 2 die Gleichberechtigung von Mann und Frau zum Grundrecht. Die Grundrechtecharta der Europäischen Union verbietet in Artikel 21 Diskriminierungen aufgrund des Geschlechts. Und auch die Allgemeine Erklärung der Menschenrechte der Vereinten Nationen bekräftigt die Gleichberechtigung. Ferner heben die deutschen Landesschulgesetze, von Schleswig-Holstein bis Bayern und vom Saarland bis Brandenburg, diesen Aspekt in den Grundsatzkapiteln hervor. Schulen sollten sich des Wertes der Gleichberechtigung und besonders der Tatsache, dass diese keineswegs selbstverständlich ist, bewusst sein und jedweden Verhaltensweisen entschieden entgegentreten, die diese in Frage stellen.

Was tun? Was tun! – Möglichkeiten zum Umgang mit der Thematik
In der Bundesrepublik Deutschland brauchten Frauen bis 1958 die Erlaubnis des Ehemannes oder des Vaters, wenn sie einen Führerschein machen wollten. Bis 1962 durften Frauen kein eigenes Bankkonto eröffnen. Erst nach 1969 galt eine Frau als geschäftsfähig. Und erst 1977 wurde das Bürgerliche Gesetzbuch der BRD dahingehend geändert, dass Frauen ohne Erlaubnis des Ehemannes Anstellungsverträge unterschreiben durften. Die Beispiele zeigen, dass die Gleichberechtigung von Mann und Frau nicht als selbstverständlich gesehen werden sollte. Stellen Schüler oder Väter diese in irgendeiner Form in Frage, sollte deshalb entschieden reagiert werden. Dies sollten Sie durchaus höflich, aber bestimmt tun. Hier muss nichts ausgehandelt, sondern nur etwas erläutert werden. Sagt ein männlicher Schüler, dass er sich von einer Frau nichts sagen lässt, sollte ihm verdeutlicht werden, dass das als beleidigend und diskriminierend empfunden werden kann. Spiegeln Sie ihm sein Verhalten und beziehen Sie ihn in Ihre Argumentation mit ein: *„Das ist so, als ob ich sage, ich unterrichte dich nicht, weil du… …Fünftklässler bist/…weil du schwarze Haare hast/…weil du Muslim bist."* Ich halte diese Eindeutigkeit in diesem Zusammenhang für angebracht. Es gilt klar zu machen, dass die dem Verhalten zugrunde liegende Logik, nämlich die Ablehnung aufgrund eines Merkmals, das sich der Träger nicht ausgesucht hat, ihn selbst treffen und beleidigen würde. Auch mit Vätern kann so argumentiert werden.

Sie können in einem Gespräch – vor allem, wenn Sie mit einem Schüler sprechen, der die Autorität von Frauen abgelehnt hat – auch religiös argumentieren. Sie können sich dabei beispielsweise darauf berufen, gehört zu haben, dass Mohammed in einem Hadith gesagt haben soll: „Die besten unter euch sind diejenigen, die ihre Frauen am besten behandeln." (Hadith nach al-Tirmidhi)

7.4 Wenn Glaubensvorstellungen auf Schulpraxis treffen.

Ich habe mir mehrere Vorträge von interkulturellen Trainern angehört, in denen erklärt wurde, welchen Hintergrund die jeweiligen Überschneidungssituationen haben. Auch wurde der Hinweis gegeben, aktiv nachzufragen, damit man verstehen kann, warum der Junge nun Frauen nicht als Autorität akzeptiert oder der Muslim einer Frau nicht die Hand gibt. Schließlich wurden verschiedene mögliche Begründungen gegeben. Das war's. Für mich ist dieser Ansatz nicht zu Ende gedacht. Verstehen ja, aber bitte beidseitig! Nicht nur die Lehrerin muss verstehen, aus welchen Gründen so gehandelt wird, sondern auch das Gegenüber muss verstehen, wie sein Verhalten empfunden wird. Eine Verweigerung der Anerkennung als Autorität aufgrund des Geschlechts ist beleidigend und diskriminierend. Und auch ein nicht erwiderter Handschlag ist kränkend und herabsetzend. Wobei es hier meines Erachtens darauf ankommt, wie ein Schüler oder Vater den Handschlag verweigert. Erklärt er mit einem freundlichen Gesichtsausdruck, dass er aus religiösen Gründen die Hand nicht geben möchte, und legt sich stattdessen die Hand auf das Herz, ist der Vorgang deutlich weniger konfrontativ. In diesem Fall scheint eine Zusammenarbeit mit der Person gut möglich. Hier müssen Sie entscheiden, ob Sie diese Form der Begrüßung anstatt des Handschlags akzeptieren. Wird der Handschlag auf eine unfreundliche, nicht respektvolle Art verweigert, sollten Sie Ihrem Gegenpart höflich, aber bestimmt schildern, wie Sie das auffassen. Ob Sie die Zusammenarbeit dann fortsetzen, ist Ihrer Entscheidung überlassen. Sie könnten klar machen, dass mangelnder Respekt keine Grundlage für ein Gespräch ist und das Zusammentreffen beenden. Ebenso könnten Sie Pragmatismus an erste Stelle stellen und trotzdem versuchen die Sache zu klären.

Denkimpulse
Mit welchen Argumenten können Sie der Aussage begegnen, dass sich ein Schüler nichts von einer Lehrerin sagen lässt?

Ein verweigerter Handschlag wird in der Regel als respektlos und herabsetzend aufgefasst. Stellen Sie sich diese Situation vor. Wie würden Sie reagieren?

Ein Vater verweigert den Handschlag, bekundet aber Respekt, in dem er sich auf das Herz fasst, freundlich lächelt und sich leicht verbeugt. Wie würden Sie in diesem Fall reagieren?

7.4.8 Elternarbeit mit muslimischen Familien: Strukturen, Erziehungsstile/-ziele, Türöffner und Stolpersteine

Mögliche Problemstellungen aus dem Schulalltag
Ein Studienfreund von mir war an einer stark von Migration geprägten Schule tätig. In seiner Klasse waren nur drei Schüler, die keinen Migrationshintergrund hatten. Zur Mitte des Schuljahres stand der erste Elternabend an. Raten Sie mal, wie

viele Eltern bei dem Elternabend waren? Drei...! Dieser Fall steht stellvertretend, und sicherlich recht plakativ, für die Problematik, dass Eltern aus Familien mit Zuwanderungsgeschichte vermehrt eine Distanz zur Institution Schule haben. Häufig sind diese Eltern nicht präsent, vor allem, wenn sie keinen akademischen Hintergrund haben. Dabei wäre es falsch, ihnen zu unterstellen, dass sie kein Interesse am Bildungserfolg ihres Kindes hätten. Verschiedene Untersuchungen haben insbesondere bei Migranteneltern eine hohe Bildungsaspiration festgestellt. Trotzdem führt diese nicht zu einem entsprechenden Schulerfolg ihrer Kinder.

Auch wenn es für die Schuldistanz der Eltern Erklärungen gibt (Sie finden welche in diesem Abschnitt), macht es das nicht besser. Schließlich erhöht eine gute Zusammenarbeit zwischen Schule und Elternhaus die Wahrscheinlichkeit des Lernerfolges des Kindes. Insofern wäre es einträglich, wenn es gelänge, mit Eltern in eine konstante Austauschbeziehung zu treten.

Als schwierig erweisen sich im Schulalltag auch immer wieder divergente Erziehungsstile, andere Familienstrukturen und differente Erziehungsziele in muslimischen Familien. Diese zeigen sich dann in einem Verhalten, das von Lehrkräften als problematisch empfunden wird, insbesondere in Bezug auf die Rolle der Frau und die Akzeptanz von Autorität.

Informationen zur religiösen Perspektive
Beim Thema Islam und Schule überlappen sich die Kreise von Religion und Kultur des Herkunftslandes immer wieder. Das eine prägt das andere. Das, was wir als kulturelle Prägung wahrnehmen, ist häufig religiös konnotiert. Bei keinem anderen Thema wird dies in solcher Deutlichkeit spürbar wie beim Thema Familie und Erziehung. Wenn wir im folgenden Abschnitt auf Familien schauen, bitte ich zu berücksichtigen, dass Häufigkeiten beschrieben werden. Abweichungen im Einzelfall gibt es selbstverständlich.

Mit wem haben wir es auf Seiten der muslimischen Familien in der Regel zu tun? Bis zum Sommer 2015 kamen die meisten muslimischen Migranten im Rahmen der Arbeitsmigration der 1960er- und 1970er-Jahre aus ländlichen oder wirtschaftlich unterentwickelten Regionen ihrer Herkunftsländer, mehrheitlich aus der Türkei, aus dem ehemaligen Jugoslawien, aus Marokko und Tunesien. Ab Ende der 1970er-Jahre setzten immer wieder Migrationsbewegungen im Kontext von Flucht und Asyl ein. Diese Entwicklung erreichte 2015 mit der sogenannten Flüchtlingskrise ihren Höhepunkt. Besonders zahlreiche Zuzüge gab es aus Syrien, Irak, Afghanistan und Iran. Generell war die Migration von Muslimen nach Deutschland nie eine Hochqualifiziertenmigration. Die Arbeitsmigranten waren teilweise ungelernt und nicht alphabetisiert. Wie das tatsächliche Qualifikations- und Bildungsniveau der Flüchtlinge und Migranten sowie ihre Bleibe- und dann auch ihre Teilhabeperspektive aussehen, ist nicht eindeutig geklärt und wird sich in den nächsten Jahren herausstellen. Die Mehrzahl der muslimischen Familien in Deutschland entstammt jedoch dem nicht-akademischen, eher bildungsfernen

Milieu (eine ausführliche Betrachtung des Migrationsprozesses von Muslimen nach Deutschland finden sie in Kapitel 2).
Die Familie ist im Islam die kleinste Einheit der Umma, der weltweiten Gemeinschaft der Muslime. Der hohe Wert der Familie wird in verschiedenen islamischen Quellen immer wieder deutlich betont. Der Koran fordert Männer zur Heirat und damit zur Familiengründung auf. Mohammed selbst ist mehrere Ehen eingegangen. Der Familie werden die folgenden drei Funktionen zugeschrieben:

- *Institutionalisierung des Zusammenlebens*: Die (Groß-)Familie gilt als die ideale Form des Zusammenlebens.
- *Reproduktion*: Fortpflanzung bzw. die Zeugung von Nachkommen gilt als natürliche Bestimmung des Menschen.
- *Kontrolle von Sexualität*: Der Eheverbund gilt als einziger legitimer Rahmen für Sexualität; Unverheiratete sollen laut Koran enthaltsam bleiben.

In muslimischen Familien steht der Zusammenhalt vor der individuellen Entfaltung. Insbesondere in bildungsferneren muslimischen Familien wird Familie als Großfamilie gelebt. Ebenso dominieren traditionelle Werthaltungen und Rollenmuster. In der Regel steht der Vater an der Spitze des Familienverbandes, dann folgen in der Hierarchie die weiteren männlichen Familienmitglieder, dann die Mutter und die Töchter. Die Organisation der Familie beruht auf klaren Mustern: Dem Vater obliegt es, die Familie zu ernähren, Entscheidungen zu treffen und dabei stets ein dominantes Erscheinungsbild aufrechtzuerhalten. In der Erziehung tritt er nur in besonderen Situationen in Erscheinung. Diese ist Aufgabe der Mutter, neben der Versorgung des Haushalts und der Beziehungspflege innerhalb der Familie. Mütter sind oft die einzigen Vertrauenspersonen der Kinder. Die älteren Söhne sollen auf die jüngeren Familienmitglieder und die Schwestern aufpassen, die wiederum bei der Arbeit im Haushalt helfen sollen. In der bereits zuvor erwähnten Studie der Universität Münster zu Einstellungen Türkeistämmiger stimmten 39 % der These zu, dass es besser für alle ist, wenn der Mann im Berufsleben steht und die Frau zu Hause bleibt und sich um Haushalt und Kinder kümmert (Pollack, 2016, S. 9). Im Forschungsbericht Geschlechterrollen des Bundesamtes für Migration und Flüchtlinge (Becher, El-Menouar, 2014) finden sich zu dieser Thematik eine interessante Erkenntnis: So sind klassische Rollenbilder, bei denen der Frau Haushalt und Familie zugeordnet und der Mann in der Ernährerrolle gesehen wird, bei Muslimen deutlich stärker verbreitet als bei Christen. 66 % der Muslime in einer Partnerschaft befinden sich in der Erwerbskonstellation „Mann Vollzeit – Frau geringfügig oder gar nicht erwerbstätig". Damit liegen traditionelle Erwerbskonstellationen unter Muslimen deutlich häufiger vor als unter Christen (38,2 %) (ebenda, S. 181).
Bei Untersuchungen zu Erziehungsstilen in muslimischen Familien sind verschiedene Forscher zwar zu unterschiedlichen Bezeichnungen gekommen, inhaltlich

ähneln sich die Ergebnisse allerdings trotz unterschiedlicher Erhebungsmethoden: Alamdar-Niemann spricht von einem „religiös-autoritären Erziehungsstil", Merkens von einem „autoritären" und Toprak von einem „konservativ-spartanischen Erziehungsstil" (vgl. hierzu: Toprak, 2011, S. 42ff.), der vorherrsche. Es werden also eher rigide Erziehungsstile, denn offen-liberale angewendet, welche jedoch von der nicht-muslimischen Bevölkerung bevorzugt werden. Für junge Menschen kann das in zweierlei Hinsicht zum Problem werden: Einerseits, wenn sie unter der autoritären Erziehung zu unbedingtem Gehorsam leiden und im Familienkreis keine Möglichkeit haben, diesem Leidensdruck Raum zu verschaffen. Fast schon zwangsläufig entlädt sich dieser Frust dann außerhalb des Elternhauses, oft in der Schule. Zudem stehen die Kinder vor der großen Herausforderung, den rigiden Erziehungsstil der Eltern und den oft eher permissiven, demokratischen und auch autoritativen Erziehungsstil in den Schulen übereinzubringen. Hier sind die Kinder nahezu täglich zu einer Adaption des jeweiligen Erziehungsstils aufgefordert.

Ein Unterschied wird auch bei einer Betrachtung der Erziehungs*ziele* sichtbar. Mehrere Untersuchungen belegen diesbezüglich divergierende Vorstellungen von nicht-muslimischen und muslimisch/türkischen Familien. Nach El-Mafaalani und Toprak spielen in arabisch- und türkeistämmigen Familien folgende Erziehungsziele eine zentrale Rolle:

- *Respekt vor Autoritäten*: Ältere, auch Geschwister werden mit Bezeichnung („anne" [Mutter], „baba" [Vater], „abi" [großer Bruder], „teyze" [Tante] etc.) und dem Vornamen angesprochen; Kinder sollen in Gegenwart Erwachsener schweigen, nicht widersprechen;
- *Ehrenhaftigkeit*: Zusammen mit Respekt ein zentrales Erziehungsziel; in den Familien existieren zwei Grenzen: eine zwischen Innen- und Außenwelt und eine zwischen den Geschlechtern; beide Grenzen sollen nicht überschritten bzw. verteidigt werden; Probleme müssen innerhalb der Familie geklärt werden und dürfen nach außen nicht sichtbar werden; insbesondere Frauen sind Trägerinnen der Familienehre und dadurch zu tugendhaftem Verhalten aufgefordert (Sexualität der Frauen wird von Männern kontrolliert, Aufrechterhaltung der Jungfräulichkeit bis zur Ehe, Jungen werden in diesem Zusammenhang mehr Freiheiten zugestanden als Mädchen); bei Verstößen gegen Ehrvorstellungen muss der Mann handeln, um die Ehre wiederherzustellen; der BaMF-Bericht zu Geschlechterrollen sagt hierzu: „Rund die Hälfte der in Deutschland geborenen oder aufgewachsenen Muslime misst Keuschheitsgeboten weiterhin eine hohe Bedeutung zu." (Becher, El-Menouar, 2014, S. 6)
- *Zusammengehörigkeit*: Insbesondere im Kontext der Migrationssituation besonders relevant; unterschieden wird hier nach Familie und Nicht-Familie und nach ethnisch Gleichen und Anderen.

7.4 Wenn Glaubensvorstellungen auf Schulpraxis treffen.

- *Leistungsstreben*: Leistung und Bildung wird ein hoher Stellenwert zugeschrieben, jedoch verfügen die Familien/Eltern häufig nicht über die Ressourcen, um die Kinder entsprechend zu unterstützen.
- *türkische/arabische Identität*: Nationalstolz wird ein hoher Wert beigemessen; in der Türkei ist er beispielsweise als ausdrückliches Schulziel in den Curricula verankert; insbesondere in der Migrationssituation wird dieses Erziehungsziel aus Angst vor Identitätsverlust verfolgt.
- *religiöse Identität*: ebenso wie beim Punkt zuvor, wird auch dieser Aspekt besonders in der Migrationssituation stark gemacht; einerseits aus Angst vor Entfremdung mit dem Herkunftsland, aber auch weil es identitätsstiftend ist, findet eine bewusste Erziehung zum Islam statt, teilweise durch Koranunterricht in Moscheen.

Darstellung nach El-Mafaalani & Toprak (2011), S. 44ff., Ergänzungen BF

An dieser Stelle rege ich meine Studenten immer zu der Frage an, welches Ihre wichtigsten Ziele in der Kindererziehung sind bzw. wären. In der Regel werden hier grundlegend andere als die zuvor aufgeführten Erziehungsziele genannt. Dies lässt sich auch für die gesamte nicht-muslimische Bevölkerung in Deutschland feststellen: Spätestens ab den 1980er-Jahren setzte hier ein Wandel ein. Ähnelten die Erziehungsziele der 1950er- bis 1970er-Jahre denen muslimischer Familien, strebte man dann mehrheitlich Selbstständigkeit, Selbstbewusstsein, Eigenverantwortung, Kritikfähigkeit, Zuverlässigkeit und Hilfsbereitschaft an. (vgl. Sturzbecher, D., Waltz, C., 1998)

Der Psychologe und Migrationsforscher Uslucan weist auf eine sich in diesem Zusammenhang auftuende Problematik hin: „Kulturpsychologische Studien zeigen jedoch, dass eine autoritative Erziehung zwar für euroamerikanische Kinder den optimalen Erziehungsstil darstellt, u. a. dadurch, dass dieser zu einer höheren sozialen Kompetenz und höherer Selbstständigkeit führt. Dies konnte jedoch beispielsweise für chinesische und andere Kinder mit Migrationshintergrund nicht gezeigt werden. Auch weist u. a. Schneewind darauf hin, dass ein autoritärer Erziehungsstil unter bestimmten Umständen, insbesondere wenn das Kind in entwicklungsgefährdenden bzw. delinquenzfördernden Umwelten aufwächst, was in einigen Fällen für türkische Jugendliche zu vermuten ist, als durchaus funktional und sinnvoll zu betrachten ist, weil hier das Einbringen von „guten Gründen" für eine Mitgliedschaft bzw. Teilnahme an delinquenten Gruppen seitens der Jugendlichen wenig sinnvoll wäre und Jugendliche eine straffere Lenkung und Kontrolle brauchen. Insofern ist eine bruchlose Übertragung der Wirkungen bestimmter Erziehungsstile und -praktiken auf die kindliche Entwicklung in differentem kulturellen Kontexten problematisch." (Uslucan, S. 196f.)

Diese Schilderung macht deutlich, dass die verschiedenen Erziehungsvorstellungen, denen muslimische Kinder und Jugendliche im Elternhaus und in der Schule ausgesetzt sind, teilweise schwerlich überein gehen und mitunter kontraproduktiv sein können. Wie sich das aus Sicht von Schülern konkret darstellen kann, möchte ich Ihnen mit dem folgenden Perspektivwechsel verdeutlichen:

Perspektivwechsel – Schule aus Sicht von Aymen und Yasim

An dieser Stelle sind Sie eingeladen, die Rolle der Lehrkraft zu verlassen, die Perspektive zu wechseln und Schule mit den Augen von zwei Schülern zu betrachten, die ich im Rahmen meiner Arbeit als Lehrer kennengelernt habe.

Aymen (damals 14)

Aymen war eine der prägenden Persönlichkeiten meiner Zeit als Referendar an einer Hauptschule. Es gibt diese Schüler, die jeder an der Schule kennt. Damals war es Aymen – was in diesem Fall nicht für den Jungen sprach. Viele Lehrkräfte empfanden sein Verhalten während und außerhalb des Unterrichts als problematisch. Er galt als frech, schwer zu bändigen und als permanente Störquelle für den Unterricht. Als er vor einer Ordnungsmaßnahmenkonferenz stand, kam mein Schulleiter auf mich zu und fragte, ob ich, weil ich wie Aymen tunesische Wurzeln habe, mal versuchen könnte, mit dem Jungen ins Gespräch zu kommen, um herauszufinden was ihn bewegt und warum er so schwierig ist. Ich habe mich dieser Aufgabe gerne angenommen und mit Aymen insgesamt drei längere Gespräche geführt. In ruhiger Atmosphäre nach der Schule hat er mir von sich erzählt. Aymen kam in einem Dorf in Tunesien auf die Welt und siedelte im Alter von 11 Jahren nach Deutschland über. Das hieß, dass er gerade einmal seit drei Jahren hier lebte. Das war bemerkenswert, denn sein Deutsch war ausnehmend gut. Selbst Mitschüler, die hier geboren sind, sprachen teilweise schlechter Deutsch. Die Lehrer in Tunesien beschrieb er als streng. Hatte er „Scheiße gebaut" hielt er automatisch die Finger hin, damit der Lehrer mit einem Lineal darauf schlagen konnte. Im Gegensatz dazu empfand er seine Lehrer in Deutschland als locker und nachsichtig. Seine Klassenlehrerin beispielsweise war eine großartige Hauptschullehrerin: warmherzig, sensibel, hoch engagiert, auch über den Unterricht hinaus – doch Aymen sagte über sie: „Ich mag sie, aber ich kann sie nicht ernst nehmen." Genau andersherum sah es bei seiner Beschreibung des Lebens außerhalb der Institutionen aus: In Tunesien war das Leben locker. Er fühlte sich frei. Er durfte mit dem Traktor und manchmal auch mit einem Auto herumfahren. Dagegen war das Leben in Deutschland aus seiner Sicht stark strukturiert und reglementiert – ein „Roboterleben", wie er sagte.

Yasim (damals 16)

Auch Yasim war ein bemerkenswerter und allseits bekannter Schüler. Yasim war ein Braunschweiger Jung. Er kam als eines von vielen Kindern einer

7.4 Wenn Glaubensvorstellungen auf Schulpraxis treffen.

> Großfamilie in Deutschland zur Welt. Erfolgserlebnisse konnte er in seiner Schullaufbahn selten verzeichnen. Nach der Grundschule besuchte er die Hauptschule, auf der er mehr durch problematisches Verhalten, als durch ein gewisses Bemühen beim Lernen und zur Mitarbeit im Unterricht auffiel. Yasims Familie war patriarchalisch strukturiert. Der Vater stand an der Spitze der Familie und war die maßgebliche Autoritätsperson. Hierarchisch unter dem Vater standen seine großen Brüder, dann kamen erst die Mutter und die Schwestern. Aus seiner familiären Sozialisation war er es nicht gewohnt, dass Frauen Autorität reklamieren. Dies spiegelte sich deutlich in seinem Verhalten in der Schule. Seine Lehrerinnen hatten es schwer, sich gegen ihn durchzusetzen. Zudem war Gewalt ein Erziehungsmittel des Vaters – so gab es „ab und an mal ne Kelle", wie er es ausdrückte. Auch diese Prägung stand dem Erziehungsansatz und Sanktionsrepertoire seiner Lehrkräfte diametral gegenüber.
>
> Mit der Schilderung ihrer Hintergründe möchte ich das Verhalten von Aymen und Yasim nicht entschuldigen, sondern es erklären. Ich denke, an ihren Biographien wird deutlich, wie herausfordernd die Migrationssituation für junge Menschen sein kann. Sie sind aufgefordert zwischen unterschiedlichen Ansprüchen und Konventionen zu wechseln. Beide mussten ständig das innere Koordinatensystem umstellen, wenn sie in der Schule waren, was zu selten gelang. Ich rate dazu, die familiären und biographischen Hintergründe ihrer Schüler kennen, um zumindest deren Verhalten besser einordnen zu können.

Wenn ich die Erziehungsstile und -ziele in Fortbildungen thematisiere, an denen Lehrkräfte, die in den 1950er- und 1960er-Jahren geboren wurden, teilnehmen, erwähnen einige, dass sie selbst ähnlich erzogen wurden. Tatsächlich gleichen die gängigen Erziehungspraktiken der Migrantenfamilien jenen, die vor Jahrzehnten in Deutschland üblich waren. Das schließt auch einen Aspekt ein, den ich abschließend erwähnen möchte: Gewalt. Als Erziehungsmittel ist sie in Deutschland mittlerweile mehrheitlich geächtet. Jedoch spielt sie in der Erziehung in türkischen und arabischen Familien eine Rolle. Toprak und El-Mafaalani (2011, S. 63) schreiben hierzu: „Dementsprechend spielen Macht und Gewalt in der Erziehung arabischer und türkischer Familien häufig eine besondere Rolle. Die gewaltsame Bestrafung von Kindern ist für viele traditionell-muslimische Eltern oft ein gängiges Erziehungsmittel. (…) Gewaltanwendung ist also ein verbreitetes Mittel, um einem unerwünschten Verhalten der Kinder und Jugendlichen zu begegnen." Auch hier ist die Perspektive des Schülers zu bedenken, der daheim mittels Gewalt erzogen wird und in der Schule auf einen grundlegend anderen Erziehungsstil trifft. Die Möglichkeiten des schulischen Sanktionsrepertoires werden schlicht nicht als richtige Strafe empfunden. Für diese Schüler stellen Schulen daher mitunter eine komplett andere Welt dar, in der sie sich zu orientieren haben.

Informationen zur schulischen Perspektive

Das Grundgesetz sagt in seinen Grundrechtsartikeln:

> *„Pflege und Erziehung der Kinder sind das natürliche Recht der Eltern und die zuvörderst ihnen obliegende Pflicht. Über ihre Betätigung wacht die staatliche Gemeinschaft."*
>
> Grundgesetz, Artikel 6, Absatz 2

Im folgenden Artikel heißt es:

> *„Das gesamte Schulwesen steht unter der Aufsicht des Staates."*
>
> Grundgesetz, Artikel 7, Absatz 2

Aus den verschiedenen und aufeinander bezogenen Rechten und Pflichten von Elternhaus und Schule ergibt sich ein besonderes Beziehungsgeflecht. Eltern und Lehrkräfte sollten sich als Partner im Bildungs- und Sozialisationsprozess verstehen. Die verschiedenen Landesschulgesetze beschreiben verschiedene Mitwirkungsmöglichkeiten der Erziehungsberechtigten, die Schule nutzen sollte. Bitte prüfen Sie diesbezüglich die Gesetzgebung und Erlasslage Ihres Bundeslandes.

Was tun? Was tun! – Möglichkeiten zum Umgang mit der Thematik

Von einer stabilen und konstruktiven Zusammenarbeit zwischen Elternhaus und Familie profitieren letztlich alle Beteiligten: Schüler sind eher lernbereit, Eltern fühlen sich verantwortlich für die Leistungen und das Betragen des Kindes in der Schule und dieses selbst erfährt in der Folge Unterstützung bei seiner Arbeit. So der Idealfall. Nur besteht das bereits erwähnte Problem, dass es oft nicht zu einer solchen Zusammenarbeit kommt. Auch wenn schulrechtliche Vorgaben die Elternbeteiligung vorschreiben, können diese nicht in die Schule gezwungen werden. Wenn Eltern nicht in die Schule kommen, eignen sich Telefonate und Hausbesuche. Insbesondere letztere können als Zeichen von Interesse und Wertschätzung aufgefasst werden und nachdrücklich Verbindlichkeit schaffen.

Bei Migrantenfamilien besteht häufig eine Schwellenangst. Diese begründet sich meist in der Sorge, sich aufgrund sprachlicher Einschränkungen nicht richtig verständlich machen zu können und in einer Unkenntnis der Funktionsweise der Institution Schule. In den Handlungsempfehlungen in Kapitel 9 finden Sie Anregungen für sogenannte niederschwellige Partizipationsangebote, die diese Schwellenangst nehmen können (beispielsweise interkulturelle Feste, internationale Frühstücke, gemeinsames Feiern religiöser Feste). Erfahrungsgemäß sind diese ein erster Anlass für Migranteneltern, um in die Schule zu kommen, vor allem wenn sie das Gefühl haben, dass sie einen persönlichen Beitrag leisten können oder sich mit dem Thema der Festivität identifizieren (Ramadanfest, Opferfest, bestimmte Themenwochen). In meiner Schulzeit war mein Vater beispielsweise nur einmal in der Schule engagiert, nämlich in der Grundschule im Rahmen der Themenwoche Afrika, wo er Couscous zubereitet und tunesische Kleidung mitgebracht hat.

Eine erste Kontaktaufnahme mit Migranteneltern in eher informeller Atmosphäre kann den Grundstein für eine Zusammenarbeit bilden. Sprechen Sie die Eltern gezielt an, betonen Sie, dass Sie erfreut sind, dass die Eltern in der Schule sind, loben Sie das Kind (siehe Türöffner) und sagen Sie, dass Sie sich freuen würden, wenn es weiterhin Kontakt gibt. Verweisen Sie auf anstehende Elternabende oder -sprechtage. Wenn es kritische Punkte bezüglich des Kindes gibt, sollten diese nicht bei einem Erstkontakt besprochen werden, wenn dieser einen eher feierlich-festlichen Anlass hat. Um manche Eltern, die die deutsche Sprache nicht sicher beherrschen, auf Veranstaltungen der Schule aufmerksam zu machen, greifen Schulen mitunter zu mehrsprachigen Elternbriefen. In einigen Städten gibt es öffentliche Einrichtungen, in denen man sich Elternbriefe übersetzen lassen kann. Zudem finden Sie Vorlagen im Internet[1]. Hier müssen Sie überlegen, ob Sie diesen Mehraufwand leisten wollen und für gerechtfertigt halten.

Eine gute Methode um Bedenken von muslimischen Eltern, wie sie zum Beispiel im Rahmen von Klassenfahrten aufkommen, im Vornherein abzuschwächen oder gar nicht aufkommen zu lassen, ist es, wenn Sie im Schulalltag immer wieder Religionssensibilität demonstrieren. Bederna (2015, S. 74) charakterisiert religionssensibles Verhalten im pädagogischen Kontext folgendermaßen: „Religionssensible Erzieherinnen [und Lehrkräfte, BF] haben ihren eigenen Standpunkt geklärt. Sie nehmen Ungerechtigkeit und Schuld, Freude und Hoffnung wahr, können versöhnen und Glauben feiern. Sie nehmen scheinbar banale Fragen der Kinder als philosophische oder religiöse ernst und öffnen den Kindern Horizonte. Sie sind aufmerksam für Riten, Räume und Zeiten, die den Alltag durchbrechen und auf etwas darüber Hinausgehendes verweisen. Und sie nehmen die Religionen der Kinder und ihre Feste wahr." Konkret: Gratulieren Sie zu religiösen Feiertagen, vielleicht sogar mit einer Grußkarte (eine Vorlage finden Sie in Kapitel 7.4.4). Bedenken Sie im Schulalltag auch immer wieder die muslimische Perspektive. Gehen Sie vor Klassenfahrten auf die Eltern zu und fragen Sie, welche Dinge aus deren Sicht beachtet werden sollten. Das signalisiert Interesse und Wertschätzung. Fragen Sie das Mädchen mit Kopftuch ruhig, warum sie es trägt. Fragen sie die Schüler, wie das Ramadanfest war oder was sie im Moscheeunterricht so machen. Diese werden ihren Eltern von Ihrer interessiert-offenen Haltung berichten, die Eltern werden sich freuen und davon ausgehen, dass ihre Kinder bei Ihnen in guten, religionssensiblen Händen sind.

---

[1] Unter der Schlagwortsuche „Elternbrief" und „Mehrsprachig" oder bspw. unter folgendem Link: https://www.schulentwicklung.nrw.de/q/orientierungshilfe_schule_und_zuwanderung/materialpaket/materialien-fuer-lehrkraefte/elternbriefe/elternbriefe-in-mehreren-sprachen.html, letztmalig geprüft am 02.03.2019)

Das bedeutet jedoch nicht, dass Sie, wenn Sie kritische Themen mit den Eltern besprechen müssen, differenten kulturellen Mustern, die Ihren eigenen Werten nicht entsprechen, Wertschätzung entgegenbringen müssen. Bitte machen Sie Werte, die unsere Gesellschaft so lebenswert machen – wie beispielsweise Gleichberechtigung, Religionsfreiheit oder das Recht auf individuelle Selbstentfaltung – stark: Aber machen Sie das sensibel. An anderer Stelle in diesem Buch schreibe ich, dass niemand gerne sein Weltbild wanken sieht und seine Überzeugungen, vor allem wenn sie auf Tradition beruhen und identitätsstiftend sind, leichtfertig aufgeben kann. Es empfiehlt sich eher, kleine Impulse zu setzen, die den Empfänger ins Nachdenken bringen. Überschreiten Schüler oder Eltern rote Linien und würdigen Sie oder andere durch ihr Verhalten herab, sollte deutlich reagiert werden. Schildern Sie, welchen Standpunkt Sie in der jeweiligen Frage einnehmen. Beachten Sie aber, dass die Gegenseite nicht bedroht ist, ihr Gesicht zu verlieren. Bei aller Kontroverse sollten Sie ruhig, aber bestimmt argumentieren. Schon mehrfach habe ich in diesem Buch auf die Publikation von El-Mafaalani und Toprak, „Muslimische Kinder und Jugendliche in Deutschland. Lebenswelten – Denkmuster – Herausforderungen", hingewiesen. Darin formulieren die Autoren verschiedene Türöffner und Stolpersteine für die Elternarbeit. Aus diesen habe ich meine Top 6-Hinweise für die interreligiöse/-kulturelle Elternarbeit für Sie herausgesucht und teils mit eigenen Hinweisen verstehen:

Türöffner

Türöffner 1 – Bei der Gesprächseröffnung für positive Atmosphäre sorgen: Bedanken Sie sich für das Kommen, fragen Sie nach dem Befinden der Eltern, sagen Sie etwas Erfreuliches über das Kind. Höflichkeitsfloskeln vorab sind in der islamischen Welt üblich. Achten Sie im Gespräch darauf, dass der Vater seine Rolle – Entscheider, Oberhaupt, dominant – aufrechterhalten kann. Eltern darf kein Gesichtsverlust drohen.

Türöffner 2 – Einladungen persönlich gestalten: Durch eine schriftliche Einladung fühlen sich die Eltern möglicherweise nicht angesprochen. Am erfolgreichsten und verbindlichsten ist eine persönliche mündliche Einladung. Hier eignen sich Anrufe. Vielleicht können Sie auch Schüler oder andere Eltern einspannen. Wenn Eltern andere Eltern ansprechen und einladen, ist die Wahrscheinlichkeit groß, dass viele zu einer Veranstaltung kommen.

Türöffner 3 – Beim Hausbesuch die Schuhe ausziehen oder zumindest fragen, ob man sie ausziehen soll: Im islamischen Kulturraum ist es Standard, dass man die Schuhe in der Wohnung auszieht, da diese als unrein gelten. Ziehen Sie die Schuhe ruhig auch aus, wenn man Ihnen sagt, dass das nicht nötig sei.

7.4 Wenn Glaubensvorstellungen auf Schulpraxis treffen.

In der Regel handelt es sich dann um eine Höflichkeitsfloskel. Wenn barfuß bei Fremden für Sie ungewohnt ist, können Sie auch Hausschuhe mitbringen. Das beweist Aufmerksamkeit und lockert die Atmosphäre auf.

Stolpersteine

Stolperstein 1 – Termine auf muslimische Feiertage legen: An Feiertagen oder abends im Ramadan ist die Wahrscheinlichkeit gering, dass Eltern kommen bzw. Zeit haben. Stellen Sie sich vor, in einem islamischen Land würde man Sie an Heiligabend zu einem Termin bitten. Sie können bei der Terminanfrage aber herausstellen, dass Ihnen bewusst ist, dass Ramadan ist und anfragen, wann es den Eltern passt. Das gibt ein Signal der Wertschätzung und Anerkennung.

Stolperstein 2 – Das Gespräch mit dem Problem beginnen und konfrontativ vorgehen: Nach dem Verhaltenskodes des türkisch- und arabischstämmigen Milieus werden Kritik und negative Sachverhalte beiläufig und blumig – d. h. mit viel Vorlob und positivem Feedback – formuliert. Unmittelbar mit dem Problem beginnen, wird als Konfrontation empfunden.

Stolperstein 3 – Beim Hausbesuch die Einladung zum Essen/Trinken ablehnen: Sowohl als Sohn eines Tunesiers als auch als jemand, der viel in islamischen Ländern gereist ist, sage ich: Bloß nicht! Die islamische Gastfreundschaft gebietet es, den Gast vollumfänglich zu versorgen. Eine Ablehnung von Essen kann als unhöflich empfunden werden. Nehmen Sie mindestens einen Tee an.

Ausgewählt aus El-Mafaalani und Toprak, 2011, S. 163ff.

Denkimpulse
Was wissen Sie über die familiären Strukturen, aus denen Ihre Schüler kommen?

Wagen Sie einen Perspektivwechsel: Wie mögen Ihre (muslimischen) Schüler Ihren Erziehungsstil wahrnehmen?

Welche Konsequenzen könnten Sie aufgrund Ihrer Erkenntnisse ziehen?

Muslimische Jungen und Mädchen lernen in der Schule möglicherweise erstmals neue Rollenverständnisse bezüglich der Geschlechterrollen kennen. Mit welchen Argumenten können Sie diesen Kindern den Wert Ihres eigenen Rollenverständnisses darlegen?

7 Wenn Schul- und Unterrichtsorganisation auf islamische Glaubensvorstellungen treffen

Perspektivwechsel II: Jetzt ist Phantasie gefragt: Sie sind Schüler in einem fremden Land. In der Schule wird Ihnen in harscher Art und Weise deutlich gemacht, dass die Werte, mit denen Sie aufgewachsen sind und die Sie immer für richtig gehalten haben, aus Sicht der Lehrkraft grundfalsch sind. Wie fühlen Sie sich?

7.4.9 Das Gebet und die Frage nach Gebetsräumen

Mögliche Problemstellungen aus dem Schulalltag
Das Gebet ist eine der fünf Säulen des Islam und zählt zu den religiösen Pflichten, denen Muslime nachzukommen haben. Mit Einsetzen der Geschlechtsreife soll täglich, so die Vorgabe, zu bestimmten Zeiten fünfmal in Richtung Mekka gebetet werden. Es ist jedoch nicht selten, dass auch Kinder vor der Pubertät an den Gebeten teilnehmen. Schulen waren aufgrund der Gebetspflicht für Muslime immer wieder mit drei Fragestellungen konfrontiert: Kann oder sollte die Schule einen Gebetsraum einrichten, in dem die muslimischen Schüler in Ruhe beten können? Was tun, wenn Schüler während der Unterrichtszeit das Pflichtgebet verrichten möchten? Können Schüler am Freitagsgebet teilnehmen?

Informationen zur religiösen Perspektive
Mit dem Gebet (*salat*) stellen Muslime eine direkte Verbindung zu Gott her. Es zählt zu den obersten Pflichten eines Muslims und soll fünfmal am Tag verrichtet werden. Diese Vorgabe begründet sich aus der Überlieferung von Mohammeds Himmelfahrt, bei der er mit dem Engel Gabriel in den Himmel aufgestiegen sein soll. Ursprünglich waren ihm täglich fünfzig Gebete aufgetragen. Nach Vermittlung von Mose, im Islam Musa, wurde diese Zahl auf fünf reduziert. In der bereits erwähnten Studie des Exzellenzclusters Religion und Politik (Pollack, 2016, S. 12) zu Fragen der Integration und Religion von Türkeistämmigen gaben insgesamt 45 % der Befragten an, täglich mehrmals zu beten. Beim Pflichtgebet sind sowohl die Gebetszeit, als auch der Ablauf und der Inhalt des Gebets genau vorgeschrieben. Die Gebetszeiten sind:

- morgens in der Zeit zwischen Morgendämmerung und Sonnenaufgang,
- mittags, wenn die Sonne den Höchststand erreicht hat und bevor die Zeit des Nachmittagsgebets beginnt,
- nachmittags, wenn der Schatten eines Objekts länger als das Objekt selbst ist und vor Beginn des Abends,
- nach dem Sonnenuntergang bis zum Ende der Dämmerung,
- nach Einbruch der Dunkelheit bis zur Gebetszeit am nächsten Morgen.

Damit das Gebet Gültigkeit bekommt, müssen die Gebetszeiten und andere Bedingungen eingehalten werden. Dazu gehören eine ritualisierte Reinigung des Körpers, eine Bedeckung der Aura, die Ausrichtung des Gebets in Richtung

7.4 Wenn Glaubensvorstellungen auf Schulpraxis treffen.

Mekka und die Absicht, mit dem Gebet Allahs Wohlgefallen erlangen zu wollen. Auch die Gebetshaltungen sind genau festgelegt (Stehen, Verbeugen, Niederwerfen, Sitzen). Gebetet werden kann in der Moschee und an jedem anderen Ort, der sauber ist. Kann ein Pflichtgebet aus einem unvermeidlichen Grund nicht rechtzeitig ausgeführt werden, muss es zum nächstmöglichen Zeitpunkt nachgeholt werden.

Im Islam gibt es zahlreiche weitere Gebetsformen (Festgebet, Finsternisgebet, Regengebet, Reisegebet, Begräbnisgebet, ein zusätzliches Nachtgebet im Ramadan, freie Bittgebete, Freitagsgebet) von denen im schulischen Kontext nur das Freitagsgebet relevant wird.

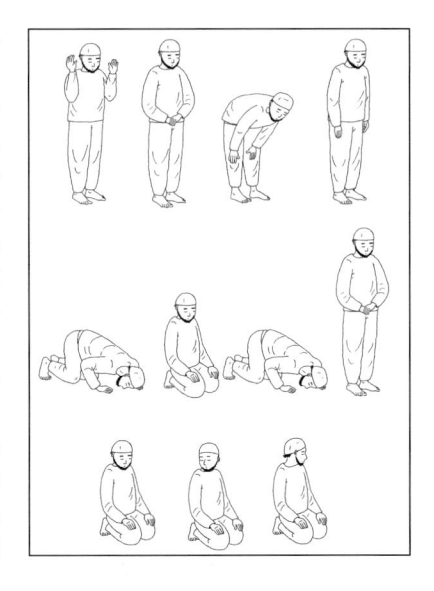

Das Freitagsgebet soll von jedem gesunden, männlichen Muslim ab der Pubertät gemeinschaftlich in der Moschee verrichtet werden. Frauen ist das Freitagsgebet empfohlen. Es ersetzt an diesem Tag das Mittagsgebet. Die Vorgabe stammt aus dem Koran:

„Ihr Gläubigen! Wenn am Freitag zum Gebet gerufen wird, dann wendet euch mit Eifer dem Gedenken Allahs zu und lasst das Kaufgeschäft (so lange ruhen)!"

Sure 62, Vers 9

Der Freitag wird auch Tag der Versammlung (*dschuma*) genannt und ist der wichtigste Wochentag im Alltag der Muslime. Die Besonderheit des Freitagsgebets besteht darin, dass zusätzlich eine Predigt (Freitagspredigt) durch einen Prediger oder den Imam der Moschee gehalten wird. Diese beinhaltet Themen, die für die Gemeinde von Bedeutung sind. Mitunter wird hierbei auch über politische Themen gesprochen.

Informationen zur schulischen Perspektive

Die Frage des Gebets in der Schule hat in der Vergangenheit schon Gerichte beschäftigt. So hat das Bundesverwaltungsgericht im Jahre 2011 den Fall eines Schülers verhandelt, der sein Recht auf die Verrichtung des Gebets außerhalb der Unterrichtszeit feststellen lassen wollte. Der Jugendliche hatte im November 2007 in der Pause zwischen zwei Unterrichtsstunden mit Mitschülern auf dem Flur gebetet. Das Gebet dauerte etwa zehn Minuten. Andere Schüler sahen dabei zu. Am folgenden Tag teilte die Schulleiterin den Schülern und ihren Eltern mit, dass die Verrichtung des Gebets auf dem Schulgelände nicht gestattet wird, woraufhin

Klage erhoben wurde. Das Bundesverwaltungsgericht entschied letztinstanzlich Folgendes:

> *„Die Glaubensfreiheit des Schülers aus Art. 4 Abs. 1 und 2 GG berechtigt ihn grundsätzlich, während des Besuchs der Schule außerhalb der Unterrichtszeit ein Gebet zu verrichten. Diese Berechtigung findet ihre Schranke in der Wahrung des Schulfriedens."*
>
> Bundesverwaltungsgericht, Urteil vom 30.11.2011

Schüler sind demnach in Anbetracht der grundgesetzlich garantierten Religionsfreiheit berechtigt, in der Schule außerhalb der Unterrichtszeiten zu beten, wobei der Schulfrieden nicht gestört werden darf. Wann das der Fall ist, liegt im Ermessen des Kollegiums und letztlich der Schulleitung. In diesem Zusammenhang ist zu beachten, dass manche Gebete nicht allein aus Gründen der religiösen Pflichterfüllung ausgeführt werden. Mitunter erfüllen Gebete, vor allem wenn sie öffentlich verrichtet werden, die Funktion einer Machtdemonstration und setzen ein Zeichen der Stärkung nach innen und gleichzeitig eines der Abgrenzung nach außen. Für Schulen besteht keine Verpflichtung, einen Gebetsraum für Muslime oder einen Raum der Stille, der allen Weltanschauungsgemeinschaften zur Verfügung steht, einzurichten. Im zuvor erwähnten Urteil heißt es dazu, dass kein Anspruch darauf besteht, der Glaubensüberzeugung mit staatlicher Unterstützung Ausdruck verleihen zu können. Die Schulen sind von religiösen Personen so hinzunehmen wie sie sind. Allerdings wird gleichsam darauf hingewiesen, dass man im Sinne eines verhältnismäßigen Ausgleichs einen ohnehin vorhandenen Raum anbieten könne, in dem gebetet werden kann.

Auch das Freitagsgebet hat Schulen und Schulverwaltungen in der Vergangenheit bereits beschäftigt. Hier gilt, dass Schüler auch zur Zeit des Freitagsgebets schulpflichtig sind. Fehlzeiten sind entsprechend der Vorgaben des Bundeslandes zu handhaben.

Was tun? Was tun! – Möglichkeiten zum Umgang mit der Thematik
Äußern Schüler den Wunsch, während der Schulzeit zu beten, sollten Sie sich gesprächsbereit zeigen. Fragen Sie zunächst nach, wie sich die Schüler das vorstellen und welche Erwartungen sie im Zusammenhang damit an die Schule stellen. Es gilt dann zu bewerten, ob die Vorstellungen erfüllbar sind. Möchten die Schüler außerhalb der Unterrichtszeit beten, sollte dem stattgegeben werden, sofern es nicht den Schulfrieden stört. Das könnte beispielsweise der Fall sein, wenn das Gebet demonstrativen Charakter bekommt (mitten auf dem Schulhof, mitten auf dem Flur, mitten im Klassenraum). Wann eine Störung des Schulfriedens vorliegt, liegt jedoch letztlich im Ermessen der Schule. Sind die Vorstellungen der Schüler problemlos erfüllbar, sollte keine Überschneidungssituation entstehen.

Möchten Schüler während der Unterrichtszeit beten, sollte diesem Ansinnen nicht entsprochen werden. Verweisen Sie darauf, dass das Gebet in einem vorgegebenen Zeitraum durchgeführt werden kann, nicht minutengenau zu einem exakten Zeitpunkt durchgeführt werden muss. Sie können auch argumentieren, dass Sie sich Sorgen machen, dass die Schüler Unterrichtsinhalte versäumen und dadurch schulische Probleme bekommen könnten.

Der Wunsch nach einem Gebetsraum birgt erfahrungsgemäß Chancen und Risiken. Die Chancen bestehen darin, dass den Schülern Anerkennung und Wertschätzung signalisiert wird und sie nicht mehr Behelfslösungen suchen müssen. Es gibt jedoch Anlass zu Bedenken: Immer wieder kam an Schulen und Universitäten Ärger im Zusammenhang mit sogenannten Räumen der Stille auf, die nicht nur für Muslime eine Rückzugsmöglichkeit zum Gebet darstellen sollen. In Medienberichten finden sich mehrfach Darstellungen, wonach vornehmlich Muslime die Räume für sich vereinnahmt hätten, Geschlechtertrennung einführen, Frauen Kleidungs- und Verhaltensregeln diktieren wollten und andere Religionsgruppen diskriminiert hätten. *Welt Online* sprach in diesem Zusammenhang von einem „Kulturkampf um den Raum der Stille" (Welt Online, 2016). Auch im bereits erwähnten Urteil des Bundesverwaltungsgerichts findet sich eine Schilderung der Problematik, die im Zuge der Einrichtung von Gebetsräumen entstehen kann: „Das Oberverwaltungsgericht hat darauf hingewiesen, die Schule habe in der Vergangenheit schon einmal einen gemeinsamen Gebetsraum eingerichtet, der wieder habe geschlossen werden müssen, nachdem es zu verbalen Auseinandersetzungen zwischen Schülerinnen, die ein Kopftuch getragen hätten, und anderen, die dies nicht getan hätten, gekommen sei, und nachdem die Jungen es abgelehnt hätten, gemeinsam mit Mädchen zu beten." Bedenken Sie an Ihrer Schule die Einrichtung eines Gebetsraumes, empfiehlt sich die Erstellung eines Verhaltenskodex, moderiert von Lehrkräften und unter Beteiligung all jener, die diesen Raum nutzen wollen.

Eine Freistellung zur Teilnahme am Freitagsgebet ist aus schulorganisatorischer Sicht nicht machbar. Es gilt die Schulpflicht. Auch ist nicht erkennbar, wie eine Kompromisslösung aussehen könnte. Eine Freistellung für das Freitagsgebet wäre eine bemerkenswerte Änderung der in dieser Gesellschaft üblichen Abläufe. Das hätte Folgen: Verändert man die Abläufe der nicht-muslimischen Mehrheitsgesellschaft zugunsten von Muslimen, sendet das in mehrerlei Hinsicht problematische Signale: Religionsfreiheit würde zum Supergrundrecht, das andere Rechtsnormen, hier den staatlichen Bildungs- und Erziehungsauftrag, überlagert; eine Mehrheit würde sich maßgeblich nach einer religiösen Minderheit richten oder ihr spezielle Rechte einräumen; die Diskussion um eine Islamisierung der Gesellschaft würde auf neue Weise ins öffentliche Bewusstsein rücken. Die Verfassungsrichterin Christine Langenfeld erklärte in diesem Zusammenhang, dass zu viele Ausnahmeregeln zugunsten der Religionsfreiheit schnell die gesamte Rechtsordnung infrage stellen können (vgl. Sueddeutsche.de, 2018). Insofern ist es problematisch, dass von deutschen Islamverbänden keine vermittelnden

Stellungnahmen vorliegen. Nicht hilfreich ist beispielsweise das Statement des Zentralrats der Muslime in Deutschland zu der Frage „Freistellung von Schülern zur Teilnahme am Freitagsgebet":

„In Deutschland gibt es die Schulpflicht, die es mit sich bringt, dass Kinder (...) zur Teilnahme am Schulunterricht verpflichtet sind. Muslime, die in einem nichtislamischen Rechtsstaat leben, müssen sich an seine Rechtsnormen halten, solange diese nicht im Widerspruch zum Islam stehen. Aber auch: Die Teilnahme am Freitagsgebet ist Pflicht für den männlichen Muslim ab der Pubertät. (...) Dieser Konflikt kann dadurch gelöst werden, dass man sich mit dem Klassenlehrer darauf einigt, dass die freitags versäumten Stunden zu anderer Zeit nachgeholt werden (Ersatzunterricht). Falls dies unmöglich ist, gibt es auch noch die Möglichkeit, nur alle drei Wochen zum Freitagsgebet zu gehen, da erst das dreimalige Fehlen in Folge als besonders schlimm angesehen wird."

Stellungnahme von der Internetseite des ZMD, zitiert nach Halm (2004, S. 126f.)

Damit weiterhin eine reibungslose, gewinnbringende Zusammenarbeit zwischen Schule und muslimischen Schülern möglich ist, sollte in freundlicher, aber bestimmter Weise dargelegt werden, dass man den Wunsch respektiert, dem aber nicht stattgeben kann, da Schulpflicht besteht – in diesem Fall kann die Rechtslage meines Erachtens auch als primäres Argument herangezogen werden – und die Unterrichtsversäumnisse den Schulerfolg des Schülers bedrohen würden.
Gegebenenfalls gibt es in der Nähe Ihrer Schule eine Moschee, die Sie als Kooperationspartner gewinnen möchten, die extra für Schüler ein Freitagsgebet nach Schulschluss anbietet. Hier sollten Sie prüfen, ob Sie eine Moschee finden, die für eine solche Zusammenarbeit in Frage kommt.

Denkimpulse
Ist für Sie bzw. Ihre Schule vorstellbar, einen Gebetsraum einzurichten? Was spricht dafür? Was spricht dagegen?

Welche Regeln müssten in solch einem Raum gelten?

Ein Schüler fragt an, ob er freitags ab der vierten Stunde entschuldigt werden könne, damit er zum Freitagsgebet in die Moschee gehen kann. Wie reagieren Sie?

7.4.10 Sexualkundeunterricht

Mögliche Problemstellungen aus dem Schulalltag
Sexualität ist ein grundlegender Bestandteil der menschlichen Natur und Garant für die Arterhaltung. Sie ist so natürlich wie das Bedürfnis nach Essen oder

Schlaf. Dennoch ist sie mit Tabus belegt. Je nach individueller Haltung fällt es Menschen schwer(er) oder leicht(er) darüber zu sprechen. Doch in Schulen werden Fragen der Fortpflanzung, Sexualität und sexuellen Vielfalt im Rahmen von Sexualkunde-, Sach- oder Biologieunterricht qua Curriculum zum Thema. In muslimischen Familien ist in diesem Zusammenhang immer wieder eine Ablehnung solcher Unterrichtsthemen festzustellen, sodass Eltern den Wunsch äußern, ihr Kind davon zu befreien. Teilweise verweigern die Schüler selbst die Mitarbeit und Auseinandersetzung mit Themen der Sexualität. Dabei geht es nicht nur um menschliche Sexualität und Körperlichkeit. Im Rahmen meiner Fortbildungen berichteten mir Lehrerkräfte, dass muslimische Kinder auch die Auseinandersetzung mit der Fortpflanzung von Fischen oder Pflanzen verweigert haben. Weder wollten sie entsprechende Texte lesen, noch wollten sie Wörter wie Geschlechtsorgan oder Eizelle aufschreiben. Eine Kollegin schilderte, dass sich mehrere muslimische Schüler in einer Biologiestunde einer 6. Klasse die Ohren zugehalten haben. Probleme können auch im Zusammenhang mit Besuchen von Beratungseinrichtungen zur Gesundheits- und Sexualaufklärung entstehen. Umgang mit Pille oder Kondomen? „Mein Kind muss sowas nicht wissen. Das macht es nicht." – so ähnlich könnte eine Begründung für eine Nicht-Teilnahme lauten. Sexualität findet im Islam ideell nur in der Ehe statt, weswegen Kinder nicht darüber aufgeklärt werden müssen. Aufgrund einer solchen Sichtweise wird die Teilnahme am Unterrichtsgang verweigert, teils im Vorfeld der Veranstaltung, teils durch eine vorgebliche Erkrankung am entsprechenden Tag.

Informationen zur religiösen Perspektive
Im Koran werden Fragen der Sexualität und des Geschlechtsverkehrs immer wieder behandelt. Dabei gilt Sexualität nicht als etwas Negatives. Das Bedürfnis danach wird im Islam gemeinhin anerkannt und teilweise wird ihr sogar eine positive Kraft zugeschrieben. Jedoch existieren klare Vorgaben. Sie ist nur innerhalb einer Ehe erlaubt, weswegen die Erwartung besteht, dass die Partner jungfräulich in die Ehe eintreten. Insbesondere richtet sich diese Erwartung an Frauen, da diese als Trägerinnen der Familienehre gelten. Vorehelicher Geschlechtsverkehr würde diese Ehre verletzen. Die Ehe gilt als gottgefällige Tat und hat die Funktion, den Geschlechtstrieb zu kanalisieren, die Kontrolle darüber zu behalten und die Zeugung von Nachkommen sicherzustellen. Durch eine Ehe soll sexuelle Befriedigung garantiert sein und verhindert werden, dass sich diese anderweitig verschafft wird. Der Koran benutzt für die Worte Ehe und Geschlechtsverkehr den gleichen Begriff (nikah). Dabei sind nicht in alle Formen der Sexualität erlaubt. Analverkehr oder ausgelebte Homosexualität gelten als *haram*, also als verboten. Sexualität wird in muslimischen Familien häufig tabuisiert. Wenn überhaupt, wird Aufklärung sachlich-technisch behandelt, d. h. dass beispielsweise Mädchen beim Eintreten der Monatsblutung erklärt wird, worum es sich handelt oder dass nach Geschlechtsverkehr eine rituelle Waschung vollzogen werden müsse. Darüber hinaus gehende Informationen werden nicht vermittelt, da die Sorge besteht,

7 Wenn Schul- und Unterrichtsorganisation auf islamische Glaubensvorstellungen treffen

dass dadurch Bedürfnisse geweckt werden. Diese eher nüchterne Behandlung der doch sehr emotionalen Thematik erleichtert es muslimischen Jugendlichen nicht, sich positiv damit zu befassen. Die strikte Reglementierung und Tabuisierung von Sexualität kann bei Jugendlichen zu Geheimhaltungspraktiken und schwerer emotionaler Belastung führen.

Dem gegenüber steht eine in Sexualfragen sehr offene Gesellschaft. Per Handy ist jedwede Spielart von Sexualität jederzeit zugänglich. Eine Akzeptanz von gleichgeschlechtlichen Beziehungen ist weitgehend Standard. Es gibt die Ehe für alle und eine breite Diskussion zu diversen geschlechtlichen Identitäten. Bei Facebook kann man zwischen 60 Geschlechtern wählen, von Transgender, drittem Geschlecht bis Femen und Nullgeschlechtlichkeit. Im Fernsehen erregt Nacktheit keinen Anstoß mehr und im Rahmen von Straßenparaden kann man eine gewisse Zügellosigkeit beachten. Muslimische Jugendliche stehen somit vor der Herausforderung, sich in Bezug auf Sexualität einerseits mit den Wertmaßstäben der Religion zu befassen und diese mit den oft sehr liberalen Sichtweisen der Mehrheitsgesellschaft in Einklang zu bringen.

Informationen zur schulischen Perspektive
1968 beschloss die Kultusministerkonferenz erstmals „Empfehlungen zur Sexualerziehung an Schulen". Damit trug man den Liberalisierungsprozessen in der Gesellschaft Rechnung. In dieser Zeit begann man, Sexualität als etwas Natürliches und Positives zu sehen. Die Pille machte es möglich, dass Geschlechtsverkehr auch ohne das Risiko einer Schwangerschaft ausgeübt werden konnte. Medien – hier vornehmlich das Erotikfilmgenre – und Wirtschaft (Gründung von Sexshops) bedienten das Interesse der Deutschen an dieser Thematik. Seitdem werden in der Schule im Rahmen der Sexualkunde Fragen zu den biologischen Grundlagen (Anatomie, Wissen über den Vorgang des Geschlechtsverkehrs), Fragen zu Sexualität als gesellschaftliches Phänomen (Pubertät, Partnerfindung) sowie Fragen der Möglichkeiten der Gesunderhaltung und Prävention von Schwangerschaften oder Krankheiten besprochen. Mittlerweile ist auch die „sexuelle Vielfalt", d. h. die verschiedenen Formen von Sexualität, Geschlechtlichkeit und Lebensentwürfen, in den meisten Lehrplänen verankert und bereits in Grundschulen ein Thema. Die Sexualkunde unterliegt der allgemeinen Schulpflicht und der Staat hat einen Auftrag zur Vermittlung sexualitätsbezogener Themen. Ein Recht auf Befreiung aus religiösen oder anderen Gründen besteht nicht. Entsprechend urteilten verschiedene Gerichte, die sich mit entsprechenden Anträgen beschäftigt haben. Bereits 1977 urteilte das Bundesverfassungsgericht: „Gemäß Art. 6 Abs. 2 des Grundgesetzes haben Eltern das Recht, die Erziehung ihrer Kinder nach ihren eigenen Vorstellungen – im Einzelfall mit Vorrang vor anderen Erziehungsträgern – zu gestalten." Trotzdem dürfe der Staat „eigene Erziehungsziele verfolgen." Weiter heißt es in dem Urteil: „Die Sexualität weist bekanntlich vielfache gesellschaftliche Bezüge auf. Sexualverhalten ist ein mächtiger Teil des Allgemeinverhaltens. Deshalb kann es dem Staat auch nicht verwehrt sein, Sexualerziehung

als wichtigen Bestandteil der Allgemeinerziehung von jungen Menschen auf seinem Staatsgebiet zu betrachten." (Bundesverfassungsgericht, 1977) Auch noch Jahrzehnte später war die Frage einer Teilnahme am Sexualkundeunterricht ein Fall für die Gerichte. 2004 urteilte das Verwaltungsgericht Hamburg dazu: „Das auf islamische Vorschriften – Mädchen dürften außer Gesicht und Händen die ‚Aura' eines anderen Menschen nicht betrachten – gestützte Begehren, vom Sexualkundeunterricht befreit zu werden, stellt keinen wichtigen Grund dar. Insoweit überwiegt der staatliche Erziehungsauftrag, Art. 7 Abs. 1 GG, die Grundrechte auf Erziehung der Kinder nach Maßgabe einer religiösen Überzeugung und das Recht, in jeder Lebenssituation ein religionskonformes Verhalten zu bekunden, Art. 6 Abs. 1, i.V.m. Art. 4 Abs. 1, Abs. 2 GG. Eine ‚Erziehung zur Unmündigkeit' wird der sich aus dem Erziehungsrecht ergebenden Elternverantwortung nicht gerecht." Die Richter schlossen recht deutlich, indem sie festhielten: „Der staatliche Erziehungsauftrag hat auch das berechtigte Interesse der Allgemeinheit an der Verhinderung religiös oder weltanschaulich begründeter Parallelgesellschaften zu wahren." (Verwaltungsgericht Hamburg, 2004) Dieses Urteil fand übrigens die Zustimmung von Migrantenverbänden, darunter der Türkischen Gemeinde in Deutschland, dem Bündnis türkischer Einwanderer e. V. oder den Islamischen Gemeinden Norddeutschlands (vgl. Spiegel Online, 2004). Trotzdem beschäftigte die Frage der Teilnahmeverweigerung aufgrund religiöser Bedenken weiter die Gerichte. 2009 wurde das Bundesverfassungsgericht aktiv. Neben der wiederholten Feststellung, dass der Erziehungsauftrag des Staates das Erziehungsrecht der Eltern beschränken kann, wurde konstatiert, dass Eltern ihre Kinder nicht wegen religiöser Bedenken vom Sexualkundeunterricht abmelden können. (Bundesverfassungsgericht, 2009) In diesem Fall hatten Baptisten gegen die Teilnahme an einer entsprechenden Schulveranstaltung geklagt. Die Rechtsauffassungen deutscher Gerichte bestätigte schlussendlich auch der Europäische Gerichtshof für Menschenrechte in seinen Entscheiden von 2011 und 2018. Die Straßburger Richter erklärten, dass eine Klärung von Fragen der Sexualität in den Aufgabenbereich von Schulen fällt (vgl. hierzu: Spiegel Online, 2018).
Bei Absenzen der Schüler gilt die in Ihrem Bundesland übliche Verfahrensweise bei entschuldigtem und unentschuldigtem Fehlen.

Was tun? Was tun! – Möglichkeiten zum Umgang mit der Thematik
Bitte prüfen Sie Ihre Landesgesetzgebung zu den Vorgaben für den Sexualkundeunterricht. Teilweise ist ausdrücklich vorgeschrieben, dass Eltern und Erziehungsberechtigte vorab über Unterrichtsinhalte und Vorgehensweisen informiert werden. Abhängig von der Erlasslage ist Ihnen zur Entscheidung überlassen, ob Sie im Zuge dieser Informationsvermittlung muslimische Elternhäuser in besonderer Weise adressieren. Dies könnte beispielsweise durch ein herkunftssprachliches Informationsschreiben geschehen. In manchen Städten gibt es Einrichtungen, die entsprechende Übersetzungstätigkeiten für Bildungseinrichtungen anbieten. In einem Informationsschreiben an die Elternschaft können Sie auf die Unterrichtsziele

und Ihre Vorgehensweise eingehen. Wenn Sie mögliche Befürchtungen seitens der Eltern antizipieren, sollten Sie auch diese ansprechen und versuchen, diese abzuschwächen. In jedem Fall sollten Sie auf die Gefahren der Nichtaufklärung hinweisen – das allerdings behutsam, sodass Eltern aus der Schilderung nicht ableiten können, dass diese Gefahr bei ihrem Kind bestehen würde. Vorlagen für Elternbriefe findet man im Internet, beispielsweise unter den Suchbegriffen „Vorlage Elternbrief Sexualerziehung".

Ergibt es sich, dass Schüler die Teilnahme am Sexualkundeunterricht verweigern oder Eltern die Teilnahme untersagen, können Sie auf den Ausspruch Mohammeds verweisen, der gesagt haben soll: „Nach Wissen zu streben ist eine Pflicht für jeden Muslim, Mann und Frau. Darum strebt nach Wissen, wo es zu finden ist, und erfragt es von all denen, die es besitzen." (Hadith nach Ibn Madscha) Das Wissen um Biologie, die Schöpfung und wie Mensch und Natur funktionieren, ist ein Teil des Wissens, nach dem man streben sollte. Trauen Sie sich selbst diese religiöse Argumentation nicht zu, können Sie behaupten, Sie hätten einen muslimischen Freund gefragt, der Sie auf diesen Hadith hingewiesen hat. Für Schüler, die des Deutschen nicht mächtig sind, können Sie nach einer arabischen Umschrift des Hadiths suchen oder den Text über eine Übersetzungsseite übersetzen lassen und den Schülern vorlegen. Sie könnten auch mit einer Stellungnahme des Zentralrats der Muslime in Deutschland argumentieren. Dieser hat das Urteil zur Teilnahmepflicht am Sexualkundeunterricht in einer Stellungnahme begrüßt. Auf der Homepage des ZMD heißt es:

„Urteil: Islamische Mädchen müssen an Unterricht über Sexualkunde teilnehmen – ZMD begrüßt das Urteil grundsätzlich: ‚Sex ist für den Islam kein Tabu-Thema', sagte Nadeem Elyas, Präsident des Zentralrats der Muslime in Deutschland, der WELT. Familien dürften diesen Unterricht auf keinen Fall ablehnen.
Am Montag hatte das Gericht den Antrag einer Mutter zweier Mädchen abgewiesen, ihre Töchter von der Teilnahme am Sexualkundeunterricht in der Schule zu befreien. Eltern könnten ihre Kinder zwar nach eigenem Gutdünken in sexuellen Fragen erziehen, hieß es im Urteilsspruch. Allerdings sei das Thema gesellschaftlich so relevant, dass es ‚über den familiären Binnenraum' hinausreiche. Eine Befreiung vom Unterricht aus weltanschaulichen Gründen fördere das Gefühl der Andersartigkeit und verbiete sich schon deshalb.
‚Die Sicht muslimischer Kinder auf die Gesellschaft wird getrübt, wenn sie im Schulunterricht von anderen Kindern getrennt werden', sagte Elyas. Eltern sollten stattdessen versuchen, sich bei der Gestaltung des Unterrichts einzubringen. ‚Wir beobachten oft, dass moslemische Eltern den Einladungen von Schulen nicht folgen und Angebote wie Elternabende nicht besuchen.' sagte Elyas der WELT weiter.
Zentralrat der Muslime in Deutschland (2018)

Sie könnten Eltern mitteilen, dass Sie sich bei Ihren Vorbereitungen explizit mit möglichen religiösen Bedenken befasst haben und um die Sensibilität des

Themas wissen. Betonen Sie Ihr behutsames Vorgehen und verweisen Sie darauf, dass in der Vergangenheit keinerlei negative Folgen aufgrund des Sexualkundeunterrichts festgestellt werden konnten.
Teilweise wird Sexualkunde geschlechtergetrennt unterrichtet. Manche Themen lassen sich befreiter behandeln, wenn das jeweils andere Geschlecht nicht anwesend ist. Sollte das an Ihrer Schule so sein, sollten Sie diesen Punkt den Eltern gegenüber stark machen. Sollten das in der Form bislang nicht praktiziert worden sein, ist das vielleicht eine Anregung für die Unterrichtsorganisation an Ihrer Schule.

Denkimpulse
Erwarten Sie bei der Lerngruppe, mit denen Sie Themen der Sexualkunde ansprechen wollen, Probleme? Wenn ja, wie könnten diese aussehen und von wem könnten sie ausgehen?

Sind Sie zu dem Mehraufwand bereit, Eltern per Elternbrief oder Elternabend über die Unterrichtsinhalte und Intentionen des Sexualkundeunterrichts zu informieren?

7.4.11 „Jude", „Hobbymuslim", „Ungläubiger" – die Abwertung anderer und ethnisch-politische Konflikte in der Schule

Mögliche Problemstellungen aus dem Schulalltag
Es ist wahrlich kein neues, aber immer wieder ein belastendes Phänomen im Schulalltag: Die Abwertung von Anderen aufgrund ihrer (vermeintlichen) Zugehörigkeit zu einer Fremdgruppe durch einzelne oder mehrere Schüler. Doch auch wahllos werden Beleidigungen in Richtung von Mitschülern, deren Eltern oder auch an Lehrkräfte verteilt. Es ist bisweilen starker Tobak, was in Klassenzimmern und auf Schulhöfen zu hören ist.
Diese Problematik zeigt sich grundsätzlich bei Kindern und Jugendlichen, unabhängig von Migrationshintergrund, Ethnie, Religion, Nationalität oder ähnlichen Einflussfaktoren. Doch manche Abwertungen haben einen Anstrich, der vermuten lässt, dass die religiöse oder kulturelle Sozialisation eine Rolle spielt. Insbesondere Fälle von Antisemitismus haben in diesem Zusammenhang für Aufstehen gesorgt. Neben Verbrennungen von Israel-Fahnen im Rahmen von Demonstrationen oder Angriffen auf Kippa-Träger, waren es Fälle von Judenfeindlichkeit in der Schule, die die Öffentlichkeit bewegt haben. „Religiöses Mobbing: Zweitklässlerin von Mitschüler mit dem Tode bedroht" (Berliner Zeitung, 2018), „Antisemitismus an Schulen: Der Hass ist Alltag" (WDR, 2018), „Nicht nur in Berlin: Hass auf Juden an deutschen Schulen – Eltern schildern erschütternde Vorfälle" (Stern, 2018): So lauteten drei von zahlreichen Schlagzeilen diesbezüglich aus der jüngeren Vergangenheit. Und das waren nur die Fälle, die es in die Berichterstattung

geschafft haben. Immer wieder habe ich gehört, dass die Verwendung von „Jude" als Schimpfwort an manchen Schulen ein fast alltägliches Phänomen zu sein scheint und längst keine Schlagzeile mehr wert ist. Beim Lesen der Dokumentation „Salafismus und Antisemitismus an Berliner Schulen: Erfahrungsberichte aus dem Schulalltag" des American Jewish Committee Berlin (2017) stellt sich die Frage, wie sehr das, was doch nach den Lehren aus der deutschen Geschichte eigentlich nie wieder passieren sollte, hierzulande anscheinend zur Normalität zu werden scheint. Antisemitismus ist ein Problem der gesamten Gesellschaft. Er wäre es auch, wenn keine Migranten in Deutschland leben würden. Doch die genannten Probleme müssen auch im Zusammenhang mit dem in der islamischen Welt verbreiteten Antisemitismus gesehen werden.

Bei ethnisch-politischen Konflikten liegt der Fall scheinbar deutlicher auf der Hand. Die mitunter sehr angespannte politische Lage in der islamischen Welt schlägt sich auch in deutschen Klassenzimmern nieder: Ob es der Kurden-Konflikt in der Türkei ist, die Spannungen und teils kriegerischen Auseinandersetzungen zwischen Religionsgruppen, wie Sunniten, Schiiten oder Jesiden, nicht verheilte Wunden des Bürgerkriegs auf dem Balkan, vom Israel-Palästina-Konflikt ganz zu schweigen – Kinder verinnerlichen Feindbilder, die sie in ihrem engeren Umfeld wahrnehmen und reproduzieren sie in der Schule. Wie auch immer begründete Konflikte, die geographisch ganz weit entfernt stattfinden, sind auf einmal ein Problem mitten im Alltag deutscher Schulen.

Ein weiteres Problem ist die Abwertung anderer Muslime durch muslimische Schüler selbst sowie die Deklarierungen von Nicht-Muslimen als Ungläubige. Es scheint ein zunehmendes so zu sein, dass Schüler ihr eigenes (überhöhtes) Verständnis von Religion zur Norm erklären und als Maßstab zur Beurteilung anderer heranziehen. Konkret zeigt sich dies in der Titulierung von Mitschülern wie „Hobby-Muslim", „kein richtiger Muslim" oder, bei Konfessionslosen, als „Ungläubiger".

Definition Antisemitismus

Der Begriff Antisemitismus entstand 1879 durch den Journalisten Wilhelm Marr und steht grundlegend für jede historische Form der Judenfeindschaft. Die amerikanische Antisemitismusforscherin Helen Fein definiert Antisemitismus als *„eine anhaltende latente Struktur feindseliger Überzeugungen gegenüber Juden als Kollektiv, die sich bei Individuen als Haltung, in der Kultur als Mythos, Ideologie, Folklore sowie Einbildung und in Haltungen manifestieren – soziale und rechtliche Diskriminierungen, politische Mobilisierungen gegen Juden und kollektive oder staatliche Gewalt –, die dazu führen und/oder darauf abzielen, Juden als Juden zu entfernen, zu verdrängen oder zu zerstören."* (zit. nach: Gniechwitz, 2003, S. 3)

Die deutsche Bundesregierung hat sich nach einem Kabinettsbeschluss 2017 einer international gängigen und von der Internationalen Allianz für Holocaustgedenken erarbeiteten Definition von Antisemitismus angeschlossen: *„Antisemitismus ist eine bestimmte Wahrnehmung von Juden, die sich als Hass gegenüber Juden ausdrücken kann. Der Antisemitismus richtet sich in Wort oder Tat gegen jüdische oder nichtjüdische Einzelpersonen und/oder deren Eigentum sowie gegen jüdische Gemeindeinstitutionen oder religiöse Einrichtungen. Darüber hinaus kann auch der Staat Israel, der dabei als jüdisches Kollektiv verstanden wird, Ziel solcher Angriffe sein."* (Bundesregierung, 2017) Mit diesem Verständnis von Antisemitismus soll der Verantwortung Deutschland gegenüber dem Staat Israel Rechnung getragen werden. Die Bundesregierung empfiehlt, diese Definition bei der Arbeit in der Schul- und Erwachsenenbildung sowie in den Bereichen Justiz und Exekutive zu berücksichtigen.

Informationen zur religiösen Perspektive
Antisemitismus ist eine traurige Konstante der Weltgeschichte. Aus verschiedensten Epochen und Kulturräumen sind judenfeindliche Haltungen überliefert. Der Antisemitismus, der in der islamischen Welt festzustellen ist und der durch Migration auch in Deutschland in Erscheinung tritt, speist sich aus verschiedenen Quellen. In Teilen ist er religiös begründet. Dabei beruft man sich auf den Koran und auch auf die Sunna, den Lebensweg des Propheten Mohammed. Im Koran, der nach islamischem Verständnis das Wort Gottes beinhaltet, werden an verschiedenen Stellen Juden thematisiert. Neben ausgleichenden Suren, die ein friedliches Zusammenleben verschiedener Religionen betonen, finden sich auch drastische Suren, aus der späteren medinensischen Phase:

> *„Und weil sie ihre Verpflichtung brachen, haben wir sie verflucht. Und wir machten ihr Herzen verhärtet, sodass sie die Worte (der Schrift) entstellten (indem sie sie) von der Stelle weg(nahmen) an die sie hingehören. Und sie vergaßen einen Teil von dem, womit sie gemahnt worden waren. Und du bekommst von ihnen immer wieder Falschheit zu sehen (...).“*
>
> Sure 5, Vers 13

> *„Erniedrigung kam über sie, wo immer man sie fassen konnte, (...) Und sie verfielen dem Zorn Allahs, und Verelendung kam über sie. Dies traf ein zur Strafe dafür, dass sie nicht an die Zeichen Allahs glaubten und unberechtigterweise die Propheten töteten, und dafür, dass sie widerspenstig waren und die Gebote Allahs übertraten."*
>
> Sure 3, Vers 112

Die Rolle der Juden im Koran verleitete den niederländischen Islamwissenschaftler Johan Bouman dazu, von „einer Tragödie" (Bouman, 1990) zu sprechen. Auch

7 Wenn Schul- und Unterrichtsorganisation auf islamische Glaubensvorstellungen treffen

in der Sunna war das Zusammenleben des Propheten Mohammed mit Juden nicht immer konfliktfrei. So wird ihm folgender Ausspruch zugeschrieben:

> *„Die Stunde wird kommen, da die Muslime gegen die Juden solange kämpfen und sie töten, bis sich die Juden hinter Steinen und Bäumen verstecken. Doch die Bäume und Steine werden sprechen: „Oh Muslim, oh Diener Allahs, hier ist ein Jude, der sich hinter mir versteckt. Komm und töte ihn!"*

Hadith nach al-Buchari

Ferner ist überliefert, dass Mohammed Auseinandersetzungen mit jüdischen Stämmen, den Banu Qainuqa und den Banu Nadir, geführt hatte, die mit Enteignungen und Vertreibungen der Juden endeten. Ebenso ist überliefert, dass die Männer des jüdischen Stammes der Banu Quraiza, unter Billigung und Aufsicht Mohammeds, durch Enthauptung hingerichtet wurden, während man Frauen und Kinder in die Sklaverei schickte. Schätzungsweise haben 400 bis 900 Männer dabei ihr Leben verloren (vgl. hierzu: Lexikon der arabischen Welt, 1972).

Auch wenn man sich sicherlich über die Interpretation dieser Überlieferungen streiten kann, so ist unstrittig, dass sich in den wichtigsten islamischen Quellen, dem Koran und der Sunna, Elemente finden, mit denen antijüdische Haltungen begründet werden können. Bestimmte judenfeindliche Äußerungen ermöglichen eine Interpretation von Juden als historische Widersacher des Islam.

Einen großen Anteil am Antisemitismus der islamischen Welt hat auch der Nahost- bzw. Israel-Palästina-Konflikt. Dieses Thema ist vielschichtig und bietet Anlass für zahlreiche Abhandlungen. Unabhängig von den Ursachen ist unstrittig, dass das Thema viele Muslime in Deutschland stark emotionalisiert. Im Zuge von Pro-Palästina bzw. Anti-Israel-Demonstrationen waren zahlreiche junge Menschen und teils sogar Kinder auf den Straßen und äußerten unverhohlenen Hass auf Juden und den Staat Israel. Die skandierten Parolen wie „Jude, Jude, feiges Schwein, komm heraus und kämpf allein", „Kindermörder Israel" oder „Hamas, Hamas, Juden ins Gas" sowie brennende Israel-Fahnen verweisen auf eine massive Problematik, die der Verantwortung aus unserer Geschichte krass entgegensteht. Wenn Sie einen persönlichen Eindruck gewinnen wollen, finden Sie auf YouTube zahlreiche Videos, die eindrücklich Dokumentieren, welches Mobilisierungs- und Empörungspotential der Nahostkonflikt hat.

Dieser politische Konflikt wird angereichert durch Narrative von Juden als weltpolitischen Strippenziehern. Antisemitische Propaganda erfährt eine weite Verbreitung in der islamischen Welt. Juden seien aufgrund ihres Reichtums in der Lage, Regierungen zu steuern und Revolutionen auszulösen. So wird je nach Erzähler dargelegt, dass Juden hinter der Französischen Revolution, den kommunistischen Revolutionen und dem Ersten Weltkrieg steckten. Hitlers „Mein Kampf", Fords „Der internationale Jude" oder die „Protokolle der Weisen von Zion" sind dort seit Jahrzehnten Bestseller. (Matussek, 2016) Verhetzende TV-Serien (für ein Beispiel können Sie bei Interesse in diesem Zusammenhang „Zahras blaue Augen"

7.4 Wenn Glaubensvorstellungen auf Schulpraxis treffen.

recherchieren) oder auch Lehrinhalte in Schulen – bei der mittlerweile engen Verbindung zwischen Europa und dem Nahen Osten macht die dort beschriebene Sichtweise auf Juden keinen Halt an den deutschen Landesgrenzen.
Empirische Erkenntnisse stützen die These eines latenten Antisemitismus bei einer großen Zahl von Muslimen. In der Studie des Exzellenzclusters Religion und Politik der Universität Münster (Pollack, 2016, S. 5) heißt es: „Eine zumindest latente Abwehrhaltung gegenüber den beiden zuletzt genannten Gruppen [Juden und Atheisten], die ein gewisses soziales Konfliktpotential bergen könnte, ist jedoch kaum zu übersehen." Noch deutlicher ist die Studie des Wissenschaftszentrums Berlin (Koopmans, 2014, 16), in der 45 % der befragten Muslime eine antisemitische Haltung offenbaren.

Informationen zur schulischen Perspektive
Eine Beleidigung ist nach deutschem Strafgesetzbuch ein sogenanntes Ehrdelikt. Prinzipiell steht einer Person, die Ziel einer ehrverletzenden oder herabwürdigenden Äußerung war, die Möglichkeit offen, eine Strafanzeige zu stellen. In der Schule ziehen Beleidigungen üblicherweise Konsequenzen in Form von Erziehungs- oder Ordnungsmaßnahmen nach sich. Ansonsten gilt Artikel 3 des Grundgesetzes, worin es heißt: „Niemand darf wegen seines Geschlechtes, seiner Abstammung, seiner Rasse, seiner Sprache, seiner Heimat und Herkunft, seines Glaubens, seiner religiösen oder politischen Anschauungen benachteiligt oder bevorzugt werden."

Was tun? Was tun! – Möglichkeiten zum Umgang mit der Thematik
In Schulen sollte als eiserner Grundsatz gelten, dass die jeweiligen nationalen oder ethnischen Hintergründe im Zusammenleben keine Rolle spielen. Schüler sollten aufgefordert werden, Personen unabhängig von Religion, Herkunft, sexueller Orientierung oder Ähnlichem zu betrachten. Diese Haltung sollte vorgelebt und immer wieder betont werden.
Die ethnischen, nationalen, religiösen oder politischen Konflikte, die sich in der Schule zeigen, sind höchst komplex. Lehrkräfte sollten eher nicht versuchen, diese mit Schülern zu erörtern und Fragen von Ursache und Wirkung zu eruieren. Diese Zeit sollte eher für das Einüben des Zusammenlebens aufgewendet werden. Eine Möglichkeit ist, Schüler, die andere herabgewürdigt haben, zur Reflexion anzuregen. Spiegeln Sie deren Verhalten. Fragen Sie, wie die Schüler es finden würden, wenn Sie als Lehrkraft auch Unterschiede aufgrund des jeweiligen Hintergrundes machen würden. Fragen Sie, ob er auch schon Diskriminierungserfahrungen gemacht hat und wie diese sich angefühlt haben. Lassen Sie sich erklären, wie man sich ein Zusammenleben vorstellt, wenn sich verschiedene Gruppen abqualifizieren und ein stetes Gegeneinander herrscht. In diesem Fall können Sie auch das Grundgesetz und vor allem den Wert des zuvor bereits zitierten dritten Artikels betonen. Die Tatsache, dass niemand diskriminiert werden darf,

schützt schließlich auch den Täter. Machen Sie dem Schüler klar, dass er aufgefordert ist, diesen Wert mit Leben zu füllen.
Scheinargumenten, mit denen Beleidigungen oder Gewalttaten gerechtfertigt werden sollen, wie „der hat angefangen", „der hat meine Ehre verletzt" oder „der hat meine Religion/meine Mutter beleidigt" sollten Lehrkräfte nicht nachgehen. Konfrontieren Sie den Schüler mit seinen Taten: *„Das spielt jetzt keine Rolle. Du hast mit (verbaler) Gewalt reagiert, was unakzeptabel ist."* Beleidigende oder gewalttätige Reaktionen sollten scharf missbilligt werden.
Überlegen Sie, durch welche Leitgedanken und Maßnahmen Sie ein Schulprogramm unter der Überschrift „Meine Religion – deine Religion – keine Religion – unsere Schule" mit Leben füllen können. Manche Schulen haben in ihren Leitbildern und internen Curricula die Auseinandersetzung mit Mobbing oder Antisemitismus verankert. Hierbei helfen könnten Experten, die sich auf Anti-Gewalt-Trainings und soziales Lernen spezialisiert haben. Beachten Sie in diesem Zusammenhang auch die Sieben Bausteine, die Ingrid Wiedenroth-Gabler in Kapitel 6 vorstellt, die bei gemeinsamer, respektvoller Verständigung und der Ausbildung von Dialogkompetenz helfen.
Sollten Sie sich mit Schülern auf ein Gespräch zu politischen Fragen, wie den Nahost Konflikt, einlassen, ist es ratsam, auch die kritische arabische Perspektive auf diese Problematik gelten zu lassen. Hören Sie zu, lassen Sie sich Dinge erklären, fragen Sie nach Belegen – das auch (oder vielleicht sogar vor allem) bei Theorien zu Rothschilds oder zur angestrebten Weltherrschaft der Juden. In diesem Zusammenhang kann man die Bedeutung verlässlicher Quellen thematisieren. Grundsätzlich gilt: Mit Offenheit und Nachfragen bringen Sie den Schüler viel eher zum Nachdenken, als mit drastischer Ablehnung. Antisemitischen oder rassistischen Aussagen sollte entschieden entgegengetreten werden, jedoch in einer Form, die den Schüler nicht bloß verstummen, sondern ihn nachdenken lässt. Bedacht werden muss auch, dass weiterhin eine gute Zusammenarbeit mit dem Schüler möglich sein muss.
Werten Schüler andere Schüler aufgrund einer vermeintlich nicht engagierten oder ernsthaften Glaubenspraxis ab („Hobbymuslim", „kein richtiger Muslim"), sollten Sie intervenieren und betonen, dass grundsätzlich niemand das Recht hat, die Religiosität anderer zu bewerten. Dies ist auch eine islamische Position. Sie können anbringen, dass nach islamischem Verständnis nur Gott über die Gläubigen richtet und dies nicht die Aufgabe von Mitmenschen ist.

Exkurs: Onurs Antisemitismus und wie ich ihn zum Nachdenken brachte

Die folgend beschriebene Szene spielte sich im Rahmen meines Geschichtsunterrichts in einer 10. Klasse ab. Onur, der Schüler, um den es hier geht, ist mir bis dato ausschließlich als Musterbeispiel für Integration aufgefallen. Gute

7.4 Wenn Glaubensvorstellungen auf Schulpraxis treffen.

Leistungen in der Schule, engagiert als Schülersprecher, große Verbundenheit zu Deutschland, das er einmal sogar als „perfektes Land" bezeichnete. Seine Mitschüler berichteten von einem Fall, in dem er Zivilcourage gezeigt hat, als ein Mensch mit Behinderung in einem Bus tätlich angegriffen wurde. Ich dachte immer, „wären doch alle ein bisschen mehr wie Onur."

Doch in einer Geschichtsstunde, ich weiß gar nicht mehr, was das Stundenthema war, äußerte er plötzlich: „Herr Franz, ich bin total tolerant. Ich habe kein Problem mit Gleichberechtigung, ich habe nichts gegen Homosexuelle, aber ich hasse Juden! Ich kann sie einfach nicht leiden. Ab liebsten wäre mir, sie würden zur Hölle gehen." Rums, das saß! Ich war ziemlich verdattert, denn sowas hatte ich nicht erwartet. Ich blieb trotzdem ruhig und fragte nach: „Wieso?" Er führte aus: „Die Juden stecken hinter allem Schlechten. An der Spitze stehen die Rothschilds. Die kontrollieren fast alles. Sogar die Regierung der USA. Und dann das, was Israel mit den Palästinensern macht. Die ermorden sogar kleine Kinder." Ich bemerkte, dass er undifferenziert von *den* Juden sprach und hatte einen Schwachpunkt in seiner Argumentation entdeckt, an dem ich ansetzen konnte: „Du sprichst von *den* Juden. Kennst du eigentlich persönlich welche?" Kannte er nicht. Ich weiter: „Onur, du sprichst hier ganz schon drastisch über eine große Gruppe von Menschen. Ich frage mich, was du sagen würdest, wenn jemand so über Muslime spricht. Denn schließlich gab es in letzter Zeit einige islamistische Anschläge. Wie findest du es, wenn jemand keinen Muslim persönlich kennt und doch sagt: ‚Ich hasse alle Muslime, das sind alles Terroristen.'" „Das wäre nicht ok" entgegnete er. „Aber ich habe das Gefühl, dass du genau das mit Juden machst. Du sprichst ja auch undifferenziert von *allen* Juden." Er stimmte mir daraufhin zögerlich zu.

Ich weiß nicht, ob er seine Meinung in der Folge tatsächlich geändert hat. Wir waren in der Sache nur noch einmal im Gespräch, diesmal nicht vor der Klasse, sondern unter uns auf dem Schulhof. Ich habe ihm mitgeteilt, dass ich es grundsätzlich nicht gut finde, wenn jemand ganze Gruppen von Menschen pauschal verurteilt und zudem von Hass spricht. Er war deutlich zurückhaltender, ließ eine grundlegende Ablehnung aber noch erkennen. Vielleicht habe ich ihm seinen Antisemitismus nicht vollständig austreiben können, aber ich denke, dass ich ihn zumindest ins Nachdenken gebracht habe, was ein erster Schritt in die richtige Richtung ist.

Förderlich für meine Vorgehensweise war hier die gute Beziehung, die ich zu der gesamten Lerngruppe und vor allem zu Onur hatte. Er wusste, dass ich meine Schüler schätze und ein Freund von kritischer, aber fairerer Diskussionskultur bin. Zudem habe ich immer versucht, die Perspektiven meiner Schüler wertschätzend zu behandeln und ihren Anliegen Raum zu geben, beispielsweise wenn wir in den Stunden vor Weihnachten auch über islamische Feste gesprochen haben oder ich zu diesen Festen gratuliert habe.

7 Wenn Schul- und Unterrichtsorganisation auf islamische Glaubensvorstellungen treffen

Denkimpulse

Ein Schüler, der in der Vergangenheit eher durch höfliches und reflektiertes Verhalten aufgefallen ist, äußert in einem Gespräch mit Ihnen auf dem Schulhof, dass er Ungläubige hasst und Homosexuelle seiner Meinung nach in die Hölle kommen. Wie reagieren Sie auf die Aussagen des Schülers? Wie können Sie diesen Schüler von seiner Meinung abbringen? Formulieren Sie eine Strategie und konkrete Argumente.

Befinden sich im Umfeld Ihrer Schule Initiativen oder Experten, die sich auf die Einübung von gewaltfreier Kommunikation, Anti-Mobbing-Trainings oder die Einübung von Dialogkompetenz spezialisiert haben?

Halten Sie es für angeraten, mit Ihrer Lerngruppe eine Gedenkstätte oder eine interreligiöse Begegnungsstätte zu besuchen?

Salafismus und Radikalisierungsprävention als Herausforderungen und Aufgaben für Bildungseinrichtungen

Schule findet nicht isoliert von gesellschaftlichen Prozessen statt. Im Gegenteil: Dort findet sich ein Abbild der Gesellschaft auf engstem Raum. Alles, was im Großen passiert, schlägt sich in irgendeiner Form auch in unseren Klassenzimmern nieder. Das gilt auch für die Phänomene Salafismus und Islamismus. Mit den steigenden Anhängerzahlen der salafistischen Bewegung sind auch Lehrkräfte zunehmend mit Jugendlichen konfrontiert, die mit diesem Gedankengut in Kontakt gekommen sind. Im Rahmen meiner Arbeit habe ich zwei Lehrerinnen kennengelernt, die auf besondere Weise Erfahrungen mit diesem Phänomen gemacht haben. Eine Lehrerin, die an einer meiner Fortbildungen teilgenommen hat, berichtete, dass einer ihrer Schüler kurz vor den Osterferien nicht mehr in die Schule kam und später an der bulgarisch-türkischen Grenze aufgegriffen wurde. Er hatte geplant, mit anderen jungen Männern in die Kampfgebiete im Nahen Osten auszureisen und sich dem Islamischen Staat (IS) anzuschließen. Als ob das für die Lehrerin und ihr Kollegium nicht schlimm genug war, stellte sich heraus, dass Mitschüler des jungen Mannes eine Reisekasse angelegt hatten und sein Vorhaben in den bewaffneten Kampf zu ziehen, finanziell unterstützen wollten. Die Lehrerin berichtete von einem sehr beklommenen Gefühl, das fortan im Kollegium herrschte. Ebenso eindrücklich empfand ich die Schilderung einer Schulleiterin, die sich im Rahmen eines meiner Vorträge meldete – ich referierte gerade zu der Anzahl der Personen aus Niedersachen, die bei Selbstmordattentaten umgekommen sind – und mitteilte, dass einer dieser Toten ein ehemaliger Schüler ihrer Schule sei. Sie berichtete vom Schock, der das Kollegium und besonders die Klassenlehrerin des jungen Mannes ergriffen hatte. Die Gefühle schwankten zwischen blankem Entsetzen, der grundsätzlichen Frage nach dem „Warum?" und der Frage, ob man das als Pädagoge nicht irgendwie hätte verhindern können.
Diese beiden Beispiele zeigen, dass Salafismus auch zu einer Fragestellung für Pädagogen werden kann: Worum handelt es sich dabei? Hat Salafismus etwas mit Terrorismus zu tun? Wieso ist diese Bewegung vor allem für jüngere Menschen attraktiv? Wie merke ich, wenn meine Schüler in diese Bewegung abgleiten? Kann ich etwas tun, um meine Schüler davor zu bewahren? Und was mache ich, wenn sich meine Schüler radikalisiert haben? Das folgende Kapitel beantwortet diese Fragen und zeigt Ihnen konkrete Handlungsoptionen auf.

8 Salafismus und Radikalisierungsprävention als Herausforderung

8.1 Was es mit Salafismus auf sich hat

Salafismus in Deutschland ist ein relativ neues Phänomen und erst seit wenigen Jahren in der öffentlichen Wahrnehmung präsent. Jedoch ist es der salafistischen Bewegung in kürzester Zeit gelungen, enorm wirkmächtig zu sein. Ursächlich hierfür ist zum einen die massive Dynamik, mit der die Szene Anhänger gewinnt. Die Zahl der Salafisten in Deutschland muss von den Sicherheitsbehörden regelmäßig nach oben korrigiert werden. Gab es beispielsweise 2011 noch 3 800 Salafisten, erhöhte sich die Zahl innerhalb von nur drei Jahren auf 7 000 Personen im Jahr 2014 und lag Ende 2018 bei gut 11 000 Anhängern. Es gibt derzeit keine Anzeichen dafür, dass dieser Zuwachs in nächster Zeit aufhören wird.

Der andere Aspekt der Wirkmacht ist die enge Verbindung der salafistischen Szene zum islamistischen Terrorismus, der die Welt seit einigen Jahren in Atem hält und zahllose Todesopfer gefordert hat. Hierzu schreibt der Niedersächsische Verfassungsschutz in seinem Bericht von 2016 (S. 6): „Die größte Gefahr geht derzeit zweifellos vom Salafismus aus." Viele derer, die aus Deutschland ausgereist sind, um an den Kampfhandlungen im Irak und Syrien teilzunehmen, stammen aus dem Umfeld von Salafisten. Auch viele der Terrorverdächtigen und Terroristen hatten Verbindungen zur salafistischen Szene. Der Verfassungsschutz schreibt hierzu: „Fast alle in Deutschland bisher identifizierten terroristischen Netzwerkstrukturen und Einzelpersonen [sind] salafistisch geprägt bzw. haben sich im salafistischen Milieu entwickelt." Worum geht es also? Mit wem hat man es zu tun?

Beim Salafismus handelt es sich um eine ultrakonservative, fundamentalistische Gruppierung im sunnitischen Islam. Der Begriff ist abgeleitet vom Arabischen *as-salaf aṣ-ṣāliḥ*, was mit „die rechtschaffenen Altvorderen" *übersetzt* werden kann. Salafisten idealisieren die ersten drei Generationen der Muslime, deren Glaubenspraxis und Islamverständnis sie als den wahren, unverfälschten Islam ansehen. Entsprechend versuchen sie, sich bei ihrer Lebensführung danach auszurichten. Dazu heißt es auf einer salafistischen Internetseite: „Wir können klar erkennen, dass die ersten drei Generationen dieser Ummah [Gemeinschaft der Muslime] die besten der Menschen sind. Sollten sie dann nicht diejenigen sein, denen wir folgen? [...] Um ihn [den Islam] und seine Praktiken zu verstehen, sollten wir nicht zu denen gehen, die ihn am besten verstanden? Jedoch muss hier eine Unterscheidung gemacht werden. In vielen Aspekten der Wissenschaft und Technologie nimmt das Wissen mit der Zeit zu, d. h., ein viele hundert Jahre altes Buch wäre zu primitiv, um heute in einer medizinischen Hochschule gelehrt zu werden. Heute, im Islam, ist jedoch das Gegenteil der Fall. Je weiter man zu der Zeit des Propheten – Allahs Heil und Segen auf ihm – zurückgeht, desto besser und reiner waren das Verständnis und die Implementierung der Religion." (zit. nach: Verfassungsschutz Niedersachsen, 2016, S. 84) Es wird deutlich, dass dem salafistischen Glaubensverständnis eine Rückwärtsgewandtheit und Vergangenheitsori-

entierung immanent ist, die gleichzeitig jede theologische Entwicklung, die nach dem Ende der dritten Generation der Muslime stattgefunden hat, negiert.
Grundlage der religiösen Praxis der Salafisten ist eine fundamentale, wortgetreue Orientierung an den wichtigsten Glaubensquellen im Islam, dem Koran und den Aussprüchen (Hadithe) und Handlungen (Sunna) des Propheten Mohammed. Die von Salafisten angestrebte Staats- und Gesellschaftsordnung steht in einem klaren Widerspruch zur freiheitlich-demokratischen Ordnung in Deutschland. Daraus entsteht auch das Gefahrenpotenzial dieser Gruppe. Die Mehrheit der Salafisten lehnt eine Unterordnung unter weltliche Gesetze ab, da sie ihrem Verständnis nach ihre Rechtleitung bereits mit dem Koran bekommen haben. Aus der Annahme, im Besitz der einzig legitimen Wahrheit zu sein, leitet sich zudem ein Überlegenheitsdenken und eine Pluralismusfeindlichkeit ab. So stellen sie sich gegen Errungenschaften unserer demokratischen Gesellschaft, wie die Trennung von Staat und Religion, Religionsfreiheit, sexuelle Selbstbestimmung und Gleichberechtigung der Geschlechter. Andersgläubige werden als „Ungläubige" (Kuffar) abgewertet. Dies betrifft nicht nur Atheisten und Christen, sondern auch Muslime, die ein anderes Islamverständnis haben.

8.1.1 Innere Differenzierung im salafistischen Spektrum

Salafist ist nicht gleich Salafist. Es gibt Unterschiede in der Art der Lebensführung und religiösen Praxis. So lassen sich innerhalb der Gruppe der Salafisten drei Untergruppen identifizieren:

1. **Die puristischen Salafisten**
   Puristische Salafisten wollen ihre Überzeugungen und Werte ausschließlich auf die eigene bzw. familiäre Lebensführung anwenden. Sie leben im privaten Bereich entsprechend ihrer Islaminterpretation und sind darüber hinaus apolitisch. Von Staat und Gesellschaft erwarten sie, dass ihnen diese Lebensführung gewährt wird. Im Gleichzug stellen sie die Ordnung des Staates, der ihnen diese Lebensweise zubilligt, nicht infrage.

2. **Die politisch-missionarischen Salafisten**
   Die Anhänger dieser Gruppe wollen die demokratische Verfasstheit des Staates durch eine islamisch-religiöse Staatsordnung ersetzen, in der nicht die von Menschen gemachten demokratischen Gesetze, sondern allein fundamentalislamische Wert- und Normvorstellungen gelten. Innerhalb dieser Gruppe kann nach politischen Salafisten differenziert werden, die die Anwendung von Gewalt zur Erlangung ihrer Ziele ablehnen und nach jenen, die Gewaltanwendung zur Durchsetzung ihrer Ziele für legitim halt. Meist fallen Mitglieder dieser Gruppe durch missionarische Tätigkeiten in Fußgängerzonen oder im Internet auf. Die

Mehrheit der Salafisten in Deutschland ist im Bereich des politischen Salafismus zu verorten.

3. **Die djihadistischen Salafisten**
Djihadistische Salafisten wenden aktiv Gewalt in Form von Anschlägen und Selbstmordattentaten sowie in Form von Kriegs- und Kampfhandlungen an, um ihr Ziel einer fundamental-islamischen Gesellschaft zu erreichen. Ihr zentrales Mittel ist somit nicht das Missionieren, sondern der bewaffnete Kampf. Die djihadistischen Salafisten sind kleinste Gruppe innerhalb des salafistischen Spektrums.

Diese drei Gruppen haben dieselbe theologische und ideologische Grundlage, unterscheiden sich aber in der Vorstellung davon, wie ein islamkonformes Leben zu führen ist. Die Übergänge zwischen den einzelnen Gruppen sind fließend und nicht als starr zu verstehen. Ich plädiere dafür, dass jede Form des Salafismus, auch die des puristischen Salafismus, als Problem erkannt und entsprechend behandelt wird. Ich möchte der These, wie sie teilweise von Islamwissenschaftlern und Pädagogen zu vernehmen ist, ausdrücklich widersprechen, dass der puristische Salafismus kein gravierendes Problem darstellt, weil er zumeist im Privaten ausgelebt wird. Anderen Gruppen, die sich ideologisch gegen die freiheitlich-demokratische Gesellschaft mit all ihren Werten und Errungenschaften stellen, würde man dies nicht gestatten. Man stelle sich nur die Aussage vor, dass privat doch jeder einer Ideologie anhängen könnte, die sich gegen die das Grundgesetz und den Wertekanon dieser Gesellschaft stellt, wenn er nur andere nicht damit behelligt. Auch puristische Salafisten geben ihr Gedankengut weiter, beispielsweise an die eigenen Kinder. Der folgende Auszug aus dem Verfassungsschutzbericht Niedersachen von 2016 verdeutlicht die damit verbundene Problematik: „Ein Phänomen von zunehmender Bedeutung sind die im salafistischen Kontext aufwachsenden Kinder. Im Hinblick hierauf sind zwei Faktoren ausschlaggebend. Durch die beständig anwachsende salafistische Szene in Deutschland wächst ebenso die salafistische Lehrinfrastruktur. Islamunterricht salafistischer Prägung in Moscheen oder durch engagierte Einzelpersonen steht für Kinder und Jugendliche in immer mehr deutschen Städten zur Verfügung. Daneben ist der Einfluss salafistischer Erziehung in den Familien selbst nicht zu unterschätzen. Die Zahl der betroffenen Kinder nimmt allein durch das Wachstum der salafistischen Szene kontinuierlich zu." (Verfassungsschutz Niedersachsen, 2016, S. 89) Es ist naheliegend, dass derart geprägte Kinder ein hohes Problempotenzial haben, wenn sie den Familienkreis verlassen und in die Kindertagesstätte oder die Schule gehen – und somit auch zu einer Herausforderung für Erzieher und Pädagogen werden.

8.1.2 Salafismus und Islamismus – Abgrenzung und Zusammenhang

Im Zusammenhang mit der Diskussion über Salafismus, aber auch bei gesellschaftspolitischen Debatten, fällt häufig der Begriff des Islamismus. Folgend soll geklärt werden, was darunter zu verstehen ist: Islamismus ist eine Bezeichnung für alle politischen Überzeugungen und Handlungen, die auf Grundlage des Islam die Errichtung einer ausschließlich religiös legitimierten Gesellschafts- und Staatsordnung anstreben. Zum genaueren Verständnis ist ein Schema von Pfahl-Traughber (2011) hilfreich, das die einzelnen Merkmale des Islamismus wie folgt beschreibt:

1. Absolutsetzung des Islam als Lebens- und Staatsordnung
2. Gottes- statt Volkssouveränität als Legitimationsbasis
3. Der Wunsch nach ganzheitlicher Durchdringung und Steuerung der Gesellschaft im Sinne des Islam
4. Frontstellung gegen den demokratischen Verfassungsstaat
5. Potenzial zu Fanatismus und Gewaltbereitschaft

Nach Pfahl-Traughber, Veränderungen BF

All diese Merkmale sind auch in der salafistischen Weltsicht festzustellen, jedoch mit unterschiedlicher Ausprägung in den einzelnen salafistischen Subgruppen. So sind die Punkte 4 und 5 bei den puristischen Salafisten selten oder nicht vorhanden. Eine pauschale Gleichsetzung von Salafismus und Islamismus ist somit nicht zulässig, jedoch gibt es eine große Schnittmenge zwischen Salafismus und Islamismus. Die meisten Ziele von Salafisten und Islamisten sind deckungsgleich. Jedoch ist es möglich, dass jemand einer islamistischen Gruppe angehört, die nicht im Salafismus zu verorten ist. Prominente Beispiele für solche Gruppen sind unter anderem die Muslimbruderschaft, die Hisbollah oder die Hamas.

8.2 Was den Salafismus für junge Menschen interessant macht

Es drängt sich die Frage auf, warum sich so viele junge Menschen derart entschieden von unserer offenen, liberalen Gesellschaft abwenden und sich einer fundamental islamischen Gruppe anschließen. Wie schaffen es die Salafisten, Jugendliche für sich zu interessieren und an sich zu binden? Was geben sie den jungen Leuten, was diese anscheinend anderweitig nicht bekommen? Die konstant steigenden Anhängerzahlen vor allem bei Jugendlichen sind insbesondere in Anbetracht seines strengen Regelsystems bemerkenswert. Alkohol, Promiskuität, voreheliche Geschlechtsverkehr, Drogen, aber auch Musik, Schauspiel oder Zeichnen – letztlich verbietet er vieles, was für Jugendliche reizvoll ist und Spaß macht. Für das Diesseits gibt es strikte Vorgaben, wie die Lebensführung auszusehen hat. Orientiert wird sich in die Zeit nach dem Tod, wo ein verlockendes Dasein im Paradies versprochen wird, wenn man denn zuvor islamkonform gelebt hat. Die Hinwendung zum Salafismus ist nicht monokausal, sondern resultiert aus einer Kombination von verschiedenen Gründen, die ich im Folgenden erläutere.

Möglichkeit zur Abgrenzung und zum Protest gegen den Mainstream
Wenn ich die eingangs aufgeworfene Frage, warum sich so viele junge Menschen der salafistischen Bewegung anschließen, in meinen Seminaren thematisiert habe, beantwortete ich sie zunächst mit einer Gegenfrage: „Wer von Ihnen wäre geschockt, wenn das eigene Kind oder ein Schüler Beatles-Fan wäre?" Dies war bislang bei niemandem der Fall. Ebenso wenig entfalteten Hippies, Punks, Rocker, Popper und Raver eine Schockwirkung. Allenfalls Goths und Skins sorgten für Skepsis. Bei all diesen Gruppen handelt es sich um (jugend-)kulturelle Phänomene, die sich zu ihrer Zeit hervorragend zur Abgrenzung zum Elternhaus, zur Schule oder zum gesellschaftlichen Mainstream eigneten. In unserer pluralistischen Gesellschaft, in der viele Lebensentwürfe akzeptiert sind, stellt nun der Salafismus das beste Instrument zur Abgrenzung dar. Wir haben es in diesem Zusammenhang mit dem jugendpsychologischen Phänomen der Ablösung zu tun. Es ist jungen Menschen ein Bedürfnis, Autonomie und emotionale Unabhängigkeit durch verstärkte Kontakte mit den Peer-Groups zu entwickeln und sich gleichzeitig gegen den elterlichen oder sonstigen autoritären Einfluss aufzulehnen. Zudem sind Menschen gerade im Jugendalter ideologieanfällig. Wenn sich Jugendliche dem Salafismus hinwenden, können sie davon ausgehen, dass dieser Vorgang bei Eltern und Lehrkräften die gewünschte Schockwirkung erzielt und Aufmerksamkeit bringt. Man grenzt sich deutlich von Autoritäten ab und schafft die maximale Provokation. Somit bietet der Salafismus einen wesentlichen Aspekt einer attraktiven Jugendkultur. Oder um es mit den Worten der Süddeutschen Zeitung zu sagen: „Burka ist der neue Punk!" (sueddeutsche.de, 2015)

Orientierung in einer komplexer werdenden Welt
Wir leben in einer Zeit der Optionsvielfalt. Ich spreche in diesem Zusammenhang gerne von einer anything-goes-Gesellschaft: Geschlechtliche Identitäten, Lebensmodelle, aber auch kulturelle Standards oder berufliche Optionen – vieles ist unverbindlich, vieles pluralisiert sich, fast alles ist möglich. Damit schwinden Sicherheiten. Dies ist vor allem für junge und in ihrer Persönlichkeit nicht gefestigte Menschen herausfordernd. Der Salafismus bietet in dieser immer vielschichtigeren Welt eine klare Orientierung. Er stellt ihrer Unübersichtlichkeit ein klares Regelsystem gegenüber und bietet eine maximale Komplexitätsreduktion. Schwarz-Weiß, erlaubt-verboten, halal-haram – die Antworten auf die großen Fragen des Lebens sind gegeben, das Weltbild ist klar strukturiert. Das fundamentale Befolgen der Regeln des Islam bietet den jungen Menschen die Orientierung, die sie in

ihrer adoleszenten Entwicklung suchen und entlastet sie gleichzeitig von der Herausforderung, eigene Entscheidungen fällen zu müssen.

Hinweise auf Diskriminierung verfangen bei Jugendlichen/Gemeinschaftssinn
Für Jugendliche mit Migrationshintergrund stellt sich die Frage von Zugehörigkeit immer wieder oder wird immer wieder an die jungen Menschen herangetragen. „Wo kommt du eigentlich her?" „Wohin gehöre ich?" oder „Wer oder was bin ich denn eigentlich?" In Deutschland ist man Ausländer, im Herkunftsland der Eltern ist man Deutscher – solche Schilderungen habe ich immer wieder von meinen Schülern gehört. Man spricht in diesem Zusammenhang von hybriden Identitäten, die sich nicht nur durch Selbstzuschreibungen, sondern auch aus Fremdzuschreibungen durch das Umfeld entwickeln. Hieraus kann eine Identitätsproblematik erwachsen, die die jungen Menschen vor eine große emotionale Herausforderung stellt.

Viele junge Menschen mit Migrationshintergrund empfinden Diskriminierung und mangelnde Anerkennung. Eine 2016 veröffentlichte Studie der Universität Münster (Pollack, 2016, S. 7) brachte beispielsweise hervor, dass sich mehr als die Hälfte der Türkeistämmigen in Deutschland als Bürger zweiter Klasse fühlen und meinen, dass egal wie sehr sie sich anstrengen, sie nicht als Teil der deutschen Gesellschaft anerkannt werden. Auf diese Diskriminierung, egal ob tatsächlich vorhanden oder nur empfunden, verweisen Salafisten. „Diese Gesellschaft ist gegen dich." „Sie lehnt dich ab, weil du Muslim bist." „Sie bekämpft deine Religion und damit dich." – so könnten entsprechende Ansprachen lauten. Zu dieser diskriminierenden Gesellschaft bieten Salafisten ein Gegenmodell: Eine Gemeinschaft von Brüdern und Schwestern im Glauben mit Akzeptanz und Nestwärme. Der Migrationshintergrund oder aber auch der familiäre Kontext oder die persönliche Vorgeschichte spielen keine Rolle mehr.

Exklusivitätsgefühl durch Gottes Legitimation
Im Gegensatz zu den zuvor genannten Gruppen, wie Hippies, Rocker oder Punks bietet der Salafismus seinen Anhängern ein durch Gott legitimiertes Exklusivitätsgefühl. Im Vergleich mit anderen jugendkulturellen Phänomenen, aber auch im Vergleich mit anderen Ideologien, ist die göttliche Komponente eine Besonderheit. Salafisten gehen davon aus, im Besitz der einzigen Wahrheit zu sein, die Garantie auf das Paradies bietet. Man ist Teil einer besonderen Gruppe von Auserwählten, einer religiösen Elite, die die Anleitung zum rechtschaffenden Handeln hat. Die „Ungläubigen" hingegen sind auf dem Weg in die Verdammnis der Hölle. Diese Weltsicht wertet die Persönlichkeit massiv auf. Durch die moralische Überhöhung der eigenen Position können sich die jungen Leute – möglicherweise zum ersten Mal in ihrem Leben – anderen, vor allem den Autoritäten, überlegen fühlen.

Jugendgerechte Eigendarstellung im Internet und durch Da'wa
Bevor sich Menschen zum Salafismus hinwenden, müssen sie zunächst damit in Kontakt kommen. Die salafistische Szene ist in Anbetracht der seit Jahren stei-

genden Anhängerzahlen in dieser Hinsicht äußerst erfolgreich. Man könnte auch sagen, dass das Selbst-Marketing der Salafisten funktioniert. Maßgeblich hierfür sind zwei Aspekte: Das Internet und die direkte Missionierung.

Mit wenigen Klicks und ohne Barrieren sind salafistische Internetseiten für jedermann erreichbar. Nicht selten werden sie in gängigen Suchmaschinen als Top-Treffer angezeigt. Teils ist leicht zu erkennen, dass es sich um eine salafistische Seite handelt, in anderen Fällen ist das erst mit einem sehr genauen Blick auf die Inhalte oder ins Impressum und weiterer Recherche erkennbar. Die Seiten sind professionell gestaltet und sprechen genau das an, was viele Jugendliche interessiert: Frage-Antwort-Seiten geben eindeutige Auskünfte zu den komplexen Fragen des Lebens. Religion wird verständlich erklärt und gibt jungen Menschen Orientierung: „Das ist erlaubt", „Das ist verboten", „So musst du handeln". Andere Webseiten, aber auch stark frequentierte Kanäle in den sozialen Medien, senden höchst emotionalisierende Botschaften und schaffen eine Wagenburgmentalität: „Die Welt gegen den Islam!", „Sie gegen deine Brüder und Schwestern!", „Die Ungläubigen gegen uns!", „Wir mit Gott gegen sie!", „Sei stark und standhaft!".

Seiten aus dem Bereich des djihadistischen Salafismus stellen Kämpfer und Kampfhandlungen im Stile von Comics oder Filmplakaten dar, Kriegsszenen werden als Videospiel oder schlicht als großes Abenteuer inszeniert, Terroristen werden zu Ikonen. Der Kampf für den Islam wird so zu einem coolen Event stilisiert, bei dem man unbedingt dabei sein sollte. Egal welche Ausrichtung eine Internetseite oder ein Kanal auf Facebook, YouTube oder Twitter hat: Die Salafisten sprechen die Sprache der Jugendlichen und senden Botschaften, die verfangen.

Auch in der nicht virtuellen Welt gewinnen Salafisten Anhänger. Dies passiert vornehmlich im Eins-zu-eins-Gespräch im Rahmen der sogenannten street da'wa – der direkten Ansprache von jungen Menschen vornehmlich in Fußgängerzonen. Aufhänger sind meist unverbindliche, lockere Gespräche an Informationsständen oder Verteilaktionen von Büchern, beispielsweise im Rahmen der LIES!-Kampagne, bei der Koranexemplare verteilt wurden. Einem losen Austausch folgen die Mitgabe von Informationsmaterial und eine Einladung in die Moschee. Somit ist ein direkter Kontakt gemacht, der Fisch ist sinnbildlich an der Angel. In weiteren Gesprächen greifen die Mechanismen, die zuvor in diesem Abschnitt beschrieben wurden.

8.3 Hat sich mein Schüler radikalisiert? – Anzeichen für eine Radikalisierung und ein typischer Radikalisierungsverlauf

Lehrkräfte verbringen viel Zeit mit ihren Schülern. Zahlreiche Stunden in der Woche sind sie mit ihnen zusammen. Sie sind nah dran, kennen in der Regel das Wesen und die Einstellungen der Kinder und Jugendlichen. Veränderungen fallen da auf, vor allem, wenn sich die Schüler plötzlich um intensive Befolgung religiö-

8.3 Hat sich mein Schüler radikalisiert? – Anzeichen für eine Radikalisierung

ser Gebote bemühen. Bei meiner Arbeit als Fortbildner habe ich oft eine große Unsicherheit bei Lehrkräften festgestellt, wenn es um die Frage ging, wie das religiöse Verhalten eines Schülers einzuordnen ist. Was ist normale religiöse Praxis? Und ab wann ist jemand radikal? Allerdings lassen sich diese Fragen nicht eindeutig beantworten. Es gibt kein Messverfahren für Radikalisierung. Ebenso wenig gibt es einen bestimmten Punkt, an dem eine konsequente, aber gesellschaftlich gesehen unproblematische Glaubenspraxis aufhört und Radikalisierung beginnt. Vielmehr sind die Grenzen zwischen orthodoxer Auslegung des Glaubens und radikaler, fundamentalistischer Interpretation des Islam fließend.

Wenn das Verhalten eines Schülers eingeordnet werden soll, kann nur mit Indizien gearbeitet werden. Folgend finden Sie eine Auflistung von Indizien, die auf eine Radikalisierung hindeuten. Um diese zu illustrieren, habe ich beispielhaft mögliche damit verbundene Aussagen und Handlungen aufgeführt. Ergänzend finden Sie ein Schema, nach dem Radikalisierung typisch verläuft und das ebenso bei der Einordnung von Schülerverhalten helfen kann. Denselben Zweck hat auch das Glossar, das szenetypische Aussprüche und Vokabeln der Salafisten erklärt. Benutzen Jugendliche häufiger aufgeführte Phrasen, kann das auf die Auseinandersetzung mit salafistischer Propaganda oder den Umgang mit einer entsprechenden Gruppe hindeuten.

8.3.1 Anzeichen im Schülerverhalten für eine mögliche Radikalisierung

Indiz für eine mögliche Radikalisierung	Mögliche Aussagen/Handlungen
Handlungen werden aus religiöser Sicht bewertet und daraus abgeleitet als „zulässig" (halal) oder „verboten" (haram) beurteilt.	„Was Sie machen, ist haram." „Ich darf das nicht, weil meine Religion das verbietet." „Das ist Sünde." „Dafür kommt man in die Hölle." „Dafür wird Allah ihn bestrafen."
Die Einhaltung religiöser Normen und Riten wird stark betont/überbetont.	„Als Muslim ist es meine Pflicht..." „Als Muslim darf ich nicht..." • Schüler verrichten das Gebet öffentlich mit demonstrativem Charakter oder fordern einen Gebetsraum. • Schüler möchten für das Freitagsgebet freigestellt werden. • Schüler argumentieren ausschließlich aus ihrer persönlichen Sicht als Muslim.

8 Salafismus und Radikalisierungsprävention als Herausforderung

Indiz für eine mögliche Radikalisierung	Mögliche Aussagen/Handlungen
Weltanschauungen Anderer werden abgewertet.	*„Sie sind eine Ungläubige (kuffar)."* *„Der Islam ist die wahre Religion."* *„Wer nicht zum Islam gehört, kommt in die Hölle."* *„Ungläubige sind nichts wert."* *„Das Christentum ist verfälscht."*
Andere muslimische Glaubensrichtungen oder Lebensarten werden abgewertet.	*„Schiiten/Aleviten/... sind keine Muslime."* *„Schiiten/... müssen bekämpft werden."* *„Diese Muslime leben den Islam falsch."*
Politische Sachverhalte werden zweidimensional und undifferenziert bewertet, hier v. a. starker Antisemitismus.	*„Die Juden sind böse."* *„Ich hasse Juden."* *„Der Westen will den Islam zerstören."* *„Wir Muslime werden angegriffen."* *„Erst die Juden, jetzt die Muslime."*
Gewalt wird für legitim erklärt, wenn sie aus religiösen Motiven erfolgt.	*„Man hat die Pflicht den Islam mit Gewalt zu verteidigen."* *„Ungläubige/Juden müssen bekämpft werden."* *„Ein Selbstmordattentat ist gerechtfertigt."* • Attentäter werden zu Märtyrern erklärt
Es wird religiöse Kleidung getragen.	Frauen sind weitgehend bedeckt. Männer tragen Hosen, die nicht über die Knöchel gehen und/oder Gebetsmützen (*takke*).
Gleichberechtigung der Geschlechter wird abgelehnt, Geschlechtertrennung wird befürwortet.	*„Frauen sind weniger wert."* *„Frauen haben dem Mann zu gehorchen."* • Frauen wird der Handschlag verweigert. • Augenkontakt mit dem anderen Geschlecht wird vermieden. • Gleich*wertigkeit* wird im Gegensatz zu Gleich*berechtigung* betont.
Es wird sich abgekapselt.	• Schüler brechen mit dem alten Freundeskreis und pflegen nur noch Umgang mit anderen Muslimen.
Demokratie wird abgelehnt.	*„Ich unterwerfe mich nicht Gesetzen, die von Menschen gemacht sind."* *„Demokratie ist des Teufels."*
Es wird missioniert.	• Schüler werben für einen Übertritt zum Islam, verteilen ggf. Flyer und Bücher
Musik wird abgelehnt.	*„Musik ist haram."* • Schüler verweigern die Mitarbeit im Musikunterricht oder weigern sich, sich mit Musik auseinanderzusetzen. • Schüler hören ausschließlich arabische Sprechgesänge ohne Instrumente (*nascheeds*).

Denkimpulse
1. Stellen Sie sich vor, Sie werden mit den oben erwähnten Schüleraussagen konfrontiert. Wie sieht Ihrer Meinung nach eine angemessene Reaktion aus?

2. Entwickeln Sie mögliche Gegenargumente.

8.3.2 Ein klassischer Radikalisierungsverlauf

Die zuvor dargestellten Aussagen und Handlungen können auf eine Radikalisierung oder zumindest die Auseinandersetzung mit salafistischen, fundamentalistamischen Inhalten hindeuten. In Ergänzung zu dieser Auflistung ist das folgende Schema von Baehr (zit. nach: KAS, o. J.) hilfreich, das die einzelnen Phasen einer typischen Radikalisierung aufzeigt. Das Schema wurde von mir ergänzt und mit Kommentaren versehen.

Präphase: *Gefühl von Unzugehörigkeit/Sinnsuche*
Die jungen Menschen fühlen sich von der Mehrheitsgesellschaft diskriminiert und ausgeschlossen oder es wird nach Sinngebung und Orientierung gesucht (siehe hierzu Kap. 8.2).

1. Phase: *Konsum von salafistischer Propaganda und djihadistischen Inhalten*
In dieser Phase findet eine Auseinandersetzung mit dem Spannungsverhältnis von Islam und Gesellschaft statt. Das Narrativ von einem weltweiten Krieg gegen den Islam, der Unterdrückung der Muslime und einer virulenten Islamophobie wird verinnerlicht.

2. Phase: *Individuelle Positionierung (Diskussionen, Videos im Netz)*
Es erfolgt eine öffentliche Positionierung. Dies kann auch gut und gerne im Klassenraum passieren, wie ich es selbst schon erlebt habe. Um es an diesem Beispiel zu erläutern: Ich hatte zwei Schüler, die immer wieder versucht haben, das Unrecht, das der Staat Israel ihrer Ansicht nach den Palästinensern antut, zu thematisieren; dies auch in Unterrichtsstunden, die keinen Bezug zu diesem Thema hatten. Zudem äußerten sie, dass es Pflicht für jeden Muslim sei, gegen israelisch-westliche Aggression im Nahen Osten aufzubegehren.
Alternativ zu der Positionierung in der Schule können die sozialen Netzwerke genutzt werden, sei es durch ein Verbreiten von salafistischen Inhalten bei Facebook oder durch selbst aufgenommene Videos bei YouTube.

3. Phase: *Aktive Mitgliedschaft in einer islamistischen Gruppe (Individuelle Pflicht den Islam zu verteidigen)*
In dieser Phase sind die jungen Menschen mit einer islamistischen Gruppe in Kontakt gekommen und bewegen sich regelmäßig in diesen Kreisen. Dies kann

u. a. dadurch deutlich werden, dass entsprechendes Material (Flyer, Koranexemplare) in der Schule verteilt wird, sie in Fußgängerzonen an Infoständen mitwirken oder versuchen, zu missionieren. Die Muster der 1. und 2. Phase werden weiter ausgeprägt, die Ideologisierung der jungen Menschen erhält durch die gegenseitige Bestätigung innerhalb der Gruppe einen Schub.

4. Phase: Aktiver Djihad *(Sympathiewerbung für und Planung wie Umsetzung von Kampfhandlungen und Terroranschlägen)*
Die dramatischste Phase, in der Pädagogen keine Einflussmöglichkeit mehr haben – wenn die jungen Menschen überhaupt noch in der Schule erscheinen. Personen, die sich in dieser Phase befinden, sind ein Fall für die Sicherheitsbehörden.

Grundlage des Schemas nach Baehr, Ideologie des Jihadi-Salafismus, Ergänzungen und Veränderungen BF

8.3.3 Häufig verwendete Begriffe der salafistischen Szene

Wie andere Subgruppen auch, hat die salafistische Szene typische Codes und Begrifflichkeiten. Es kann sein, dass Schüler diese aufgreifen und in Gesprächen mit diesen Begriffen operieren. Die folgende Übersicht stellt gängige Begriffe vor und bietet Aufschluss über die Zugehörigkeit zur sowie Einblicke in das Denken der salafistischen Szene.

Al-wala wal-bara'a = *Unterstützung und Meidung* Ein islamischer Rechtsbegriff, der den Grundsatz beschreibt, sich von Nicht-Muslimen fernzuhalten und die Nähe von Muslimen zu suchen und diese im Konfliktfall gegen die Nicht-Muslime zu unterstützen.

Bid'a = *Neuerung* Dieser Begriff bezeichnet Sichtweisen, Glaubensinterpretationen und Handlungen, die im Widerspruch zur fundamental-religiösen Lehre der Salafisten gesehen werden.

Da'wa = *Mission* Dieser Begriff wird häufig verwendet und ist eine der großen Überschriften für Aktivitäten der salafistischen Szene (*Project Da'wa*). Ziel ist es, Anhänger zu gewinnen, Menschen zum Islam zu bringen und die salafistische Ideologie zu verbreiten.

Kuffar (Sing. kafir) = *Ungläubige/r* Ein abwertender Begriff für alle Nicht-Muslime oder Muslime, die nicht entsprechend den Glaubensvorstellungen der Salafisten agieren.

Munafiqun = *Heuchler* Bezeichnung für Muslime, die den Glauben abweichend von den Vorstellungen der Salafisten praktikzieren.

Ridda/Irtidad = *Abkehr/Abfall* Bezeichnet die Abkehr vom Islam; ist nach streng religiösem Verständnis mit dem Tode zu bestrafen

Shirk = *Polytheismus/Götzendienerschaft* Bezeichnet die Beistellung oder Anbetung von anderen Göttern neben Allah; kann auch auf das Christentum bezogen werden (Trinität), was eindeutig abwertend zu verstehen ist. In diesem Zusammenhang wird oft folgende Koransure zitiert: „Wahrlich, ungläubig sind diejenigen, die sagen: „Allah ist der Dritte von dreien"; und es ist kein Gott da außer einem Einzigen Gott. Und wenn sie nicht von dem, was sie sagen, Abstand nehmen, wahrlich, so wird diejenigen unter ihnen, die ungläubig bleiben, eine schmerzliche Strafe ereilen." (Koran, Sure 5, Vers 73). Gilt als eine der großen Sünden im Islam.

Taghut (ausgespr. Tarut) = *tyrannisch/heidnisch* Ein Begriff, der häufig von Fundamentalisten benutzt wird, mit dem die nicht-muslimischen, als feindlich anzusehende Systeme –, z. B. demokratische Gesellschaften – bezeichnet werden, die bekämpft werden müssen. So werden beispielsweise Beamte des deutschen Staates als „BRD-Taghut-Diener" bezeichnet.

Takfir = *Anklage des Unglaubens* Die Technik des Fremdaberkennens von Religiosität, mit der Personen aus dem Kreis der Religiösen ausgeschlossen werden. Kann als Legitimation für Gewaltanwendung gegenüber vom Glauben Abgefallenen dienen.

Tauhid = *Einheit Gottes/Ein-Gott-Glaube* Das Bekenntnis zum *einen* Gott, Ausdruck des Monotheismus im Islam; Teilweise in Abgrenzung zum Christentum zu verstehen, das durch die Trinität als nicht monotheistisch angesehen wird

8.4 Eine Biographie aus dem Spektrum des Salafismus: „Terrormädchen" Safia S.

Es war ein Tag im Februar 2016, als eine Hannoveraner Gymnasiastin beschloss, einen Mordanschlag auf einen Bundespolizisten zu verüben. Sie nahm sich ein Gemüsemesser mit einer sechs Zentimeter langen Klinge und ging zum Hauptbahnhof. Dort näherte sie sich zwei Polizisten, um schließlich einem der beiden das Messer in den Hals zu rammen. Der Polizist überlebte den Anschlag, das Mädchen konnte festgenommen werden und erlangte als „IS-Sympathisantin" und „Terrormädchen" Safia bundesweit eine traurige Bekanntheit. Wie konnte es soweit kommen, dass sich eine junge Gymnasiastin derart von der Gesellschaft abwendet und radikalisiert, dass sie versucht, einen Menschen zu töten? Was hat sie geprägt und letztlich zu dieser Tat gebracht? Folgend finden Sie eine Darstellung von Stationen aus Safias Leben, die interessante Einblicke gewährt und Anlass zur Hypothesenbildung über ihre Entwicklung gibt.

Zudem finden Sie Denkimpulse, die auf eine Auseinandersetzung mit Schülern, die einen ähnlichen Pfad wie Safia zu beschreiten scheinen, vorbereiten sollen. Das scheint dringend geboten, schließlich war Safias Schule mehrmals involviert. So zeigt der Fall eindrucksvoll, dass islamische Radikalisierung auch zu einer Fragestellung für Pädagogen werden kann.

Stationen aus dem Leben vom „Terrormädchen" Safia S.

02.07.2000: Safia wird als Tochter eines deutschen Vaters und einer marokkanischen Mutter in Hannover geboren. Die Eltern trennen sich schon früh, die Mutter erzieht ihre Kinder nach Darstellung des Vaters streng religiös.
2008: Auf Youtube ist Safia mit dem Salafistenprediger Pierre Vogel beim Rezitieren des Korans zu sehen: Als „Unsere kleine Schwester im Islam" präsentierte der Extremist die damals Siebenjährige.
2009: Pierre Vogel veröffentlicht auf Youtube einen weiteren gemeinsamen Auftritt mit Safia, die schwarz verhüllt mit Kopftuch vor der Kamera sitzt.
2015/2016: Safia fällt auch in ihrem Gymnasium mit islamistischen Ansichten auf. Ihr Klassenlehrer stößt auf die Videos von ihr und dem Salafistenprediger. Der Lehrer informiert den Schulleiter, der Kontakt zu Polizei und Staatsschutz sucht.
22.01.2016: Unbemerkt und ohne, dass jemand am Flughafen Hannover Fragen stellt, besteigt Safia einen Flug nach Istanbul. Ihr Ziel: die Terrormiliz Islamischer Staat in Syrien. In Istanbul nimmt sie laut Anklage Kontakt zu IS-Mitgliedern auf, die sie über die Grenze bringen sollen.
26.01.2016: Safias Mutter, die ihrer Tochter nach Istanbul hinterher gereist ist und die Behörden über die befürchtete Radikalisierung informiert hat, holt das Kind zurück und landet in Hannover. Fahnder erwarten die zwei und kassieren Safias Handys ein.
25.02.2016: Über einen Internet-Nachrichtendienst hat Safia nach Erkenntnis der Ermittler Kontakt zu IS-Mitgliedern und übermittelt auf diesem Weg ein Bekennervideo für die für den nächsten Tag geplante Tat.

> **26.02.2016:** Vormittags werden Polizeibeamte nach den Hinweisen aus der Schule in Safias Gymnasium vorstellig. Nachmittags provoziert Safia im Hauptbahnhof Hannover mit auffälligem Verhalten eine Kontrolle durch zwei Bundespolizisten. Unvermittelt rammt die Schülerin einem 34 Jahre alten Polizisten ein Gemüsemesser oberhalb seiner Schutzweste in den Hals. Der Kollege überwältigt das Mädchen. Der Beamte überlebt schwer verletzt.
> **12.08.2016:** Die Bundesanwaltschaft erhebt Anklage gegen Safia wegen versuchten Mordes, gefährlicher Körperverletzung und Unterstützung einer ausländischen terroristischen Vereinigung.
> **20.10.2016:** Prozessbeginn am Oberlandesgericht Celle
> **26.01.2017:** Verurteilung zu sechs Jahren Haft wegen versuchten Mordes, gefährlicher Körperverletzung und Unterstützung einer terroristischen Vereinigung
> **19.04.2018:** Der Bundesgerichtshof bestätigt das Urteil des Oberlandesgerichts Celle und lehnt den Antrag auf Revision ab.

Quelle: https://www.bild.de/regional/hannover/mordversuch/hintergrund-stationen-im-leben-49967664.bild.html (30.12.2018) mit Ergänzungen BF

Denkimpulse

1. An welchen biographischen Stationen Safias vermuten Sie wesentliche Ereignisse oder Bedingungen für ihre Entwicklung?
2. An welchen biographischen Stationen ist die Schule bzw. sind Safias Lehrer direkt beteiligt?
3. An welchen Stellen sehen Sie Eingriffsmöglichkeiten seitens der Schule und wie könnten diese Interventionen aussehen?

8.5 Handlungsempfehlungen zur Arbeit mit gefährdeten Schülern

In diesem Abschnitt möchte ich Ihnen konkrete Handlungsempfehlungen für die Arbeit mit Schülern aussprechen, bei denen Sie die Gefahr der Radikalisierung sehen. Dabei handelt es sich nicht um Patentrezepte, mit denen Personen von ihrem Pfad abgebracht und entideoligisiert bzw. deradikalisiert werden können. Diese Erwartung wäre zu hoch gegriffen. Das ist eine Aufgabe für Profis, auf die ich im nächsten Abschnitt hinweise. Jedoch können diese Handlungsempfehlungen kleine, wertvolle Bausteine in Ihrer pädagogischen Arbeit mit gefährdeten Schülern sein.

Im Gespräch bleiben!
Egal wie abwegig, grenzwertig oder irrational eine These scheint, die Schüler in den Raum stellen, sollten Lehrkräfte den Gesprächsfaden aufrechterhalten. Auch, wenn es schwerfallen mag, ist es in diesen Fällen geboten, Schüler nicht abzukanzeln oder ihnen einfach das Wort zu verbieten. Damit treibt man ihnen ihre Meinung nicht aus, sie würde nur einfach nicht mehr geäußert werden. Viel eher dürfte sogar der gegenteilige Effekt eintreten. Die Verweigerung eines Dialogs wird sich mit mangelnden Gegenargumenten erklärt. Schüler fühlen sich folglich in ihrer Position bestätigt und verharren erst recht darin, mit dem Ergebnis, dass wir sie endgültig an die Radikalen verloren haben.

Auch wenn der Gesprächsfaden nur dünn ist, ist er die einzige Chance, die Lehrkräfte haben, um den Schüler zum Nachdenken zu bringen. Tauschen Sie Meinungen aus, zeigen Sie sich dabei ruhig kritisch, aber trotzdem dialogoffen. Kennen Sie sich in dem fraglichen Thema aus, diskutieren Sie mit dem Schüler, tauschen Sie Argumente aus. Bleiben Sie dabei sachlich, verdammen Sie die Gegenposition nicht. Ein „Naja, aber findest Du nicht...?" ist hier weitaus eher geeignet, als ein „Nein, nein, das siehst Du völlig falsch." Sollten Sie sich in dem fraglichen Themenbereich nicht gut auskennen, hilft der nächste Punkt:

Fragen stellen und sich Dinge erläutern lassen!
Setzen Sie mit Nachfragen kleine Denkimpulse – „Samenkörner des Zweifels und der Reflexion". Geben Sie dem Schüler Anlass zum Nachdenken, lassen Sie sich Äußerungen erläutern. Bringen Sie ihn in die Situation, dass er Dinge, die er irgendwo gehört oder gelesen hat, nicht bloß reproduziert, sondern dass er sie erklären muss. Setzen Sie dann da an, wo die Begründung nicht logisch ist. Zeigen Sie die Wirkung seiner Argumentation oder seiner Vision auf.

Auch hier empfiehlt kritisch, aber trotzdem behutsam und empathisch vorzugehen. Viel besser als mit dem Holzhammer bringt man mit gezieltem Nachhaken eine vermeintliche Überzeugung ins Wanken. Niemand sieht sein Weltbild gerne wanken oder gar einstürzen! Folgende Phrasen können helfen:

„Interessant. Kannst du mir das erklären?"

„Aber findest du nicht auch, dass..." (...es nicht in Ordnung ist, wenn man Menschen ungleich behandelt/pauschal Menschen verurteilt/man Menschen hasst, die man nicht kennt/...es sich in diesem Land wunderbar leben lässt/...es schön ist, wenn jeder Mensch nach seinen Vorstellungen glücklich werden kann/...?)

„Ich bin der Überzeugung, dass ... . Was sagst Du dazu?"

Das Wir-Die-Narrativ aufbrechen
Ich bin der Überzeugung, dass man in einer pluralen Gesellschaft zu einem alle umfassenden Wir kommen muss – im Klassenzimmer, wie auch im Rest des

Landes. Es braucht eine kollektive Identität, mit der sich alle in einer Gemeinschaft Lebenden grundlegend identifizieren können; ein Narrativ, das Lust auf ein Leben hierzulande macht. Die Alternative dazu hieße Rückzug in einzelne Ethnien oder sonstige Subgruppen, was letztendlich die Bildung von Parallelgesellschaften bedeuten würde. Dies birgt meines Erachtens eine Gefahr: Verlaufen Trennlinien in einer Gesellschaft entlang von Ethnien oder Religionsgemeinschaften, kann das zu einer bedrohlichen Instabilität des gesamten Landes führen. Manifestiert sich ein „Wir gegen Die" in einem Staatsvolk, sind massive Konflikte möglich. Der Libanon, Jugoslawien, Südafrika oder die Kriegsgebiete des Nahen Ostens, Syrien und Irak, sollten mahnende Beispiele sein.

Es muss deutlich werden, dass alle, die in Deutschland leben wollen, Teil der deutschen Gesellschaft sind, mit allen Rechten und Pflichten. Von Schülern habe ich immer wieder gehört, dass sie sich als Türke, Tunesier oder Afghane definieren, aber nicht als Deutsche. Das ist schade. Im Klassenzimmer, wie auch darüber hinaus, muss deutlich werden, dass alle Teil *einer* Gemeinschaft sind. Einen solchen Gemeinschaftsgedanken muss die Lehrkraft formulieren, vorleben und von den Schülern einfordern. Es darf kein „Wir" in Abgrenzung zu einem „Die" geben. Dabei muss auch darauf geachtet werden, keinen sprachlichen Gegensatz aufzumachen, der keiner sein muss.

In meinen Seminaren, im Rahmen von Fortbildungen, aber auch bei Alltagsgesprächen höre ich oft Formulierungen à la „Die Deutschen und die Muslime". Das ist fatal, weil muslimischen Schülern suggeriert wird, dass das Muslim-Sein in einem Gegensatz zum Deutsch-Sein steht. Ein „die", das das Wort „denen", rechtfertigt darf es nicht geben. Weder durch eine Fremdzuschreibung, noch durch eine Selbstzuschreibung. So habe ich oft, meist nur beiläufig, von muslimischen Schülern und Bekannten die Formulierung „die Deutschen..." in Abgrenzung zur eigenen Identität gehört. Gleichzeitig war man aber im Besitz der deutschen Staatsangehörigkeit. Ein Hinweis auf den Pass brachte dann Erkenntnis. Den hier Lebenden muss klar gemacht werden, dass auch sie, unabhängig von Herkunft, Religion oder sonstigen Merkmalen, Teil Deutschlands sind. Zudem empfehle ich in solchen Situationen mit den Schülern in vertraulicher Atmosphäre über die Chancen und Vorzüge des Lebens in Deutschland zu sprechen. Oft habe ich gehört, dass das Leben in den Herkunftsländern (der Eltern) leichter und lockerer ist, sie hier aber mehr Sicherheit, Chancen und Wohlstand haben.

Vermittlung demokratischer Diskursstrategien (Dialogkompetenz)
„Wir haben heute in den Schulen eine Jugend, die den Islam als unantastbares Tabu versteht, die also jede kritische Diskussion über den Islam als Angriff auf die eigene Identität sieht" (zit. nach: General Anzeiger, 2017), schildert Ahmad Mansour seine Eindrücke über die mangelhafte Diskursfähigkeit von jungen Muslimen. In Anbetracht bestimmter Erscheinungsformen des Islam in europäischen Gesellschaften und den damit zusammenhängenden Anfragen ist das problematisch. Viel mehr braucht es meines Erachtens einen kritisch-konstruktiven Diskurs.

8 Salafismus und Radikalisierungsprävention als Herausforderung

Die Fähigkeit zur angemessenen Kommunikation und Verständigung über religiöse und ethische Themen sowie den eigenen religiösen Standpunkt ist eine Schlüsselkompetenz in einer Gesellschaft, in der religiöse Fragen genug Anlass zur kritischen Diskussion bieten. Im Kerncurriculum für den Islamischen Religionsunterricht in Niedersachsen, an dem ich mitgearbeitet habe, haben wir drei Aspekte der Dialogkompetenz aufgeführt, die meines Erachtens für eine gewinnbringende Kommunikation sorgen können:

- Gemeinsamkeiten und Unterschiede von religiösen und weltanschaulichen Überzeugungen benennen und im Hinblick auf mögliche Dialogpartner kommunizieren,
- bereit sein, die Perspektive des anderen einzunehmen und in Bezug zum eigenen Standpunkt zu setzen,
- Kriterien für eine respektvolle Begegnung im Dialog mit anderen berücksichtigen.

Eine kritische Anfrage zum Islam ist kein Angriff auf das religiöse Individuum. Dieser Umstand muss muslimischen Jugendlichen verdeutlicht werden. Ein Beispiel aus eigener Erfahrung: Als ich in einer Diskussion mit einem Schüler wahrgenommen habe, dass er sich durch meine Kritik an der Auslegung einiger Koranpassagen persönlich getroffen zeigte, habe ich ihm erklärt, dass ich als Lehrer Kritik an der Schule, wie sie von Schülern immer wieder geäußert wird, auch nicht als Verurteilung der einzelnen Lehrkraft empfinde, sondern sie im Gegenteil als wertvollen Hinweis zur Entwicklung ansehe. In dieser und in ähnlichen Situationen hatte ich das Gefühl, dass diese Argumentation überzeugt hat.

Wenn Reden nicht mehr hilft – Was tun bei fortgeschrittener Radikalisierung?
Die pädagogische Wirkmacht von Lehrkräften ist begrenzt. Diesen Umstand gilt es anzuerkennen. Es gibt Fälle, in denen man keinen Einfluss auf die Entwicklung eines Kindes oder Jugendlichen nehmen kann. Sehen Sie die begründete Gefahr, dass eine Radikalisierung erfolgt und fortgeschritten ist, sollten Sie...

- unverzüglich Ihre Schulleitung informieren, die dann die nächsten Schritte einleiten muss (dazu gehört es, Kontakt mit der übergeordneten Behörde aufnehmen),
- eine Fallkonferenz einberufen, in der alle Personen, die mit dem Schüler Kontakt haben (Lehrkräfte, Schulsozialarbeit, Beratungslehrkraft, externe Berater/Experten [von Beratungsstellen oder Sicherheitsbehörden], nach Möglichkeit auch die Eltern) den Fall und weitere Schritte beraten,
- Beratungsangebote zum Thema Radikalisierung/Salafismus nutzen, die im folgenden Kapitel aufgeführt sind.

> Besteht der Verdacht, dass eine Straftat geplant ist, müssen zwingend die Sicherheitsbehörden eingeschaltet werden!

Weitere Handlungsempfehlungen, die Sie auch im Zusammenhang mit dem Thema Radikalisierung nutzen können, finden Sie in Kapitel 9.

8.6 Professionelle Hilfe bei Radikalisierung: Beratungsangebote für Pädagogen und Eltern

Islamische Radikalisierung bei Schülern ist ein relativ neues Phänomen. Haben Lehrkräfte mit einem Schüler zu tun, der sich zu radikalisieren droht, oder der sich bereits radikalisiert hat, können sie in der Regel nicht auf Erfahrungswissen aus ihrem üblichen pädagogischen Repertoire zurückgreifen. Um dem zu begegnen, wurden in den letzten Jahren Beratungsstellen eingerichtet, die Pädagogen und Angehörige im Falle von Fragen oder Unsicherheiten bei der Handhabung eines Falls zur Seite stehen. Einige dieser Einrichtungen führe ich Ihnen folgend samt Kontaktmöglichkeiten auf. Über die Arbeit der jeweiligen Stelle können Sie sich auf den Homepages informieren. Grundsätzlich gilt aber, dass eine Beratung unverfänglich und vertraulich ist.

Beratungsstelle Radikalisierung des Bundesamtes für Migration und Flüchtlinge
Telefonische Beratung: 0911 911 943 43 43
http://www.bamf.de/DE/DasBAMF/Beratung/beratung-node.html – E-Mail: beratung@bamf.bund.de

beRATen e.V.
Telefonische Beratung: 0511 700 520 40
https://www.beraten-niedersachsen.de/ – E-Mail: info@beraten-niedersachsen.de

HAYAT-Deutschland Beratungsstelle Deradikalisierung
Telefonische Beratung: 030 234 893 35
http://hayat-deutschland.de – E-Mail: info@hayat-deutschland.de

Violence Prevention Network
Kontakt: 030 917 054 64
http://www.violence-prevention-network.de/de/ – E-Mail: post@violence-prevention-network.de
Eine Übersicht über die insgesamt neun Beratungsstellen des VPN in sechs Bundesländern finden Sie unter:

http://www.violence-prevention-network.de/de/151-uncategorised/723-uebersicht-beratungsstellen

Legato – Fach- und Beratungsstelle für religiös begründete Radikalisierung
Telefonische Beratung: 040 389 029 52
http://legato-hamburg.de/ – E-Mail: beratung@legato-hamburg.de

Zehn Handlungsempfehlungen für Ihre tägliche Arbeit mit muslimischen Schülern und Eltern

Dieses Buch hat zum Ziel, Sie bei Ihrer Arbeit mit muslimischen Schülern und Eltern zu unterstützen. Dazu finden Sie ergänzend zu all den Informationen und Tipps für ein Vorgehen in konkreten Überschneidungssituationen aus den Kapiteln zuvor im folgenden Abschnitt generelle Handlungsempfehlungen. Diese beruhen auf über zehn Jahren Auseinandersetzung mit dem Themenkreis „Islam und Schule". Sie sind praxiserprobt, ohne größeren Aufwand umzusetzen und helfen, grundlegende Strategien für eine gute Zusammenarbeit mit muslimischen Schülern und Eltern auf- und auszubauen. Sie sorgen für eine zielgruppenorientierte Schulkultur, die religiösen Bedürfnissen Rechnung trägt, ohne gleichzeitig eine Religionisierung (oder Islamisierung) des Schulalltags zu bewirken.

Jedoch sind die Handlungsempfehlungen kein Patentrezept. Es wird wahrscheinlich nicht klappen, alle Probleme im Vorfeld zu vermeiden. Aber, so bin ich überzeugt, entsteht durch eine konsequente Befolgung der Handlungsempfehlungen mittel- bis langfristig eine Basis, auf der religiöse Fragestellungen deutlich leichter handzuhaben sind.

1. **Seien Sie wertschätzend!** Schaffen Sie eine Wahrnehmungs- und Anerkennungskultur!

Wertschätzung und Anerkennung zu erfahren ist ein menschliches Grundbedürfnis. Insbesondere im pädagogischen Kontext hat dieser Umstand herausragende Bedeutung. Schüler verbringen mindestens einen halben Tag in der Schule, und das gut 200 Tage im Jahr. Es ist sowohl lernförderlich, als auch förderlich für die Sozialintegration, wenn sie dabei in einer Atmosphäre der Wertschätzung lernen und leben können. Die Arbeit mit Schülern sollte auch immer als Beziehungsarbeit verstanden werden. Auf Basis eines vertrauten Lehrer-Schüler-Verhältnisses lassen sich Überschneidungssituationen deutlich einfacher klären. Möglicherweise wird sogar ihre Entstehung, zumindest aber ihre Zuspitzung verhindert.

Ich rate dazu, die jeweilige Perspektive der Schüler stets im Schulalltag zu berücksichtigen. Gleichzeitig ist es wichtig, Äußerungen und Handlungen zu vermeiden, die bei Schülern als Diskriminierung aufgefasst werden können. Ich erinnere in dem Zusammenhang an die Erkenntnisse der Studie des Exzellenzclusters Religion und Politik, wonach sich mehr als 50 % der Befragten diskriminiert und als Bürger zweiter Klasse fühlen. Niemand, der hierzulande die Schule besucht, sollte einen Anlass bekommen, dieses Gefühl zu entwickeln. Selbst wenn Sie Religion im Allgemeinen oder dem Islam konkret kritisch gegenüberstehen, sollten die Schüler das nicht spüren. Lehrkräfte müssen mit

dem arbeiten, was sie im Klassenraum vorfinden – und das dann selbstverständlich so gut es Ihnen möglich ist.
Dazu sollte man eine Anerkennungskultur im Klassenraum, und wenn möglich in der gesamten Schule, schaffen. Fördern Sie bewusst das Wohlbefinden der Schüler. Loben Sie die Schüler für gute Beiträge, erhöhen Sie so die Motivation und Selbstwirksamkeit der Schüler. Bedenken Sie bei der Unterrichtsgestaltung oder Schulorganisation auch die religiöse Perspektive der Schülerseite. Beglückwünschen Sie die Schüler und Eltern an religiösen Feiertagen. Vielleicht verschicken Sie hierzu ein kleines Grußkärtchen. Wichtig ist sicherlich auch, dass Sie die Namen der Schüler richtig aussprechen (oder es zumindest versuchen). In meiner ersten eigenen Klasse war eine Schülerin, bei der ich sicher war, dass der Name eigentlich anders ausgesprochen wird. Ich habe nachgefragt, auch, ob ich den Namen fortan richtig aussprechen soll, und sie hat sich über dieses Interesse sehr gefreut („Sie sind der erste Lehrer, der mich das fragt."). All diese Maßnahmen senden positive Signale in Richtung Ihrer Schüler und deren Eltern. Allerdings bedeutet eine ausgeprägte Wertschätzungs- und Anerkennungskultur nicht, dass ich hier für bedingungslose Toleranz oder Anpassung plädiere. Daher muss mit diesem Punkt immer die folgende Handlungsempfehlung einher gehen.

2. Bestimmen Sie Ihren Standpunkt! Und setzen Sie Grenzen!

Das Plädoyer für eine Kultur der Wertschätzung und Anerkennung soll nicht so verstanden werden, dass wir Pädagogen im Sinne von Verständnis und Toleranz alles goutieren sollten, was unsere Schüler sagen und machen. Viel eher fordere ich dazu auf, dass jede Lehrkraft festlegt, wo bei ihr die Grenzen des Mach- und Tolerierbaren erreicht sind. Fragen Sie sich: Was geht bei mir und was geht nicht? Wie viel zusätzliche Arbeit kann und möchte ich im Zusammenhang mit religiösen Fragestellungen leisten? An welcher Stelle kann ich einem religiös begründeten Anliegen nicht mehr entsprechen? Wann signalisiere ich, dass mit einem Verhalten oder einer Äußerung eine Grenze überschritten ist? Erlasse und Schulgesetze regeln in diesem Zusammenhang viel, aber bei Weitem nicht alles. Die Antworten sind oft von der eigenen Einstellung und den Kapazitäten der einzelnen Lehrkraft abhängig. Insofern sollten Sie Ihren Standpunkt fortlaufend überprüfen. Anschließend müssen diese Entscheidungen gegenüber Schülern und Eltern kommuniziert werden – was deutlich leichter fällt, wenn diese sich grundlegend von Schule oder Ihnen konkret anerkannt und wertgeschätzt fühlen, womit wir wieder bei der ersten Handlungsempfehlung sind.
Hilfreich wäre es, wenn Sie entsprechende Vereinbarungen im Kollegium treffen, sodass alle in der Schule nach gleichen Grundsätzen handeln. Vielleicht regen Sie eine Arbeitsgruppe an, die sich mit den religiösen Fragestellungen an Ihrer Schule auseinandersetzt und Verfahrensgrundsätze erarbeitet (*„So handeln wir im Ramadan." „So organisieren wir Klassenfahrten." „Mit diesen*

Mitteln versuchen wir Eltern für eine Zusammenarbeit zu gewinnen."). Tragen Sie es dann nach dem Bottom-up-Prinzip in das Kollegium. Vielleicht finden die Ergebnisse im Schulprogramm Berücksichtigung. Schulleitungen empfehle ich nach dem Top-down-Prinzip das Thema Religion auf die Agenda zu setzen, wenn es das Arbeiten des Kollegiums bedingt. Rufen Sie eine Arbeitsgruppe ins Leben, die konkrete Vorgehensweisen festlegt, lassen Sie ein Schulprogramm zum Umgang mit weltanschaulicher Differenz erarbeiten oder laden Sie Experten zum Thema Islam und Schule zu Fortbildungszwecken zu sich ein.

3. Zeigen Sie Interesse an den Interessen der Schüler!

Dieser Punkt ergänzt ebenfalls die erste Handlungsempfehlung, ist problemlos zu befolgen – und meist hoch interessant, weil sie den eigenen Horizont weitet und Einblicke in andere Lebenswelten ermöglicht. Geben Sie einfach den Dingen Raum, die Ihren Schülern etwas bedeuten. Wissen Sie, dass einem Schüler der islamische Glaube wichtig ist, gratulieren Sie ihm zum Opferfest und zum Ramadanende. Wissen Sie, dass sich ein Schüler stark mit seinem Herkunftsland (oder dem seiner Eltern) identifiziert, sprechen Sie mit ihm darüber. Fragen Sie nach, wie das Leben dort so läuft und was ihn daran begeistert. Lassen Sie sich vor den Sommerferien darlegen, was die Schüler dort machen werden und lassen Sie sich nach den Ferien berichten, wie der Aufenthalt dort war. Zeigen Sie sich interessiert, stellen Sie Fragen, lassen Sie sich Urlaubsbilder zeigen. Meine Schüler haben sich in dem Zusammenhang immer gefreut, wenn ich Begeisterung erkennen ließ („Oh schön, das würde ich auch gerne mal Urlaub machen."). Nutzen Sie das besondere Interesse Ihrer Schüler als Ankerpunkt für den Aufbau einer guten Beziehungsebene.

Für Lehrkräfte sollte selbstverständlich sein, dass sie sich gleichsam Geschichten vom Stadionbesuch, vom Urlaub auf dem Ponyhof, von der Miezekatze, dem Hamster, vom Aufenthalt in Marokko oder vom Wochenende in der Moschee anhören. Wenn Schüler etwas bewegt, sollte man sich Zeit nehmen und darauf reagieren. Als der Konflikt in Syrien ausbrach, habe ich immer wieder mit einem syrischstämmigen Schüler, von dem ich wusste, dass ihn diese Situation sehr beschäftigt, darüber gesprochen – für mich hochinteressant, für ihn ein Zeichen von Wahrnehmung. Von anderen Schülern habe ich mir vor den Sommerferien Reiserouten schildern lassen, nach den Sommerferien habe ich mir Tipps für Reisen nach Algerien, Albanien oder in die Türkei (inklusive des Hinweises, dass ich bei der Verwandtschaft herzlich willkommen bin) geben lassen. Diese Form der Zuwendung kostet wenig Zeit und Mühe und stärkt dafür die Bindung zwischen Lehrkraft und Schüler immens, was wiederum eine gute Basis für ein Übereinkommen bei Überschneidungssituationen bedeutet.

4. Signalisieren Sie den Schülern, dass ihr Migrationshintergrund kein Malus ist! Sehen Sie die Fähigkeiten ihrer Schüler als wichtige lebensweltliche Ressource!

Stellen Sie sich bitte folgende mehrsprachige Schüler vor: Schüler A spricht Deutsch und Französisch. Schüler B spricht Deutsch und Italienisch. Schüler C spricht Deutsch und Schwedisch. Schüler D spricht Deutsch und Japanisch. Schüler E spricht Deutsch und Türkisch. Geht es Ihnen auch so, dass Ihnen die zuletzt genannte Form der Mehrsprachigkeit nicht besonders prestigeträchtig erscheint? Bewundert und beneidet man die erstgenannten Schüler, mag man beim letzten überlegen, ob er denn überhaupt richtig Deutsch kann. Viele, mit denen ich dieses Denkspiel durchgeführt habe, haben in der Folge beschrieben, dass sie Mehrsprachigkeit unterbewusst hierarchisiert haben. Dabei ist es wichtig, den Schülern zu verdeutlichen, dass ihr Migrationshintergrund, ihre Bikulturalität und ihre Mehrsprachigkeit eine bedeutsame und auf dem Arbeitsmarkt gefragte Ressource sein können. Im Zuge des Handelsverkehrs zwischen Deutschland und dem Nahen Osten und der Türkei ist es von Vorteil, wenn man beide Sprachen beherrscht. Auch im öffentlichen Dienst besteht immense Nachfrage: Krankenpflege, Altenpflege, Polizei, Bürgerämter, Behörden, Schulen – in all diesen Institutionen ist es in Anbetracht der gegenwärtigen und zukünftigen Bevölkerungsstruktur Deutschlands hilfreich, wenn man sich sicher innerhalb der verschiedenen kulturellen Kreise bewegen kann und Sprachen wie Türkisch, Arabisch, Kurdisch oder Farsi beherrscht. Als ich vor einigen Jahren genau das meinen Schülern am Ende ihrer Hauptschulzeit erzählt habe, sagten diese, ich sei der erste Lehrer gewesen, der ihnen signalisiert hat, dass ihr Migrationshintergrund nichts Negatives, sondern im Gegenteil, etwas Wertvolles und Hilfreiches sei.

5. **Nutzen Sie die Möglichkeiten des Verbindenden!** Feiern Sie, was gefeiert werden kann!

Gemeinsame Feiern können Menschen **über Kultur**en oder Religionen hinaus verbinden. Sie sind ein schöner Anlass, um sich in inoffizieller, entspannter Atmosphäre zu begegnen und in einen Austausch über das, was einem etwas bedeutet, einzutreten. Diesen Umstand sollten Schulen mit multikultureller Schülerschaft nutzen. An prominenten Stellen – am Kopierer, an der Tür im Lehrerzimmer oder in der Raucherecke – sollten interkulturelle Kalender hängen, die Festivitäten verschiedener Religionen anzeigen. Gratulieren Sie Schülern und Eltern zu diesen Festtagen. Haben Sie in größerer Zahl muslimische Schüler an Ihrer Schule, können Sie zusammen mit den Schülern oder Eltern ein schulweites, gemeinschaftliches Fastenbrechen organisieren, zusammen das Ramadanfest oder das Opferfest feiern.

Auch Essen verbindet Menschen. Laden Sie die Klassen- oder Schulgemeinschaft zum interkulturellen Frühstück/Brunch/Abendessen ein. Oder feiern Sie ein Fest der Kulturen der Welt bzw. der Schule mit landestypischer Kleidung und Essen (sehen Sie hierzu auch Handlungsempfehlung Nummer 6).

6. Seien Sie nah am Schüler dran, und schauen Sie genau hin! Klären Sie, warum der Schüler sich so verhält! Ist es Religion? Kultur? Provokation? Oder sind es familiäre Probleme?

Schulische Arbeit sollte nicht ausschließlich als Unterrichten, sondern auch als Beziehungsarbeit verstanden werden. Dabei schaffen Sie nicht nur eine sehr gute Grundlage, um Überschneidungssituationen behandeln zu können. Eine enge Verbindung zu Ihren Schülern hilft Ihnen auch, wenn Sie das Verhalten Ihrer Schüler verstehen wollen. Nicht immer sind es religiöse oder kulturelle Gründe, die ein Verhalten bedingen.

Ein Beispiel dafür, wie eine solche Fehlinterpretation entstehen kann, lieferte mir ein Bekannter, der türkeistämmig, in Deutschland geboren und nicht religiös ist. Die Mutter der gemeinsamen Söhne ist in eine Stadt im europäischen Ausland gezogen und hat nach einem Sorgerechtsprozess das Sorgerecht für den jüngeren der beiden Brüder zugesprochen bekommen, während der ältere Bruder aussuchen durfte, bei wem er leben möchte und sich für den Vater entschied. So kam es, dass der Junge stark unter der Trennung vom kleinen Bruder litt. In der Folge projizierte er das, was die Mutter seiner Ansicht nach der Familie angetan hat, auf alle Frauen, auch seine Lehrerinnen, denen er den Gehorsam verweigerte. Möglicherweise haben diese sich sein Verhalten mit dem kulturellen oder religiösen Hintergrund der Familie („Typisch Türke." „Typisch Muslim.") erklärt, was in diesem Fall eine klare Fehleinschätzung ist. Daher ist es ratsam, nah an den Schülern dran zu sein, ihre Lebensumstände zu kennen und immer wieder reflexive Distanz zu vermeintlichen Erkenntnissen einnehmen.

7. Versuchen Sie, mit Eltern zusammenzuarbeiten! Schaffen Sie niederschwellige Partizipationsangebote!

Diese Empfehlung ist leichter ausgesprochen als umgesetzt. Ich erinnere mich an Elternabende, die komplett ohne die Eltern mit Migrationshintergrund stattfanden. Oft schien es mir so, dass gerade die Eltern jener Kinder, die von einer engen Austauschbeziehung am meisten profitieren würden, nie in der Schule sichtbar waren. Dabei ist es nicht so, dass diese kein Interesse am Schulerfolg ihres Kindes haben. Viel eher dürfte es eine Mischung aus mangelnden Sprachkenntnissen, daraus resultierend Angst vor Verständigungsproblemen, Unkenntnis vom Schulsystem, unklaren Vorstellungen, wie sie die Arbeit der Lehrkräfte unterstützen können und eigenen problematischen Bildungsbiographien sein. Auch mein Vater sagte immer zu meiner Mutter: „Susanne, geh du mal hin. Ich verstehe die Lehrerinnen nicht und habe keine Ahnung von Schule in Deutschland."

Jedoch gilt, dass sich eine enge Zusammenarbeit von Schule und Elternhaus mit hoher Wahrscheinlichkeit positiv auf den Schulerfolg der Schüler auswirkt. Daher sollte der Aufbau und die Intensivierung einer Lehrer-Eltern-Kooperation fortwährend angestrebt werden. In diesem Zusammenhang eignen sich niederschwellige Partizipationsangebote, die Eltern einen Erstkontakt mit der Schule in einem ungezwungenen Zusammenhang ermöglichen. Dies können Themen- oder Projekttage/-wochen mit interkulturellem Ansatz sein (z. B. Eltern berichten über ihre Migrationserfahrung, Essen dieser Welt, Projektwoche Afrika; religiöse Festivitäten – siehe Handlungsempfehlung Nummer 4) oder die schon fast klassischen multikulturellen Frühstücke.

Achten Sie dabei darauf, dass Schülern und Eltern keine Rollen zugeschrieben werden, in die sie nicht passen, á la die Türken bringen Oliven und Fladenbrot zum Frühstück mit, obwohl diese vielleicht tatsächlich „klassisch deutsch" Schwarzbrot oder Cornflakes frühstücken. Aber jenseits von der Gefahr der Kulturalisierung sind niederschwellige Partizipationsangebote eine gute Möglichkeit, Eltern zu einem weniger förmlichen Anlass in die Schule zu laden und ihnen so die Schwellenangst zu nehmen. Wenn es sich mit Unterrichtsthemen deckt, können Sie auch Eltern als Experten Ihren Unterricht einladen und erzählen lassen (als Themen eigenen sich z. B. Migration und Flucht [wenn Sie wissen, dass Sie den Eltern einen Vortrag in diesem Zusammenhang zumuten können], erdkundliche Themen mit länderspezifischen Vorträgen, Islam etc.). Allein schon eine Anfrage, ob Eltern zu solch einem Zweck in die Schule kommen, **würde eine enorme Aufwertung der Eltern bedeuten.** Vor dem Hintergrund der großen Zuwanderung der letzten Jahre, kann auch ein Lerncafé, in dem Eltern die deutsche Sprache lernen, ein interessantes Angebot sein. Sicher, das setzt Ressourcen voraus, die oftmals ein knappes Gut sind. Und genauso klar ist auch, dass manche Eltern nicht für eine Zusammenarbeit zu gewinnen sind. Das ist bedauerlich, aber Realität. Daher sollen Sie ab dem Punkt, wo Eltern trotz größerem Bemühen nicht zu erreichen sind, Ihre Ressourcen für die anderen Aufgaben verwenden.

8. Eignen Sie sich Sachwissen an!

Ein fundiertes Wissen ist die beste Grundlage, um **Überschneidungssituationen** kompetent zu behandeln. Dies erfordert die aktive Auseinandersetzung mit den verschiedenen Aspekten islamischer Religion, die Sie mit dem Erwerb dieses Buches ja schon angefangen haben. Vertiefen Sie Ihr Wissen weiter nach eigenem Interesse und Relevanz für Ihre Arbeit. Mit ausgeprägtem Sachwissen lassen sich religiöse Anfragen souveräner lösen. Zudem können Sie nicht nur vermeiden, dass die Schüler Ihnen ein X für ein U vormachen und sich mit unwahren Behauptungen Vorteile erschleichen („Ich muss fünf Tage für das Ramadanfest freigestellt werden", „Meine Religion verbietet es, Sport zu treiben", „Ich darf im Ramadan keine Arbeiten schreiben".), Sie gewinnen auch an Ansehen bei Schülern und Eltern, wenn diese bemerken, dass Sie sich mit ihrer Religion beschäftigt haben und auskennen.

9. Bleiben Sie im Gespräch! Auch wenn abstrus wird!

Manchmal lassen einen Aussagen und Anfragen von Schülern oder Eltern um Fassung ringen. Aufgrund von Religion darf man dies oder jenes nicht tun, nicht sagen, nicht anerkennen, nicht denken. Die Auseinandersetzung mit solchen Problemen kostet Lehrkräfte Zeit und Kraft, die doch eigentlich besser in Unterrichtsplanung oder Ähnliches investiert wäre. Doch die Realitäten sind so. Es gibt Menschen, für die (islamische) Religion der Bezugspunkt ist, der alle Fragestellungen des Lebens beeinflusst. Dabei werden mitunter auch Extrempositionen bezogen. Trotzdem sollte man den Gesprächsfaden nicht abreißen lassen. Stellen Sie sich die Alternative vor. Der Schüler bekommt keinerlei Impulse, um seinen Standpunkt zu überdenken und sich reflexiv damit auseinanderzusetzen. In der Folge wird das Weltbild hermetischer, die Einstellung manifestiert sich. Besser ist es, wenn Sie immer wieder das Gespräch suchen. Fragen Sie kritisch nach, lassen Sie sich Sachverhalte erklären. Schildern Sie dem Schüler Ihren Standpunkt und fordern Sie ihn auf, die Dinge probehalber mit Ihrer Brille zu betrachten. Um es bildlich auszudrücken: Sähen Sie bei dem Schüler durch wiederkehrende Gespräche ein Samenkorn der Reflexion und des Zweifels. Es ist nicht sicher, dass sich auf diese Weise eine Einstellungsveränderung ergibt, und schon gar nicht kurzfristig. Allerdings scheint es mir die einzige Chance zu sein, die sich in diesem Zusammenhang bietet.

10. Bilden Sie Netzwerke!

Netzwerke erleichtern die Arbeit. Es ist grundsätzlich ratsam, innerhalb der Schule relevante Fragestellungen gemeinsam anzugehen. Dies kann neben einem intensiven Austausch der an der Schule tätigen Personen auch eine Schüler- und Elternbeteiligung in Islamfragen mit einschließen. Schulen, in denen Religion ein wiederkehrendes Thema ist, könnten beispielsweise einen Schülerbeirat gründen, der beratende Funktion bekommt. Dieser kann Klarheit und Verbindlichkeit schaffen, eine vermittelnde Instanz sein und sendet zudem ein Signal der Anerkennung. Doch auch über die eigene Schule hinaus kann eine Vernetzung mit verschiedenen Partnern Ihre Arbeit unterstützen. Fragen Sie in der Nachbarschule nach, ob diese von ähnlichen Problemen betroffen ist und, wenn ja, wie diese damit umgeht. Vielleicht bekommen Sie von dort wertvolle Ideen und Hinweise zu Verfahrensweisen oder möglichen Kooperationspartnern.

Auch außerhalb von Schule gibt es Stellen, die bei Fragen zu Islam und Schule kompetent beraten können. Sowohl die Polizei, als auch weitere Sicherheitsbehörden beschäftigen Islamwissenschaftler, Pädagogen oder andere Experten, die telefonisch zur Verfügung stehen oder auch zu Fortbildungs- oder Beratungszwecken in die Schulen kommen. Dabei müssen Sie nicht die Sorge haben, dass ihre Ratsuche als Anschwärzen aufgefasst wird. Liegt kein Hinweis auf eine Straftat vor, können Fälle in der Regel anonym behandelt werden. Auch Migrantenverbände oder islamische Gemeinden aus Ihrer Umgebung können Kooperationspartner sein und beispielsweise mit Empfehlungen Einfluss auf die Schüler und Eltern nehmen oder im Sinne einer interkulturellen Öffnung bei besonderen Aktionen (gemeinsames Fastenbrechen, Moscheebesuch) zur Verfügung stehen. Hier sollen Sie sich im regionalen Umfeld erkundigen, wer als verlässlicher Partner in Frage könnt.

Rollenspiele zur Simulation und Vorentlastung von Überschneidungssituationen

Überschneidungssituationen laufen nie nach dem gleichen Schema ab, sondern haben immer eine individuelle Ausprägung. Für jede Situation gelten eigene Parameter, wie zum Beispiel das Alter der Schüler, die Beziehung zwischen Lehrkraft und Schülerseite, die Schulform oder auch die Tagesform aller Beteiligten. Daher gibt es leider kein Patentrezept, das sich für jedes Problem anwenden lässt. Um trotzdem Handlungssicherheit zu erlangen, hat sich eine gemeinsame und strukturierte Simulation eines Konflikts in Form eines Rollenspiels mit anschließender Reflexion als ein hervorragendes Mittel erwiesen. Auf diese Weise lassen sich spielerisch Handlungs- und Problemlösungskompetenz sowie ein Repertoire von universell einsetzbaren Strategien entwickeln, die bei der Bewältigung von echten Konflikten im Schulalltag helfen.

Das Vorgehen bei den Rollenspielen
- Es erklären sich Personen in der notwendigen Anzahl (zwei oder drei Personen) bereit, eine Rolle zu übernehmen.
- Diejenigen, die die Schüler- oder Elternrolle einnehmen, lesen sich das Szenario vorab durch, um sich auf die Rolle vorzubereiten.
- Die Person, die die Lehrkraft spielt, hat keine Kenntnis vom Szenario und wird, so wie es im Schulalltag auch üblich ist, spontan mit der Situation konfrontiert. Somit ist sie aufgefordert, unvorbereitet spontan und gleichzeitig angemessen zu reagieren.
- Ein Rollenspiel sollte mindestens drei Minuten dauern.
- Danach ist es entsprechend der folgenden Vorgaben Schritt für Schritt auszuwerten.

Die Auswertung der Rollenspiele
1. Frage: *Wie fühlte sich die Lehrkraft?* – Fragen Sie die Person, die die Lehrkraft gespielt hat, wie sie sich in ihrer Rolle gefühlt hat. Wie stellte sich das Schüler-/Elterngespräch für sie dar? War die Situation leicht zu handhaben? Fühlte sie sich handlungs- und sachkompetent? Fühlte sie sich unsicher? Worin sind Unsicherheiten begründet?

2. Frage: *Wie wirkte die Lehrkraft auf die Schüler/Eltern?* – Fragen Sie die Person/en, die die Schüler-/die Elternrolle gespielt haben, wie die Lehrkraft auf sie gewirkt hat. Schildern Sie aus der Rolle, die sie gespielt haben. Fühlte/n sie sich mit ihrem Problem bei der Lehrkraft in guten Händen? Wirkte die Lehrkraft freundlich, offen, wertschätzend? Oder wirkte sie eher ablehnend?

3. Frage: *Wie beurteilt die Lehrkraft ihr Vorgehen mit ein wenig Abstand?* – Mit ein wenig reflexiver Distanz: Wie schätzt die Person, die die Lehrkraft gespielt hat, ihre Handhabung der Situation ein? Ist sie mit dem Vorgehen zufrieden oder eher nicht? Was war gut? Was würde sie beim nächsten Mal anders machen? Was ist nötig, damit sich solche eine Situation das nächste Mal besser handhaben lässt?

4. Frage: *Falls Personen zugesehen haben: Wie beurteilen die Zuschauer das Vorgehen?* – Was hat die Lehrkraft aus Ihrer Sicht gut gemacht? Was hätte die Lehrkraft anders machen sollen?

5. Frage: *Alle überlegen gemeinsam: Wie kann man im Falle einer solchen Überschneidungssituation noch vorgehen?* – Mit welchen Mitteln lässt sich eine solche Situation noch lösen? Fallen Ihnen Strategien, Lösungsmöglichkeiten, Phrasen oder gute Hinweise ein?

Die Rollenspiele

„Unsere Tochter soll nicht mit" – Rollenspiel zum Thema Klassenfahrt (Klassenstufe 1–13)

Benötigt werden ein Elternpaar/ein Elternteil und eine Lehrkraft.

Anweisung an die Eltern/das Elternteil: Sie teilen der Lehrkraft mit, dass Ihre Tochter Derya nun doch nicht an der in der nächsten Woche anstehenden Klassenfahrt teilnehmen kann. Führen Sie „religiöse Gründe" an. Konkretisieren Sie auf Nachfrage, dass Sie Sorge vor Vermischung der Geschlechter und unangemessenem Kontakt mit Jungen haben, dass Sie befürchten, dass Ihre Tochter ggf. verunreinigtes und nicht nach islamischen Speisevorschriften zubereitetes Essen zu sich nehmen könnte. Bleiben Sie in Ihrer Position hart und unnachgiebig.

Unterrichtsbefreiung am Ramadanende – Rollenspiel zum Thema Ramadan (Klassenstufe 5–13)

Benötigt werden ein Schüler und eine Lehrkraft.

Anweisung an den Schüler: Sie konfrontieren die Lehrkraft mit der Bitte um eine Freistellung für die viertägigen Feierlichkeiten anlässlich des Ramadanfests. Betonen Sie die Bedeutung Ihrer Teilnahme daran (z. B. „Das wäre so, als ob Sie an Weihnachten nicht teilnehmen könnten.") Betonen Sie auch, dass Sie in jedem Fall für vier Tage freigestellt werden wollen. Vertreten Sie diese Position mit Nachdruck und verlangen Sie eine konkrete Zusage der Lehrkraft.

Sollte die Lehrkraft es nicht selbst bemerken, können Sie Ihn nach dem Ende des Rollenspiels darauf hinweisen, dass das Ramadanfest nur drei Tage dauert und daher eine Freistellung von vier Tagen nicht erforderlich ist.

„Es ist sooo anstrengend" – Rollenspiel zum Thema Ramadan
(Klassenstufe 5–13)

Benötigt werden zwei bis drei Schüler und eine Lehrkraft.

Anweisung an die Schüler: Sie treten an die Lehrkraft heran und äußern den Wunsch, dass sie das Unterrichtspensum in den Stunden, die nach 12 Uhr liegen, reduziert. Sie alle fasten und fühlen sich geschwächt und belastet. Die Konzentration fällt ihnen schwer. Sie können ab mittags nur ans Essen und Trinken denken. Vertreten Sie diese Position mit Nachdruck und verlangen Sie eine konkrete Zusage des Lehrers.

„Meine Religion verbietet mir das" – Rollenspiel zum Thema Schwimmunterricht
(Klassenstufe 1–13)

Benötigt werden eine Schülerin und eine Lehrkraft.

Anweisung an die Schülerin: Sie sind eine muslimische Schülerin, die ihrer Lehrkraft mitteilt, dass Sie aus religiösen Gründen nicht am Schwimmunterricht teilnehmen kann. Auf Nachfragen können Sie erklären, dass Ihre Religion es Ihnen verbietet, sich freizügig zu zeigen. Auch dürfen Sie keine anderen Menschen in Badekleidung sehen. Zudem haben Sie die Sorge, dass es zu Körperkontakt kommen könnte. Sie machen sich zum Beispiel Gedanken, dass ein Bademeister Sie anfassen und vielleicht beatmen muss, wenn Sie untergehen sollten. Sie bitten die Lehrkraft um eine Freistellung vom Schwimmunterricht. Drängen Sie auf eine Entscheidung.

„Warum darf die eine Kopfbedeckung tragen und ich nicht? – Rollenspiel zum Thema Bekleidungsvorschriften
(Klassenstufe 1–13)

Benötigt werden ein Schüler und eine Lehrkraft.

<u>Anweisung an den Schüler:</u> Sie sind ein Schüler und wenden sich an die Lehrkraft, weil Sie es unfair finden, dass Ihre Mitschülerin Esra im Unterricht ihr Kopftuch tragen darf, Sie aber von Ihren Lehrern aufgefordert werden, Ihr Cap abzunehmen. Betonen Sie, dass das Cap für Sie auch wichtig und identitätsstiftend ist. Sie fühlen sich diskriminiert, weil Sie keiner Religion angehören, die Ihnen das Tragen des Caps erlaubt. Seien Sie nicht nachgiebig.

„Das muss meine Tochter nicht wissen" – Rollenspiel zum Thema Sexualkundeunterricht
(Klassenstufe 1–13)

Benötigt werden ein Elternpaar/ein Elternteil und eine Lehrkraft.

<u>Anweisung an das Elternpaar/das Elternteil:</u> Sie haben von Ihrer Tochter Esrin erfahren, dass demnächst Sexualkunde behandelt wird. Sie teilen der Lehrkraft mit, dass Sie beschlossen haben, dass Ihr Kind nicht an diesem Unterricht teilnehmen wird, da es gegen Ihren Glauben ist. Auf Nachfrage können Sie mitteilen, dass Ihre Tochter so etwas nicht hören darf und muslimische Familien sowieso bis zur Ehe rein, also ohne Sexualkontakt, bleiben. Eine schulische Aufklärung sei daher nicht nötig. Teilen Sie mit, dass Sie Ihr Kind zu diesen Stunden nicht in die Schule schicken würden, es sei denn, die Schule bietet Ihrem Kind einen alternativen Unterricht.

10 Rollenspiele zur Simulation und Vorentlastung von Überschneidungssituationen

„Der ist kein guter Moslem" – Rollenspiel zum Thema Umgang mit verschiedenen religiösen Lebensformen
(Klassenstufe 5–13)

Benötigt werden ein Schüler und eine Lehrkraft.

Anweisung an den Schüler: Sie treten an die Lehrkraft heran, weil Sie finden, dass die Lehrkraft immer interessiert am Islam war. Sie haben festgestellt, dass Ihre Mitschüler Amin und Hilal keine guten Muslime seien. Beide würden nicht im Ramadan fasten und auch nicht täglich beten. Auch haben Sie mitbekommen, dass beide nicht die Speisevorschriften einhalten. Zeigen Sie sich um Ihre Mitschüler besorgt und fragen Sie, ob die Lehrkraft nicht einmal mit ihnen reden kann, damit sie die Vorgaben der Religion einhalten.

„Wir möchten beten" – Rollenspiel zum Thema Gebetsraum
(Klassenstufe 5–13)

Benötigt werden ein oder mehrere Schüler und eine Lehrkraft.

Anweisung an den/die Schüler: Sie äußern der Lehrkraft gegenüber den Wunsch, dass in der Schule ein Gebetsraum für Sie und andere Schüler eingerichtet wird. Sie erklären, dass es heilige Pflicht im Islam ist, fünfmal täglich zu beten. Erinnern Sie an die Fünf Säulen des Islam, in denen das Gebet ein Bestandteil ist. Den Raum brauchen Sie, damit Sie Ruhe beim Gebet haben. Sagen Sie, dass solch ein Raum doch für alle besser sei. Wenn Sie auf dem Flur oder auf dem Schulhof beten müssten, würden Sie andere gegebenenfalls stören.

„Bitte keine Gummibärchen" – Rollenspiel zum Thema Ernährungsvorschriften
(Klassenstufe 1–13)

Benötigt werden ein Schüler und eine Lehrkraft.

Anweisung an den Schüler: Sie teilen der Lehrkraft mit, dass Sie es schade finden, dass Ihre nicht-muslimischen Mitschüler zu ihren Geburtstagen immer Gummibärchen verteilt haben, die Gelatine enthalten und die Sie deswegen nicht essen dürfen, da darin Bestandteile vom Schwein seien. Sie bitten die Lehrkraft, dass sie Ideen äußert, wie das Problem gelöst werden kann. Regen Sie ein Verbot von Gummibärchen an.

„Ich bin jetzt auch Moslem" – Rollenspiel zum Thema Konversion
(Klassenstufe 7–13)

Benötigt werden ein Schüler und eine Lehrkraft.

Anweisung an den Schüler: Sie teilen Ihrer Lehrkraft mit, dass Sie jetzt auch zum Islam konvertiert sind. Nachdem im Ramadan mehrere Mitschüler konvertiert sind, haben Sie jetzt auch diesen Schritt gemacht. Sie möchten fortan Hamza genannt werden und teilen mit, dass Sie nicht mehr am Sport- und Religionsunterricht teilnehmen werden.
Variation: Sie können das Rollenspiel derart spielen, dass Ihre Konversion ernst zu nehmen ist. Sie können die Rolle aber auch so spielen, dass deutlich wird, dass Sie es auf die Erleichterungen abgesehen haben, die Ihre muslimischen Mitschüler aufgrund des Ramadans von der Lehrkraft erteilt bekommen haben. Dies könnten Sie beispielsweise so spielen, dass Sie nachfragen, ob Sie jetzt auch im Sportunterricht ein Protokoll schreiben können, anstatt mitzumachen oder ob Sie auch in den Pausen zum Ausruhen im Klassenraum bleiben dürfen.

Anhang

Ein Glossar wichtiger islamischer Begriffe

Abrogation = Begriff aus dem islamischen Recht, der die Aufhebung einer Vorgabe aus Koran oder Sunna durch eine später offenbarte Vorgabe bezeichnet, v. a. wenn sich die Vorgaben widersprechen

Aleviten = Glaubensgemeinschaft mit Ursprung in der Türkei, die theologisch den Schiiten zuzuordnen ist, wobei umstritten ist, ob Aleviten dem Islam angehören oder eine eigene Religionsgemeinschaft sind; Aleviten befolgen viele normative Vorgaben des Islam nicht, bspw. Alkoholverbot

Al-hamdu li-lah = („Gepriesen sei Gott") Formel, die von Muslimen häufig im Alltag verwendet wird, bspw. als Antwort auf die Frage nach dem persönlichen Befinden oder nach dem Niesen

Allah = Arabisch für Gott, Begriff grundsätzlich nicht konfessionsgebunden, innerhalb des Islam Eigenname für Gott

Apostasie = Abkehr vom Islam; nach islamischen Recht mit dem Tode zu bestrafen

Aschura = Der Tag, an dem Schiiten dem Tode des Imams Hussein gedenken, der in der Schlacht von Kerbela gestorben ist. Die Trauerprozessionen sind meist mit blutigen Selbstgeißelungen verbunden

Basmala/Bismillah = („Im Namen Allahs") Religiöse Formel, die fast alle Koransuren eröffnet; wird im Alltag von Muslimen bei vielen Gelegenheiten ausgesprochen, bspw. vor dem Essen, vor dem Verlassen oder Betreten eines Hauses, vor Prüfungen oder vor dem Autofahren

Burka = Kleidungsstück für Frauen, das den gesamten Körper verhüllt und selbst die Augen durch ein Stoffgitter verdeckt

Dar al-Islam/Dar es-Salam = (Haus des Islam) Bezeichnet ein Gebiet, das unter muslimischer Herrschaft steht. Dem gegenüber steht das „dar al-harb" (Haus des Krieges), welches ein Gebiet bezeichnet, in dem der Islam nicht Staatsreligion ist. Das „dar al-ahd" (Haus des Vertrages) ist das dritte Konzept in diesem Zusammenhang, das Gebiete bezeichnet, mit denen Muslime zeitlich befristete Friedensverträge geschlossen hat

Da'wa = Einladung bzw. Aufruf zum Islam im Sinne einer Missionierung. Grundlegend religiöses Konzept im Islam, der Begriff wird häufig von Salafisten gebraucht (siehe Kapitel 8.2)

DITIB = Türkisch-islamische Union der Anstalt für Religion; Dachverband für eine große Zahl von türkischen Moscheen; untersteht der Kontrolle und Aufsicht des Präsidiums für religiöse Angelegenheiten der Türkei, das dem türkischen Präsidenten untersteht

Djihad = (Anstrengung, Kampf, Bemühen auf dem Weg zu Gott, nicht Heiliger Krieg) nach dem Koran eine der Grundpflichten eines Muslims. Für die Mehrheit der Muslime bezeichnet der Begriff das Bemühen um islamkonformes Leben im Alltag (großer Djihad); der Begriff beinhaltet allerdings auch den „kleinen Djihad", der das kriegerische, gewaltsame Vorgehen gegen andere bezeichnet. Dabei ist umstritten, ob dies nur zu Zwecken der Verteidigung zulässig ist oder ob es sich um einen universellen Kampf zur Ausweitung des islamischen Herrschaftsbereichs handelt

Dua = Freiwilliges Gebet, Bittgebet, kein Pflichtgebet wie salat, sondern als Ergänzung dazu zu sehen

Fatwa = Rechtsgutachten/Rechtsurteil eines islamischen Gelehrten (mufti), das auf Grundlage des islamischen Rechts zu einer bestimmten Fragestellung verfasst wird; oft beziehen sich die Fragen auf Alltägliches (bspw. ob eine Handlung islamkonform ist), teilweise werden Fatwen auch über Personen ausgesprochen, um ihre Tötung zu erlauben (bspw. Salman Rushdie oder Hamed ab-del Samad)

Fünf Säulen des Islam = Das Glaubensbekenntnis (schahada, s. u.), das Gebet (salat), die Almosengabe (zakat), das Fasten im Ramadan (saum) und die Pilgerfahrt nach Mekka (hadsch); die fünf Säulen sind die orthopraktische Komponente islamischer Religionsausübung, d. h. die Handlungen, die ein Gläubiger zu vollziehen hat (zur orthodoxen Komponente siehe die sechs Glaubensartikel)

Hadith = (Bericht, Mitteilung, Überlieferung) Bezeichnet die Aussprüche und Taten des Propheten Mohammeds und seiner Gefährten; Hadithe gelten als verbindliche Vorgabe für die Lebenführung von Muslimen (Aussprache hadis, wobei das -s wie das englische *th* gesprochen wird)

Hadsch/Hadj = Pilgerfahrt nach Mekka, die jeder Muslim einmal im Leben verrichtet haben sollte; eine der fünf Säulen des Islam

Halal = (erlaubt) Bezeichnung für Dinge, die erlaubt bzw. nach islamischen Vorschriften zubereitet sind. Häufig als Kennzeichnung an Speisen oder Restaurants

Haram = (verboten) Bezeichnung für Nahrungsmittel und Handlungen, die aufgrund religiöser Vorschriften verboten sind, bspw. Alkohol, Schweinefleisch, Homosexualität oder Glücksspiel

Hidschra = (Auswanderung) Bezeichnet die Auswanderung Mohammeds von Mekka nach Medina im Jahre 622. Gilt als Beginn der islamischen Zeitrechnung

Hijab = (Vorhang, Verhüllung, Bedeckung) Kleidungsstück für Frauen, das den Kopf bedeckt, geläufig als Kopftuch bekannt

Hodscha = (türk.: Lehrer) Person, die in türkisch geprägten Moscheen eine religiöse Unterweisung übernimmt

Iftar = Das abendliche Fastenbrechen im Ramadan bei Sonnenuntergang

Imam = (Führer, Vorstehender) Vorbeter beim Pflichtgebet in der Moschee

Islam = (Unterwerfung/Hingabe unter Gottes Gebote) Zweitgrößte Religionsgemeinschaft welt- und deutschlandweit mit ca. 1,8 Mrd./4,5 Mio. Anhängern, die als Muslime/Moslems bezeichnet werden.

Islamismus = Bestrebung, den Islam als verbindliche Ordnung für Gesellschaft und Staatswesen festzulegen, in der Regel mit Gewalt verbunden

Koran = (Lesung, Rezitation) Heilige Schrift der Muslime, nach islamischem Verständnis das Wort Gottes an die Menschen, gültig für alle Zeit; offenbart an den Propheten Mohammed in der Zeit 610 bis 632

Kuffar = (Ungläubiger, Gottloser) Bezeichnung für Personen, die nicht dem Islam angehören, oft abwertend verwendet

Makruh = (unerwünscht) Bezeichnet Handlungen, die nicht ausdrücklich verboten, aber unerwünscht und daher zu vermeiden sind, bspw. Rauchen oder die Verschwendung von Lebensmitteln

Mashallah = (Wie/Was immer Gott will) Häufig verwendete Formel, die ausgesprochen wird, wenn Erstaunen, Bewunderung oder Wertschätzung ausgedrückt werden soll

Mohammed = (um 570-632) Empfänger der Offenbarung Gottes und wichtigster Prophet im Islam. Seine Taten (Sunna) gelten für viele Muslime als vorbildhaft und handlungsleitend für die eigene Lebensführung

Muezzin = Gebetsrufer, der die Mitglieder der Gemeinde zum Gebet ruft

Mufti = Person, die qualifiziert ist, ein Rechtsgutachten (fatwa, s. o.) zu erlassen

Mullah = Religionsgelehrter aus dem schiitischen Islam

Nikab = Kleidungsstück für Frauen, das den gesamten Körper verhüllt, die Augen jedoch durch einen Sehschlitz frei lässt

Ramadan = (der heiße Monat, brennende Hitze) Neunter Monat im islamischen Kalender und heiliger Fastenmonat. Im Ramadan fasten Muslime von Sonnenaufgang bis Sonnenuntergang. Endet mit dem dreitägigen Fest des Fastenbrechens/Ramadanfest (Id al-fitr); eine der fünf Säulen

Ridda = siehe Apostasie

Salafismus = fundamentalistische Strömung im sunnitischen Islam, die sich an der religiösen Praxis der ersten drei Generationen der Muslime orientiert; der S. verzeichnet wachsende Anhängerzahlen in Deutschland, was in Anbetracht der Verbindung des S. zum Terrorismus problematisch ist

Salam = (Friede) Kurzform der Begrüßung as-salamu aleikum (Friede sei mit dir)

Salat = Das tägliche Pflichtgebet, fünfmal zu verrichten; eine der fünf Säulen (Aussprache mit Betonung der ersten Silbe und scharfem S, nicht wie das deutsche Wort Salat)

S.A.S = (sallallahu alayhi wa sallam/Allahs Friede und Segen sei mit ihm) Segensspruch, den Muslime üblicherweise mit der Erwähnung des Namens des Propheten aussprechen

Schahada = Das Glaubensbekenntnis, erste der fünf Säulen („Ich bezeuge, dass es keinen Gott außer Allah gibt und Mohammed ist sein Gesandter")

Scharia = (Weg zur Tränke) Bezeichnet die Gesamtheit aller Gebote, Verbote, Normen und Rechtsprechungen die aus den islamischen Quellen, wie dem Koran und der Sunna, hervorgehen

Schiiten = (Partei/Partei Alis) zweitgrößte Strömung im Islam weltweit, in Deutschland nach den Aleviten drittgrößte Gruppe. S. vertreten die Position, dass nur Mohammeds Schwiegersohn Ali und seine Nachkommen als rechtmäßige Nachfolger des Propheten und Anführer der Muslime in Frage kommen (siehe auch Konflikt zwischen Sunniten und Schiiten, Kapitel 5)

Sechs Glaubensartikel = Orthodoxe Glaubenskomponente im Islam; das, was Muslime glauben bzw. zu glauben haben: Der Glaube an Allah, die Engel, seine Offenbarung, seine Gesandten (darunter Mohammed, Jesus/Isa, Mose/Musa, Abraham/ Ibrahim), die Vorherbestimmung, das Jüngste Gericht

Sunna = (Brauch, Tradition) Gesamtheit der Aussprüche (Hadithe) und Handlungen des Propheten Mohammed; nach dem Koran die zweitwichtigste Glaubensquelle, hat für Muslime handlungsleitenden Charakter

Sunniten = (Anhänger des Brauchs/der Tradition) Welt- und deutschlandweit größte innerislamische Gruppe. Vertreten die Position, dass auch Personen, die nicht in der Blutslinie Mohammeds stehen, die Führung der islamischen Gemeinde übernehmen können (siehe auch Konflikt zwischen Sunniten und Schiiten, Kapitel 5)

Sure = Ein Kapitel im Koran, wiederum unterteilt in einzelne Verse. Im Koran gibt es 114 Suren

Takke = Gehäkelte Gebetsmütze

Tschador = Kleidungsstück für Frauen, das den gesamten Körper verhüllt, das Gesicht aber frei lässt; meist schwarz und vor allem von Fragen im Iran oder von Iran stämmigen Frauen getragen

Umma = Die ortsunabhängige, weltweite Gemeinschaft aller Muslime

Zakat = (Reinheit) Bezeichnet die Pflichtabgabe an Bedürftige; eine der fünf Säulen

Anhang

Musterlösung des unangekündigten Tests aus Kapitel 5

Test zum Thema
Grundwissen Islam

Name: _____   Datum: _____

1. Nennen Sie die Wortbedeutung des Begriffs *Islam*.
   Wörtlich übersetzt bedeutet Islam „Hingabe" oder „Unterwerfung" (unter Gottes Gebote). Muslime würden Islam übersetzen mit „Frieden finden/Ich finde meinen Frieden, durch Hingabe/Unterwerfung an Gottes Gebote.

2. Wie viele Menschen gehören weltweit dem Islam an?
   Weltweit gehören ca. 1,8 Milliarden Menschen dem Islam an.

3. Wie viele Muslime leben schätzungsweise in Deutschland?
   Offiziell leben gut 4,5 Millionen Muslime in Deutschland. Es ist aber wahrscheinlich, dass es tatsächlich mindestens 5,5 bis 6 Millionen Muslime sind, da die offizielle Zahl von Ende 2015 stammt und es danach weitere Zuwanderung von Muslimen gab.

4. Wie viele muslimische Schüler besuchen schätzungsweise deutsche Schulen?
   Schätzungsweise eine Millionen muslimische Schüler besuchen deutsche Schulen.

5. Aus welchen Herkunftsregionen stammen die meisten in Deutschland lebenden Muslime? Nennen Sie die Top 3.
   Türkei, Südost-Europa, Naher-Osten.

6. Benennen Sie die Gründe für den hohen Anteil an Migranten aus dem islamischen Raum in Deutschland und skizzieren Sie kurz diesen historischen Prozess. Legen Sie dabei den Schwerpunkt auf die Zeit zwischen 1955 und Mitte der 2010er-Jahre.
   Anwerbung von Arbeitsmigranten aus der Türkei, Jugoslawien, Marokko, Tunesien ab 1961. Diese Migranten blieben entgegen der Annahme aller Beteiligten in Deutschland und holten ihre Familien nach. Ende der 1970er-Jahre bis Mitte der 1990er-Jahre gab es verstärkt Zuzüge von Muslimen im Kontext von Flucht und Asyl. Es kamen Muslime aufgrund der Konflikte in Afghanistan, Iran, Jugoslawien und der Türkei. Durch die Flüchtlingskrise im Jahr 2015 setzte ein millionenfacher Zuzug von Muslimen aus verschiedenen Ländern nach Deutschland ein, darunter Syrien, Afghanistan, Irak, Iran, Somalia, Eritrea, Nigeria und Pakistan.

7. Benennen Sie kurz die wesentlichen Glaubensinhalte des Islam und stellen Sie den Kontrast zum Christentum heraus.

Der Islam ist eine monotheistische, abrahamitische Offenbarungsreligion. Der Glaube an einen Gott (Allah) ist zentrales Element des Glaubens. Mohammed ist der letzte Prophet. Er gilt als Empfänger der Offenbarung, die Gott den Menschen mit dem Koran geschickt hat. Der Koran gilt als Allahs gesprochenes Wort. Der Islam ist eine Religion mit zahlreichen Regeln und Vorschriften, die teils in intimste Lebensbereiche der Gläubigen eingreifen. Dazu gehören unter anderem die fünf Säulen und die sechs Glaubensartikel. Im Christentum gibt es solch eine Vielzahl an Vorschriften nicht. Der Islam ist jünger als das Christentum. Er hat keine Aufklärung oder Reformation durchlaufen, was aufgrund der Konzeption der islamischen Religion auch eher unwahrscheinlich ist.

8. Erklären Sie kurz den Begriff *Ramadan*.

Der Begriff Ramadan bezeichnet den heiligen Fastenmonat der Muslime. Übersetzt heißt Ramadan „der heiße Monat" oder auch „brennende Hitze". Im Ramadan wurde nach islamischer Vorstellung der Koran offenbart. In der Zeit des Ramadan fasten Muslime von Sonnenaufgang bis Sonnenuntergang, das heißt, sie verzichten auf jegliche Nahrung und Getränke sowie auf Rauchen, Geschlechtsverkehr, Lügen, Fluchen und üble Nachrede. Der Ramadan endet mit dem dreitägigen Ramadanfest, das das zweitwichtigste Fest im Islam ist.

Viel Erfolg!

Literatur- und Quellenverzeichnis

Der Islam in Schule und Gesellschaft – Welchen Beitrag dieses Buch leisten soll

1 Vier Leitgedanken zum Islam in Schule und Gesellschaft
Bild (2018), „Frau Merkel, darum liegen Sie falsch!", Ausgabe vom 23.03.2018.
Friedrich, H.-P. (2010), zitiert nach faz.net: Debatte nach Wulff-Rede: CSU-Politiker: Islam nicht Teil unserer Kultur. Abrufbar unter: https://www.faz.net/aktuell/politik/inland/debatte-nach-wulff-rede-csu-politiker-islam-nicht-teil-unserer-kultur-11057331.html#void (letztmalig geprüft 05.01.2019).
Haug, S. et al. (2008), Muslimisches Leben in Deutschland.
Herrmann, J. (2010), zitiert nach Drobinski, M., Preuß, R.: Kritik an Wulff-Rede über Islam. „Es gilt das Grundgesetz und nicht die Scharia". Abrufbar unter: https://www.sueddeutsche.de/politik/kritik-an-wulff-rede-ueber-islam-es-gilt-das-grundgesetz-und-nicht-die-scharia-1.1009094 (letztmalig geprüft 05.01.2019).
Kolat, K. (2010), zitiert nach faz.net: Reaktionen auf Wulff Rede: „Muslime keine Bürger zweiter Klasse". Abrufbar unter: https://www.faz.net/aktuell/politik/inland/reaktionen-auf-wulff-rede-muslime-keine-buerger-zweiter-klasse-11053327.html (letztmalig geprüft 05.01.2019).
Merkel, A. (2018), Regierungserklärung von Bundeskanzlerin Dr. Angela Merkel vor dem Deutschen Bundestag am 21. März 2018 in Berlin. Abrufbar unter: https://www.bundesregierung.de/breg-de/service/bulletin/regierungserklaerung-von-bundeskanzlerin-dr-angela-merkel-862358 (letztmalig geprüft 05.01.2019).
Merkel, A. (2010), zitiert nach Spiegel online: Merkel erklärt Multikulti für gescheitert. Abrufbar unter: http://www.spiegel.de/politik/deutschland/integration-merkel-erklaert-multikulti-fuer-gescheitert-a-723532.html (letztmalig geprüft 05.01.2019).
Mazyek, A. (2010), zitiert nach Wolfsburger Allgemeine Zeitung: Wulff erntet nicht nur Zustimmung nach Islam-Lob. Abrufbar unter: http://www.waz-online.de/Nachrichten/Politik/Deutschland-Welt/Wulff-erntet-nicht-nur-Zustimmung-nach-Islam-Lob (letztmalig geprüft 05.01.2019).
Seehofer, H. (2018), zitiert nach faz.net: Neuer Innenminister: Seehofer: „Der Islam gehört nicht zu Deutschland". Abrufbar unter: https://www.faz.net/aktuell/politik/inland/horst-seehofer-islam-gehoert-doch-nicht-zu-deutschland-15496891 (letztmalig geprüft 05.01.2019).
Stichs, A. (2016), Wie viele Muslime leben in Deutschland? Eine Hochrechnung über die Anzahl der Muslime in Deutschland zum Stand 31. Dezember 2015.
Thurner, I. (2018), Debatte Islam in Europa. Deutschland ist ohne Islam undenkbar. In: Taz, Online Ausgabe vom 21.03.2018. Abrufbar unter: http://www.taz.de/!5491180/ (letztmalig geprüft 05.01.2019).
Zaimoglu, F. (2010), zitiert nach Wolfsburger Allgemeine Zeitung: Wulff erntet nicht nur Zustimmung nach Islam-Lob. Abrufbar unter: http://www.waz-online.de/Nachrichten/Politik/Deutschland-Welt/Wulff-erntet-nicht-nur-Zustimmung-nach-Islam-Lob (letztmalig geprüft 05.01.2019).

2 Ein Blick auf Deutschlands (muslimischen) Migrationshintergrund – Wer kam wann warum?
2.1 Migrationshintergrund – Klärung des Begriffs und was bei seiner Verwendung beachtet werden sollte
Statistisches Bundesamt (2019), Bevölkerung nach Migrationshintergrund und Geschlecht. Abrufbar unter: https://www.destatis.de/DE/Themen/Gesellschaft-Umwelt/Bevoelkerung/Migration-Integration/Tabellen/liste-migrationshintergrund-geschlecht.html (letztmalig geprüft 22.03.2019).

2.2 Migrationshintergrund in Zahlen
Statistisches Bundesamt (2018), Bevölkerung und Erwerbstätigkeit Bevölkerung mit Migrationshintergrund. Ergebnisse des Mikrozensus 2017. 2018.
Statistisches Bundesamt (2018, 2), Pressemitteilung Nr. 115 vom 28.03.2018: Geburtenanstieg setzte sich 2016 fort. Abrufbar unter: https://www.destatis.de/DE/PresseService/Presse/Pressemitteilungen/2018/03/PD18_115_122.html (letztmalig geprüft 06.01.2019).

Statistisches Bundesamt (2017), Zahl der Woche vom 7. Februar 2017. 33 % der Schülerinnen und Schüler mit Migrationshintergrund. Abrufbar unter: https://www.destatis.de/DE/PresseService/Presse/Pressemitteilungen/zdw/2017/PD17_006_p002pdf.pdf?__blob=publicationFile (letztmalig geprüft 06.01.2019).

Statista (2019), Bevölkerung* ohne und mit Migrationshintergrund (im engeren Sinn) in Deutschland von 2012 bis 2017 (in 1.000). Abrufbar unter: https://de.statista.com/statistik/daten/studie/75231/umfrage/bevoelkerung-mit-und-ohne-migrationshintergrund-in-deutschland/ (letztmalig geprüft 06.01.2019).

2.3 Migration – Begriffsklärung und Gründe für Migration

Bundesamt für Migration und Flüchtlinge (2011), Migrationsbericht des Bundesamtes für Migration und Flüchtlinge im Auftrag der Bundesregierung. Migrationsbericht 2011.

Castro Varela, M., Mecheril, P. et al. (2010), Migrationspädagogik.

Oltmer, J. (2010). Migration im 19. und 20. Jahrhundert.

Treibel, A. (1999), Migration in modernen Gesellschaften. Soziale Folgen von Einwanderung, Gastarbeit und Flucht.

2.4 Kriegsbeute, Gastarbeiter, Flüchtlinge – Von den ersten Muslimen auf deutschem Boden bis zur Flüchtlingskrise

2.4.1 Von „Beutetürken", dem alten Fritz bis zur Nachkriegszeit – Der Zuzug von Muslimen in der Zeit vom 17. Jahrhundert bis 1955

Kiefer, M. (2005), Islamkunde in deutscher Sprache in Nordrhein-Westfalen.

Motadel, D. (2017), Für Prophet und Führer. Die islamische Welt und das Dritte Reich.

Motadel, D. (2018), Islam im Nationalsozialismus. Für Führer und Prophet. Interview mit dem Deutschlandfunk vom 20.02.2018. Abrufbar unter: https://www.deutschlandfunk.de/islam-im-nationalsozialismus-fuer-fuehrer-und-prophet.886.de.html?dram:article_id=410286 (letztmalig geprüft 06.01.2019).

2.4.2 „Die Gastarbeiter kommen" – Die Anwerbung von Arbeitsmigranten von 1955 – 1973

Bade, K. (1990), Einwanderungssituation ohne Einwanderungsland. Erfahrungen, Probleme, Perspektiven.

Cetinkaya-Roos, H. (2018), Über mich. Abrufbar unter: http://www.cr-communication.com/ubermich.htm (letztmalig geprüft 06.01.2019).

Diözese Rottenburg (1962), Goldene Regeln für den Umgang mit Gastarbeitern, zit. nach: schulentwicklung.nrw.de Abrufbar unter: http://www.schulentwicklung.nrw.de/lehrplaene/lehrplannavigator-weiterbildungskolleg/abendgymnasium-kolleg/ (letztmalig geprüft 06.01.2019).

Finkelstein, K. (2006), Eingewandert: Deutschlands Parallelgesellschaften.

Gründler, K. (2005), Erster Zustrom von Gastarbeitern aus dem Süden. Beitrag für den Deutschlandfunk. Abrufbar unter: https://www.deutschlandfunk.de/erster-zustrom-von-gastarbeitern-aus-dem-sueden.871.de.html?dram:article_id=125367 (letztmalig geprüft 06.01.2019).

Hansen, G., Wenning, N. (2003), Schulpolitik für andere Ethnien. Zwischen Autonomie und Unterdrückung.

Herbert, U. (2001), Geschichte der Ausländerpolitik in Deutschland. Saisonarbeiter, Zwangsarbeiter, Gastarbeiter, Flüchtlinge.

Knortz, H. (2008), Diplomatische Tauschgeschäfte. „Gastarbeiter" in der westdeutschen Diplomatie und Beschäftigungspolitik 1953–1973.

Meier-Braun, K.-H. (2012), 50 Jahre Anwerbeabkommen mit der Türkei. In Ceylan, R. (Hrgs.) (2012), Islam und Diaspora. S. 31–59.

Meier-Braun, K.-H. (2002), Deutschland, Einwanderungsland.

2.4.3 Ölkrise, Anwerbestopp, Familiennachzug und die Folgen

Kostner, S. (2016), Migration und Integration: Akzeptanz und Widerstand im transnationalen Nationalstaat.

Meinhard, R. (2003), Herausforderungen für die Schule. In Leiprecht, R., Steinbach, A. (2003), Schule in der Einwanderungsgesellschaft. Ein Handbuch.
Meinhard, R., Schulz-Kaempf, W. (2015), Einwanderung nach Deutschland und Migrationsdiskurse. In Leiprecht, Steinbach (Hrsg.) (2015). Schule in der Migrationsgesellschaft. Ein Handbuch. Band 1. S. 54–92.

2.4.4 Erste Zuzüge im Kontext von Flucht und Asyl bis 2015
Herbert, U. (2001), Geschichte der Ausländerpolitik in Deutschland, S. 299.
Meinhard, R., Schulz-Kaempf, W. (2010), Einwanderung nach Deutschland und Migrationsdiskurse. In Leiprecht/Steinbach (Hrsg.) (2015). Schule in der Migrationsgesellschaft. Ein Handbuch. Band 1. S. 54–92.

2.4.5 Die Flüchtlingskrise 2015
Alexander, R. (2017), Die Getriebenen.
Bundesamt für Migration und Flüchtlinge (BaMF) (2016), 476.649 Asylanträge im Jahr 2015. Abrufbar unter: https://www.bamf.de/SharedDocs/Meldungen/DE/2016/201610106-asylgeschaeftsstatistik-dezember.html (letztmalig geprüft 06.01.2019).
Göring-Eckardt, K. (2015), zitiert nach Deutscher Bundestag: Plenarprotokoll 18/120. Abrufbar unter: http://dip21.bundestag.de/dip21/btp/18/18120.pdf (letztmalig geprüft 06.01.2019).
Merkel. A. (2015), zitiert nach sueddeutsche.de: „Deutschland ist ein Land der Hoffnung". Abrufbar unter: https://www.sueddeutsche.de/politik/angela-merkel-deutschland-ist-ein-land-der-hoffnung-1.2628500 (letztmalig geprüft 06.01.2019).
Mudhoon, L. (2017), Das Versagen der arabischen Eliten. Abrufbar unter: https://de.qantara.de/inhalt/soziale-proteste-in-der-arabischen-welt-das-versagen-der-arabischen-eliten (letztmalig geprüft 06.01.2019).
Orbán, V. (2015), zitiert nach faz.net, 2: Orbán über Flüchtlingskrise: „Das Problem ist ein deutsches Problem". Abrufbar unter: https://www.faz.net/aktuell/politik/fluechtlingskrise/orban-ueber-fluechtlingskrise-das-problem-ist-ein-deutsches-problem-13783525.html (letztmalig geprüft 06.01.2019).
Woelki, R. (2015), zitiert nach Welt Online: „Deutschland leuchtet". Abrufbar unter: https://www.welt.de/regionales/nrw/article146605999/Deutschland-leuchtet.html (letztmalig geprüft 06.01.2019).
Zetsche, D. (2015), zitiert nach faz.net: Flüchtlinge könnten Wirtschaftswunder bringen. Abrufbar unter: https://www.faz.net/aktuell/technik-motor/iaa/daimler-chef-zetsche-fluechtlinge-koennten-neues-wirtschaftswunder-ausloesen-13803671.html (letztmalig geprüft 06.01.2019).

3 Integration – was man darunter verstehen kann und was Schule damit zu tun hat
Ateş, S. (2007), Der Multikulti-Irrtum - Wie wir in Deutschland besser zusammenleben können.
Huntington, S. (2002), Kampf der Kulturen: Die Neugestaltung der Weltpolitik im 21. Jahrhundert.
SPD, Bündnis 90/Die Grünen (1998), Koalitionsvereinbarung zwischen der Sozialdemokratischen Partei Deutschlands und Bündnis 90/Die Grünen. Abrufbar unter: https://www.gruene.de/fileadmin/user_upload/Bilder/Redaktion/30_Jahre_-_Serie/Teil_21_Joschka_Fischer/Rot-Gruener_Koalitionsvertrag1998.pdf (letztmalig geprüft 29.12.2018).
Tibi, B. (2002), Islamische Zuwanderung: Die gescheiterte Integration.

3.1 Integration – Versuch einer Begriffsklärung
Bundesamt für Migration und Flüchtlinge (BaMF) (2016), Glossar „Integration". Abrufbar unter: https://www.bamf.de/DE/Service/Left/Glossary/_function/glossar.html?lv3=1504494 (letztmalig geprüft 29.12.2018).
Schubert, K., Klein, M. (2011), Das Politiklexikon. 5. aktualisierte Auflage.
Wikipedia (2018), Artikel „Integration nach Migration". Abrufbar unter: https://de.wikipedia.org/wiki/Integration_(Soziologie)#Integration_nach_Migration (letztmalig geprüft 29.12.2018).

3.2 Wo Schule bei der Integration konkret eine Rolle spielt – die vier Ebenen der Sozialintegration El-Mafaalani, A., Toprak, A. (2011). Muslimische Kinder und Jugendliche in Deutschland. Lebenswelten – Denkmuster – Herausforderungen.

4 Was weiß man empirisch über Migration und Islam in Deutschland? Sechs wissens- und bedenkenswerte Erkenntnisse zur Thematik

Bundesamt für Migration und Flüchtlinge (BaMF) (2007), Muslimisches Leben in Deutschland. Abrufbar unter: http://www.deutsche-islam-konferenz.de/SharedDocs/Anlagen/DIK/DE/Downloads/Wissen schaftPublikationen/MLD-Vollversion.pdf?__blob=publicationFile (letztmalig geprüft 06.02.2018).

Bundesamt für Verfassungsschutz (2018), Islamistisch motivierte Reisebewegungen in Richtung Syrien/Irak. Abrufbar unter: https://www.verfassungsschutz.de/de/arbeitsfelder/af-islamismus-und-islamistischer-terrorismus/zahlen-und-fakten-islamismus/zuf-is-reisebewegungen-in-richtung-syrien-irak (letztmalig geprüft 06.01.2019).

Die Beauftragte der Bundesregierung für Migration, Flüchtlinge und Integration (2009), Erster Integrationsindikatorenbericht: Erprobung des Indikatorensets und Bericht zum bundesweiten Integrationsmonitoring. Abrufbar unter: https://www.bundesregierung.de/Content/DE/Publikation/IB/2009-07-07-indikatorenbericht.pdf?__blob=publicationFile&v=8 (letztmalig geprüft 05.02.2018).

Die Beauftragte der Bundesregierung für Migration, Flüchtlinge und Integration (2012), Zweiter Integrationsindikatorenbericht. Abrufbar unter: https://www.bundesregierung.de/Content/Infomaterial/BPA/IB/2012-01-12-zweiter-indikatorenbericht.pdf?__blob=publicationFile&v=10 (letztmalig geprüft 05.02.2018).

Koopmans, R. (2014), Religious fundamentalism and out-group hostility among Muslims and Christians in Western Europe. Abrufbar unter: https://bibliothek.wzb.eu/pdf/2014/vi14-101.pdf (letztmalig geprüft 06.02.2018).

Pfeiffer, C. et al. (2018), Zur Entwicklung der Gewalt in Deutschland. Schwerpunkte: Jugendliche und Flüchtlinge als Täter und Opfer. Abrufbar unter: https://www.bmfsfj.de/blob/121226/0509c2c7fc392aa8 8766bdfaeaf9d39b/gutachten-zur-entwicklung-der-gewalt-in-deutschland-data.pdf (letztmalig geprüft 06.02.2018).

Pispers, V. (o. J.), Unterschied zwischen Moslems und Christen. Abrufbar unter: https://www.youtube.com/watch?v=03EGnHuNtEM (letztmalig geprüft 28.12.2018).

Pollack, D. et. al. (2016), Integration und Religion aus der Sicht von Türkeistämmigen in Deutschland. Repräsentative Erhebung von TNS Emnid im Auftrag des Exzellenzclusters „Religion und Politik" der Universität Münster. Abrufbar unter: https://www.uni-muenster.de/imperia/md/content/religion_und_politik/aktuelles/2016/06_2016/studie_integration_und_religion_aus_sicht_t__rkeist__mmiger.pdf (letztmalig geprüft 14.12.2018).

Statistisches Bundesamt (2019), Bevölkerung in Privathaushalten nach Migrationshintergrund im engeren Sinne nach ausgewählten Herkunftsländern. Abrufbar unter: https://www.destatis.de/DE/Themen/Gesellschaft-Umwelt/Bevoelkerung/Migration-Integration/Tabellen/migrationshintergrund-staatsangehoerigkeit-staaten.html (letztmalig geprüft 23.03.2019).

5 Grundwissen Islam

Alabay, B. (2012), Kulturelle Aspekte der Sozialisation. Junge türkische Männer in der Bundesrepublik Deutschland.

Barthel, G., Stock, K. (Hrsg.) (1994), Lexikon Arabische Welt. Kultur, Lebensweise Wirtschaft, Politik und Natur im Nahen Osten und Nordafrika.

Bundesamt für Migration und Flüchtlinge (2019), Asylzahlen. Abrufbar unter: http://www.bamf.de/DE/Infothek/Statistiken/Asylzahlen/asylzahlen-node.html (letztmalig geprüft 05.01.2019).

Bundesministerium des Innern (2018), Islam in Deutschland. Glaubensrichtungen. Abrufbar unter: https://www.bmi.bund.de/DE/themen/heimat-integration/staat-und-religion/islam-in-deutschland/islam-in-deutschland-node.html (letztmalig geprüft 03.03.2019).

Organisation der Islamischen Konferenz (1990), Die Kairoer Erklärung der Menschenrechte im Islam. Abrufbar unter: https://www.humanrights.ch/cms/upload/pdf/140327_Kairoer_Erklaerung_der_OIC.pdf (letztmalig geprüft 10.01.2019).

Pew Research Center (2017), Muslims and Islam: Key findings in the U.S. and around the world. Abrufbar unter: http://www.pewresearch.org/fact-tank/2017/08/09/muslims-and-islam-key-findings-in-the-us-and-around-the-world/ (letztmalig geprüft 05.01.2019).

Pew Research Center (2017, 2), The Growth of Germany's Muslim Population. Abrufbar unter: http://www.pewforum.org/essay/the-growth-of-germanys-muslim-population/ (letztmalig geprüft 05.01.2019).

Spuler-Stegemann, U. (2003), Ist die Alevitische Gemeinde Deutschland e.V. eine Religionsgemeinschaft? Abrufbar unter: http://www.inforel.ch/fileadmin/user_upload/dateien/215.AlevSpuler.pdf (letztmalig geprüft 12.12.2018).

Statistisches Bundesamt (2019), Zusammengefasste Geburtenziffer nach Kalenderjahren. Abrufbar unter: https://www.destatis.de/DE/ZahlenFakten/GesellschaftStaat/Bevoelkerung/Geburten/Tabellen/GeburtenZiffer.html (letztmalig geprüft 07.01.2019).

Stichs, A. (2016), Wie viele Muslime leben in Deutschland? Eine Hochrechnung über die Anzahl der Muslime in Deutschland zum Stand 31. Dezember 2015.

Wirmer, D. (2014), Vom Denken der Natur zur Natur des Denkens: Ibn Baggas Theorie der Potenz als Grundlegung der Psychologie.

Wissenschaftliche Dienste des Deutschen Bundestages (2016), Religionsfreiheit und Apostasie im Islam. Abrufbar unter: https://www.bundestag.de/blob/413722/7e5b4cf1052bd6cdba9ddefb9708ba57/wd-1-076-06-pdf-data.pdf (letztmalig geprüft 07.01.2019).

6 Was ist Religion und warum sind Menschen religiös? - …und was hat Kultur mit alldem zu tun? Ein Beitrag von Dr. Ingrid Wiedenroth-Gabler, Wissenschaftliche Direktorin am Seminar für evangelische Theologie und Religionspädagogik der TU Braunschweig

Auernheimer, G. (1990), Einführung in die interkulturelle Erziehung.

BAMF (2016), Wie viele Muslime leben in Deutschland? Abrufbar unter: http://www.bamf.de/SharedDocs/Anlagen/DE/Publikationen/WorkingPapers/wp71-zahl-muslime-deutschland.pdf?__blob=publicationFile%7CSudie, (letztmalig geprüft 23.05.2018).

Bolten, J. (2016), Interkulturelle Kompetenz neu denken?!. In Polylog, Sonderheft „Interkulturelle Kompetenz in der Kritik". Abrufbar unter: http://www2.uni-jena.de/philosophie/IWK-neu/typo3/fileadmin/team/juergen.bolten/1608Ik_Kompetenz_neu_denken_-_Polylog.pdf, (letztmalig geprüft 23.05.2018).

Fowid (Forschungsgruppe Weltanschauungen in Deutschland) (2017), Religionszugehörigkeiten in Deutschland 2016. Abrufbar unter: https://fowid.de/meldung/religionszugehoerigkeiten-deutschland-2016 (letztmalig geprüft 24.05.2018).

Kimmich, D., Schahadat, S. (2012), Kulturen in Bewegung: Beiträge zur Theorie und Praxis der Transkulturalität.

Pollack, D. (1995), Was ist Religion? Probleme der Definition. In Zeitschrift für Religionswissenschaft 3, 2, S.163–190.

Schambeck, M. (2013), Interreligiöse Kompetenz. Basiswissen für Studium, Ausbildung und Beruf.

Ministerium für Schule und Weiterbildung des Landes Nordrhein-Westfalen (2017), Das Schulwesen in Nordrhein-Westfalen aus quantitativer Sicht 2016/17. Statistische Übersicht Nr. 395.

Willems, J. (2011), Interreligiöse Kompetenz. Theoretische Grundlagen – Konzeptualisierungen – Unterrichtsmethoden.

7 Schulpraxis konkret: Wenn Schul- und Unterrichtsorganisation auf Glaubensvorstellungen treffen

7.1 Warum kommt es zu Überschneidungssituationen?
7.2 Was Sie tun können, wenn Sie spontan zum Handeln gezwungen sind
7.3 Wichtig: Die Standpunktbestimmung
7.4 Wenn Glaubensvorstellungen auf Schulpraxis treffen. Wie umgehen mit Überschneidungssituationen?
7.4.1 Kopftuch, Burka und Burkini – Kleidungsvorschriften im Islam und ihre (möglichen) Auswirkungen auf Schule

Elyas, N. (2004), zitiert nach: Zentralrat der Muslime in Deutschland e. V. (2004), 27.02.04 Stellungnahme des ZMD zur geplanten Gsetzesänderung (sic!) in Niedersachsen in Sachen Kopftuch. Abrufbar unter: http://zentralrat.de/2658_print.php (letztmalig geprüft 14.12.2018).

Güler, S. (2018) In WAZ (2018), Staatssekretärin Güler: „Ein Kopftuch sexualisiert das Kind". Abrufbar unter: https://www.waz.de/politik/staatssekretaerin-gueler-ein-kopftuch-sexualisiert-das-kind-id213988149.html (letztmalig geprüft 14.12.2018).

Interkultureller Rat in Deutschland (2004), Thesen zum Kopftuch. Abrufbar unter: http://www.interkultureller-rat.de/wp-content/uploads/argumente_1.pdf (letztmalig geprüft 14.12.2018).

Meidinger, H.-P. (2018), zitiert nach: Deutsche Welle, Die Sache mit dem Kopftuch. Abrufbar unter: https://www.dw.com/de/die-sache-mit-dem-kopftuch-urteil-religionsfreiheit-berlin-integration-lehrerin/a-43711708 (letztmalig geprüft 14.12.2018).

Wielandt, R. (o. J.), Die Vorschrift des Kopftuchtragens für die muslimische Frau: Grundlagen und aktueller innerislamischer Diskussionsstand. Abrufbar unter: http://www.deutsche-islam-konferenz.de/SharedDocs/Anlagen/DIK/DE/Downloads/Sonstiges/Wielandt_Kopftuch.pdf?__blob=publicationFile (letztmalig geprüft 14.12.2018).

Zentralrat der Muslime in Deutschland e. V. (2003), zitiert nach: Bundeszentrale für politische Bildung (2005), Das Kopftuch. Abrufbar unter: http://www.bpb.de/politik/innenpolitik/konfliktstoff-kopftuch/63292/zentralrat-der-muslime-in-deutschland (letztmalig geprüft 14.12.2018).

7.4.2 Sport- und Schwimmunterricht

Meidinger, H.-P. (2017), zitiert nach Spiegel online: Urteil zum Schwimmunterricht. Das Abendland behält Oberwasser. Abrufbar unter: http://www.spiegel.de/lebenundlernen/schule/muslimische-schuelerinnen-pflicht-zum-schwimmunterricht-ist-rechtens-a-1129404.html (letztmalig geprüft 14.12.2018).

7.4.3 „Mein Kind nimmt nicht teil…" – Klassenfahrten

Zaidan, A. (1998), Kamelfatwa, zitiert nach Arpad, A. (2004), Islamismus in Deutschland – Rolle der Frauen in der deutschen, islamischen Gesellschaft. Abrufbar unter: https://web.archive.org/web/20040729042036/http://ahmet-arpad.de/yazilar/Islamismus%20in%20Deutschland%20-%20Rolle%20der%20Frauen%20in%20der%20deutschen,%20islamischen%20Gesellschaft.pdf#page=2 (letztmalig geprüft 23.03.2019).

7.4.4 Ramadan

Giffey, F. (2018), zitiert nach Spiegel online: Giffey kritisiert Fasten im Ramadan. „Gesundheit und Schule gehen vor". Abrufbar unter: http://www.spiegel.de/lebenundlernen/schule/ramadan-franziska-giffey-will-nicht-dass-schueler-fasten-a-1208029.html (letztmalig geprüft 14.12.2018).

7.4.5 Feste feiern, wie sie fallen – Opferfest, Ramadanfest und muslimische Schüler in der Weihnachtszeit

7.4.6 „Ist das auch halal?" – Speisevorschriften und die Frage von Lebensmitteln in der Schule

Bundesamt für Migration und Flüchtlinge (BaMF) (2007), Muslimisches Leben in Deutschland. Abrufbar unter: http://www.deutsche-islam-konferenz.de/SharedDocs/Anlagen/DIK/DE/Downloads/WissenschaftPublikationen/MLD-Vollversion.pdf?__blob=publicationFile (letztmalig geprüft 06.02.2018).

7.4.7 „Weil Sie eine Frau sind…!" – Der Handschlag, die Rolle der Frau und die Frage der Gleichberechtigung

Organisation der Islamischen Konferenz (1990), Die Kairoer Erklärung der Menschenrechte im Islam. Abrufbar unter: https://www.humanrights.ch/cms/upload/pdf/140327_Kairoer_Erklaerung_der_OIC.pdf (letztmalig geprüft 10.01.2019).

7.4.8 Elternarbeit mit muslimischen Familien: Strukturen, Erziehungsstile/-ziele, Türöffner und Stolpersteine

Becher, I., El-Menouar, Y. für das Bundesamt für Migration und Flüchtlinge (2014), Geschlechterrollen bei Deutschen und Zuwanderern christlicher und muslimischer Religionszugehörigkeit. Abrufbar unter:

https://www.bamf.de/SharedDocs/Anlagen/DE/Publikationen/Forschungsberichte/fb21-geschlechterrollen.pdf?__blob=publicationFile (letztmalig geprüft 14.12.2018).

Bederna, K. (2015), zitiert nach Stehle, A., Religionspädagogische Kompetenzen und persönliche Einstellungen von Erzieherinnen. Empirische Zugänge und Perspektiven für die Praxis.

El-Mafaalani, A., Toprak, A. (2011). Muslimische Kinder und Jugendliche in Deutschland. Lebenswelten – Denkmuster – Herausforderungen.

Pollack, D. et. al. (2016), Integration und Religion aus der Sicht von Türkeistämmigen in Deutschland. Repräsentative Erhebung von TNS Emnid im Auftrag des Exzellenzclusters „Religion und Politik" der Universität Münster. Abrufbar unter: https://www.uni-muenster.de/imperia/md/content/religion_und_politik/aktuelles/2016/06_2016/studie_integration_und_religion_aus_sicht_t__rkeist__mmiger.pdf (letztmalig geprüft 14.12.2018).

Sturzbecher, D., Waltz, C. (1998), Erziehungsziele und Erwartungen in der Kinderbetreuung. In D. Sturzbecher (Hrsg.), Kinderbetreuung in Deutschland. S. 86–104.

Uslucan, H.-H. (2010), Erziehungsstile und Integrationsorientierungen türkischer Familien. In Hunner-Kreisel, C., Andresen, S. (Hrsg.), Kindheit und Jugend in muslimischen Lebenswelten. Aufwachsen und Bildung in deutscher und internationaler Perspektive. S. 195–210.

7.4.9 Das Gebet und die Frage nach Gebetsräumen

Bundesverwaltungsgericht (2011), Urteil vom 30.11.2011, Abrufbar unter: https://www.bverwg.de/301111U6C20.10.0 (letztmalig geprüft 14.12.2018).

Halm, H. (2004), Was ist „Euro-Islam"? Muslime und Islam in der Diaspora. In Pawelka, P., Richter-Bernburg, L. (2004), Religion, Kultur und Politik im Vorderen Orient, S. 121–132.

Langenfeld, C. (2018), zitiert nach: Sueddeutsche.de, „Recht vor Religion". Abrufbar unter: https://www.sueddeutsche.de/politik/islam-recht-vor-religion-1.3891963 (letztmalig geprüft 14.12.2018).

Pollack, D. et. al. (2016), Integration und Religion aus der Sicht von Türkeistämmigen in Deutschland. Repräsentative Erhebung von TNS Emnid im Auftrag des Exzellenzclusters „Religion und Politik" der Universität Münster. Abrufbar unter: https://www.uni-muenster.de/imperia/md/content/religion_und_politik/aktuelles/2016/06_2016/studie_integration_und_religion_aus_sicht_t__rkeist__mmiger.pdf (letztmalig geprüft 14.12.2018).

Welt Online (2016), „Kulturkampf um den Raum der Stille". Abrufbar unter: https://www.welt.de/vermischtes/article152169223/Kulturkampf-um-den-Raum-der-Stille-an-der-TU-Dortmund.html (letztmalig geprüft 14.12.2018).

7.4.10 Sexualkundeunterricht

Bundesverfassungsgericht (1977), BVerfGE 47, 46 – Sexualkundeunterricht. Beschluß des Ersten Senates vom 21. Dezember 1977.

Bundesverfassungsgericht (2009), 1 BvR 1358/09. Beschluss vom 21. Juli 2009.

Spiegel Online (2004), Auch muslimische Mädchen müssen Sexualkunde lernen. Abrufbar unter: http://www.spiegel.de/lebenundlernen/schule/gerichtsurteil-auch-muslimische-maedchen-muessen-sexualkunde-lernen-a-282744.html (letztmalig geprüft 14.12.2018).

Spiegel Online (2018), Eltern müssen Sexualkunde in Grundschule hinnehmen. Abrufbar unter: http://www.spiegel.de/lebenundlernen/schule/sexualkunde-ist-in-der-grundschule-nicht-tabu-egmr-urteil-a-1188556.html (letztmalig geprüft 14.12.2018).

Verwaltungsgericht Hamburg (2004), Beschl. v. 12.01.2004, Az.: 15 VG 5827/2003.

Zentralrat der Muslime in Deutschland (2018), Abrufbar unter: http://islam.de/1125.php (letztmalig geprüft 09.01.2019).

7.4.11 „Jude", „Hobbymuslim", „Ungläubiger" – Die Abwertung anderer und ethnisch-politische Konflikte in der Schule

American Jewish Committee Berlin (2017), Salafismus und Antisemitismus an Berliner Schulen: Erfahrungsberichte aus dem Schulalltag.

Berliner Zeitung (2018), Religiöses Mobbing Zweitklässlerin von Mitschüler mit dem Tode bedroht. Abrufbar unter: https://www.berliner-zeitung.de/berlin/religioeses-mobbing-zweitklaesslerin-von-mitschueler-mit-dem-tode-bedroht-29916888 (letztmalig geprüft 09.01.2019).

Bouman, J. (1990), Der Koran und die Juden – Die Geschichte einer Tragödie.

Bundesregierung (2017), Mitschrift Regierungspressekonferenz vom 20. September 2017.

Fein, H. (2006), zitiert nach: Gniechwitz, S., Antisemitismus im Lichte der modernen Vorurteilsforschung: Kognitive Grundlagen latenter Vorurteile gegenüber Juden in Deutschland.

Koopmans, R. (2014), Religious fundamentalism and out-group hostility among Muslims and Christians in Western Europe. Abrufbar unter: https://bibliothek.wzb.eu/pdf/2014/vi14-101.pdf (letztmalig geprüft 06.02.2018).

Lexikon der arabischen Welt, 1972. Artikel „Quaraiza".

Matussek, C. (2016), Israel, mein Freund. Stimmen der Versöhnung aus der islamischen Welt.

Stern (2018), Hass auf Juden an deutschen Schulen - Eltern schildern erschütternde Vorfälle. Abrufbar unter: https://www.stern.de/politik/deutschland/berlin--mit--du-jude--faengt-es-an---antisemitisches-mobbing-an-schulen-7916672.html (letztmalig geprüft 09.01.2019).

WDR (Westdeutscher Rundfunk) (2018), Antisemitismus an Schulen: Der Hass ist Alltag. Abrufbar unter: https://www1.wdr.de/nachrichten/landespolitik/antisemitismus-schulen-100.html (letztmalig geprüft 09.01.2019).

8 Salafismus und Radikalisierungsprävention als Herausforderungen und Aufgaben für Bildungseinrichtungen

8.1. Was es mit Salafismus auf sich hat
Verfassungsschutz Niedersachsen (2016), Verfassungsschutzbericht 2016.
Verfassungsschutz Niedersachsen (2016), Vorabfassung Verfassungsschutzbericht 2016.

8.1.1. Innere Differenzierung im salafistischen Spektrum
Verfassungsschutz Niedersachsen (2016), Vorabfassung Verfassungsschutzbericht 2016.

8.1.2. Salafismus und Islamismus – Abgrenzung und Zusammenhang
Pfahl-Traughber, A. (2011), Islamismus – Was ist das überhaupt? Definition – Merkmale – Zuordnungen

8.2. Was den Salafismus für junge Menschen interessant macht. Abrufbar unter: http://www.bpb.de/politik/extremismus/islamismus/36339/islamismus-was-ist-das-ueberhaupt (letztmalig geprüft 09.01.2019).

Pollack, D. et. al. (2016), Integration und Religion aus der Sicht von Türkeistämmigen in Deutschland. Repräsentative Erhebung von TNS Emnid im Auftrag des Exzellenzclusters „Religion und Politik" der Universität Münster. Abrufbar unter: https://www.uni-muenster.de/imperia/md/content/religion_und_politik/aktuelles/2016/06_2016/studie_integration_und_religion_aus_sicht_t__rkeist__mmiger.pdf (letztmalig geprüft 14.12.2018).

sueddeutsche.de (2015), Burka ist der neue Punk. Abrufbar unter: https://www.sueddeutsche.de/politik/salafismus-als-jugendkultur-burka-ist-der-neue-punk-1.2318706 (letztmalig geprüft 14.12.2018).

8.3 Hat sich mein Schüler radikalisiert? – Anzeichen für eine Radikalisierung und ein typischer Radikalisierungsverlauf

8.3.1 Anzeichen im Schülerverhalten für eine mögliche Radikalisierung

8.3.2 Ein klassischer Radikalisierungsverlauf
KAS – Konrad Adenauer Stiftung (o. J.), Islamismus!? Eine Handreichung für Pädagoginnen und Pädagogen.

Anhang

8.3.3 Häufig verwendete Begriffe der salafistischen Szene

8.4 Eine Biographie aus dem Spektrum des Salafismus: „Terrormädchen" Safia S.

8.5 Handlungsempfehlungen zur Arbeit mit gefährdeten Schülern
Mansour, A. (2017), zitiert nach: General Anzeiger, „Radikale sind die besseren Sozialarbeiter". Abrufbar unter: http://www.general-anzeiger-bonn.de/region/sieg-und-rhein/sankt-augustin/%E2%80%9ERadikale-sind-die-besseren-Sozialarbeiter%E2%80%9C-article3449189.html (letztmalig geprüft 08.01.2019).

8.6 Professionelle Hilfe bei Radikalisierung: Beratungsangebote für Pädagogen und Eltern

9 Zehn Handlungsempfehlungen für Ihre tägliche Arbeit mit muslimischen Schülern und Eltern

10 Rollenspiele zur Simulation und Vorentlastung von Überschneidungssituationen